國家古籍整理出版專項經費資助項目

子

部

浙江省古籍善本聯合目錄

主編　程小瀾
　　　朱海閔
　　　應長興

國家圖書館出版社

子部

主编

程小瀾
朱海閔
應長興

目　　錄

子　　部

總類 …………………………… 1

儒家類 ………………………… 4

道家類 ………………………… 40

兵家類 ………………………… 52

法家類 ………………………… 61

農家類 ………………………… 67

醫家類 ………………………… 68

　叢編 ………………………… 68

　醫經 ………………………… 75

　傷寒金匱 …………………… 80

　本草 ………………………… 87

　診法 ………………………… 91

　鍼灸 ………………………… 94

　方書 ………………………… 95

　內科 ………………………… 102

　瘟疫 ………………………… 103

　外科 ………………………… 105

　五官科 ……………………… 108

　　眼科 ……………………… 108

　　喉科 ……………………… 109

　婦科 ………………………… 109

　兒科 ………………………… 112

　祝由科 ……………………… 118

養生 …………………………… 119

史傳 …………………………… 120

醫案 …………………………… 121

醫話 …………………………… 124

綜論 …………………………… 125

天文算法類 …………………… 132

　天文 ………………………… 132

　曆法 ………………………… 135

　算書 ………………………… 137

術數類 ………………………… 140

　數學 ………………………… 140

　占候 ………………………… 143

　相宅相墓 …………………… 147

　占卜 ………………………… 158

　命書相書 …………………… 162

　陰陽五行 …………………… 163

　雜術 ………………………… 167

藝術類 ………………………… 168

　書畫 ………………………… 168

　畫譜 ………………………… 181

　篆刻 ………………………… 183

　樂譜 ………………………… 194

　棋譜 ………………………… 198

雜技 …………………………… 200

譜録類 …………………………… 201

叢編 …………………………… 201

器物 …………………………… 201

食譜 …………………………… 204

花草樹木 ………………… 205

鳥獸蟲魚 ………………… 207

雜家類 …………………………… 209

雜學雜説 ………………… 209

雜考 …………………………… 234

雜記 …………………………… 243

雜品 …………………………… 251

雜纂 …………………………… 253

小説家類 ……………………… 267

筆記 …………………………… 267

雜事 …………………………… 267

異聞 …………………………… 269

瑣語 …………………………… 273

諧謔 …………………………… 273

類書類 …………………………… 274

道教類 …………………………… 310

釋家類 …………………………… 320

大藏 …………………………… 320

譯經 …………………………… 322

撰疏 …………………………… 330

註疏 …………………………… 330

撰述 …………………………… 334

語録 …………………………… 337

纂集 …………………………… 339

史傳 …………………………… 339

音義 …………………………… 341

目録 …………………………… 341

雜撰 …………………………… 342

其他宗教類 …………………… 343

子　部

總類

子 0001

五子書八卷

明歐陽清編

明嘉靖二十三年(1544)刻本

　　鬻子一卷　周鬻熊撰　唐逢行珪注

　　子華子二卷

　　鶡冠子三卷　宋山陰陸佃解

　　尹文子一卷

　　公孫龍子一卷

　八行十七字　左右雙邊　綫黑口

　20.4×14 釐米

玉海樓

子 0002

楊升菴先生評註先秦五子全書五卷

明張懋宷編　明楊慎評注

明天啓五年(1625)張氏橫秋閣刻本

存二卷

　　鬼谷子一卷

　　公孫龍子一卷

　九行二十字　四周單邊　白口

　20.1×14.3 釐米

浙圖

子 0003

六子書六十卷

明顧春編

明嘉靖十二年(1533)顧春世德堂刻本

　　老子道德經二卷　題漢河上公注

　　南華真經十卷　晉郭象注　唐陸德明音義

　　沖虛至德真經八卷　晉張湛注

　　荀子二十卷　唐楊倞注

　　新纂門目五臣音註揚子法言十卷　晉李軌,

　　　唐柳宗元,宋宋咸、吳祕、司馬光注

　　中説十卷　宋阮逸注

　八行十七字　四周雙邊　白口

　20.5×14.3 釐米

浙圖　杭圖＊　溫圖＊　天一閣＊　浙大＊

子 0004

六子書六十卷

明顧春編

明嘉靖十二年(1533)顧春世德堂刻本

清歸安姚世鈺錄清何焯校又據宋建安

虞氏刻本校並跋

浙圖

子 0005

六子書六十卷

明顧春編

明桐蔭書屋刻本

存三十九卷

　　老子道德經二卷　題漢河上公注

　　南華真經十卷　晉郭象注　唐陸德明音義

　　　存三卷　八至十

　　沖虛至德真經八卷　晉張湛注　存四卷

　　　一至四

　　荀子二十卷　唐楊倞注　存十卷　一至十

　　新纂門目五臣音注揚子法言十卷　晉李軌,

　　　唐柳宗元,宋宋咸、吳祕、司馬光注

　　中説十卷　宋阮逸注

　八行十七字　四周雙邊　白口

　25.1×16.6 釐米

浙博＊　浙大＊

子0006

六子全書六十卷

明隆慶五年(1571)陳崑泉積善堂刻本

纂圖互註老子道德經二卷　題漢河上公注

纂圖互註南華真經十卷　晉郭象注　唐陸
德明音義

沖虛至德真經八卷　晉張湛注

纂圖互註荀子二十卷　唐楊倞注

纂圖互註揚子法言十卷　晉李軌,唐柳宗
元,宋宋咸、吳祕、司馬光注

文中子十卷　宋阮逸注

十一行二十四字　四周雙邊　黑口

21.1×14.4釐米

浙圖　天一閣*

子0007

六子全書六十卷

明刻本

纂圖互註老子道德經二卷　題漢河上公注

纂圖互註南華真經十卷　晉郭象注　唐陸
德明音義

沖虛至德真經八卷　晉張湛注

纂圖互註荀子二十卷　唐楊倞注

纂圖互註揚子法言十卷　晉李軌,唐柳宗
元,宋宋咸、吳祕、司馬光注

中説十卷　宋阮逸注

十二行二十六字　四周雙邊　黑口

20.1×13.2釐米

浙圖

子0008

六子要語六卷

明桂天祥輯

明萬曆四年(1576)刻本

老子一卷

莊子一卷

文中子一卷

列子一卷

荀子一卷

揚子一卷

十行二十字　左右雙邊　白口

18.1×13.5釐米

浙圖

子0009

二十家子書二十九卷

明謝汝韶編

明萬曆六年(1578)吉藩崇德書院刻本

老子道德經二卷

關尹子文始真經一卷

亢倉子洞靈真經一卷

文子通玄真經一卷

尹文子一卷

子華子二卷

鶡子一卷

公孫龍子一卷

鬼谷子一卷

列子沖虛真經二卷

莊子南華真經四卷

荀子三卷

揚子法言一卷　漢揚雄撰

文中子中説一卷

抱朴子二卷　晉葛洪撰

劉子一卷　北齊劉晝撰

黃石公素書一卷

天隱子一卷

玄真子一卷　唐張志和撰

無能子一卷

十一行二十二字　四周雙邊　白口

22.8×16釐米

杭圖*　溫圖　浙大*

子0010

二十子全書一百六十九卷

明吳勉學編

明萬曆(1573—1620)吳勉學刻本

存四十四卷

管子二十四卷

韓非子二十卷

九行十八字　左右雙邊　白口

19.5×14.2釐米

溫圖

子 0011

二十子全書一百六十九卷

明吳勉學輯

明萬曆(1573—1620)吳勉學刻本　清朱

駿聲校　朱師轍跋

存一百六十八卷

老子道德經二卷

文子二卷

關尹子文始真經一卷

列子沖虛真經八卷

莊子南華真經三卷

司馬子一卷

譚子化書六卷　五代譚峭撰

管子二十四卷

晏子春秋四卷

孫子一卷

吳子一卷

鬼谷子一卷外篇一卷

黃石公素書一卷

商子五卷

韓非子二十卷

呂氏春秋二十六卷

淮南子二十一卷

荀子二十卷

揚子法言十卷　漢揚雄撰

中說十卷

浙圖

子 0012

子彙三十四卷

明周子義編

明萬曆四年至五年(1576—1577)南京國

子監刻本

存十八卷

鬻子一卷　唐逢行珪注

晏子春秋內篇二卷

孔叢子三卷

陸子一卷　漢陸賈撰

賈子新書二卷　漢賈誼撰

小荀子一卷　漢荀悅撰

鹿門子一卷　唐皮日休撰

文子二卷

子華子二卷

關尹子一卷

亢倉子一卷

鶡冠子一卷　宋山陰陸佃解

十行二十一字　四周雙邊　白口

21.4×14.9釐米

浙圖＊　溫圖＊　天一閣＊

子 0013

中立四子集六十四卷

明朱東光編　明張登雲參補

明萬曆七年(1579)刻本

老子道德經二卷　題漢河上公注

莊子南華真經十卷　晉郭象注　唐陸德明

音義

管子二十四卷　唐房玄齡注　明山陰劉績

增注

淮南鴻烈解二十八卷　漢劉安撰　漢高誘

注

十行二十一字　四周雙邊　白口

21.3×14.8釐米

浙圖＊　天一閣

子 0014

先秦諸子合編三十五卷

明秀水馮夢禎編

明萬曆三十年(1602)綿眇閣刻本

存十卷

孔叢子三卷　題漢孔鮒撰

商子五卷

慎子一卷

鄧析子一卷

十行二十字　左右雙邊　白口

20.5×14.5釐米

天一閣

子 0015

合諸名家批點諸子全書□□卷

明末刻本

存十二卷

關尹子二卷　宋陳顯微注

亢倉子三卷　明何璨注

無能子三卷　明餘姚孫鑛批點

隱書一卷　唐皮日休撰

山書一卷　唐劉蛻撰

絳守居園池記一卷　唐樊宗師撰

鄧析子一卷

九行二十字　四周單邊　白口

20.5×14 釐米

浙圖

子 0016

諸子彙函二卷

明歸有光輯

明天啓六年(1626)刻本

九行十八字　四周單邊　白口

22×13.5 釐米

浙圖　杭圖　嘉圖　上虞圖　天一閣　玉海樓

子 0017

刪定管子刪定荀子不分卷

清方苞刪定

清乾隆元年(1736)刻本

八行二十字　左右雙邊　白口

19.4×12.8 釐米

溫圖　嘉圖

子 0018

儒宗理要二十九卷

清張能鱗輯

清順治十五年(1658)刻本

周子二卷　宋周敦頤撰

張子六卷　宋張載撰

二程子六卷　宋程顥、程頤撰

朱子十五卷　宋朱熹撰

十行二十四字　四周單邊　白口

21.2×14.2 釐米

天一閣　浙大

子 0019

性理四書集註七卷

清華希閔編

清康熙(1662—1722)刻本

太極圖說集註一卷　宋周敦頤撰　宋朱熹注

西銘集註一卷　宋張載撰　宋朱熹注

通書集註一卷　宋周敦頤撰　宋朱熹注

正蒙集註四卷　宋張載撰　明高攀龍注

書名編者擬

兩欄　上欄二十行二十字　下欄九行十七字

左右雙邊　白口

23.1×13.7 釐米

浙圖

子 0020

諸子碎金四卷

清山陰柴梁撰

清乾隆四十九年(1784)敦艮堂刻本

八行十八字　四周單邊　白口

14.4×10.6 釐米

寧圖

儒家類

子 0021

孔子家語十卷

題魏王肅注

明嘉靖三十三年(1554)黃魯曾刻本

十行十六字　左右雙邊　白口

16.5×13.7 釐米

浙圖

子 0022

孔子家語十卷

題魏王肅注

附錄一卷

明隆慶六年(1572)徐祚錫刻本

九行十六字　左右雙邊　白口

18.9×13.6 釐米

浙圖

子 0023

孔子家語十卷

　題魏王肅注

　明萬曆（1573—1620）吳勉學刻本

　　九行十八字　　左右雙邊　　白口

　　20.3×14.2 釐米

浙圖

子 0024

孔氏家語十卷

　題魏王肅注

　明刻本

　　九行十七字　　左右雙邊　　白口

　　13.7×11 釐米

嘉圖

子 0025

家語十卷

　題魏王肅注

集語二卷

　宋永嘉薛據輯

　明刻本

　　九行十九字　　四周單邊　　白口

　　19.3×13.9 釐米

浙圖

子 0026

家語十卷

　題魏王肅注

　明末刻本

　　九行二十字　　左右雙邊　　白口

　　19.5×14.3 釐米

天一閣

子 0027

孔子家語十卷

　題魏王肅注

　明崇禎（1628—1644）毛氏汲古閣刻本

　　九行十七字　　左右雙邊　　白口

　　17.8×13.5 釐米

浙圖

子 0028

孔氏家語十卷

　題魏王肅注

　明崇禎（1628—1644）毛氏汲古閣刻本

　　清瑞安孫詒讓批校

浙大

子 0029

家語十卷

　題魏王肅注　　明何棠評

　明末刻本　　清沈兆熊校

　　九行二十字　　左右雙邊　　白口

　　19.7×14.3 釐米

浙圖

子 0030

孔子家語四卷

　題魏王肅注

　清康熙（1662—1722）永懷堂刻本

　　八行二十三字　　四周單邊　　白口

　　19.3×11.7 釐米

浙圖

子 0031

孔子家語十卷

　題魏王肅注

　清乾隆（1736—1795）刻本

　　十一行二十四字　　左右雙邊　　白口

　　18.6×13.9 釐米

浙圖　　嵊州圖

子 0032

孔子家語十卷

　題魏王肅注

　清乾隆四十九年（1784）文盛堂刻本

　　八行十六字　　左右雙邊　　白口

　　18.7×13.7 釐米

寧圖

子 0033

孔子家語八卷

　題魏王肅注　明何孟春補注

　明正德十六年(1521)刻本

缺二卷　三至四

　　九行二十字　四周單邊　白口

　　21.6×13.6 釐米

　諸暨圖

子 0034

孔子家語八卷

　明何孟春注

　明嘉靖三十七年(1558)孔弘鐸刻本

　　九行二十字　四周雙邊　白口

　　19.2×13.3 釐米

　浙圖

子 0035

孔子家語八卷

　明何孟春注

　明嘉靖三十七年(1558)吳世良刻本

　　九行二十字　四周雙邊　白口

　　19.3×13.3 釐米

　浙大

子 0036

孔子家語八卷

　明何孟春注

　明永明書院刻本

　　九行二十字　四周單邊　白口

　　19.2×13.2 釐米

　浙圖　天一閣

子 0037

孔子家語八卷

　明何孟春注

　明刻本

　　十行二十字　左右雙邊　白口

　東陽博

子 0038

孔聖家語圖十一卷

　明武林吳嘉謨輯

　明萬曆十七年(1589)自刻本

　　十行二十字　四周單邊　白口

　　20.7×14.3 釐米

　浙圖　天一閣

子 0039

新刻註釋孔子家語憲四卷

　明陳際泰注釋

　明末劉舜臣刻本　長興王修跋

　　九行二十一字　四周單邊　白口

　　19.2×12.5 釐米

　浙圖

子 0040

新刻註釋孔子家語憲四卷

　明陳際泰注釋

　明末劉舜臣刻本　佚名批校

　浙大

子 0041

顏子二卷

　明顏欲章輯

　明萬曆三十六年(1608)自刻本

　　九行十九字　左右雙邊　白口

　　20.3×14.6 釐米

　上虞圖

子 0042

纂圖互註荀子二十卷

　唐楊倞注

　元刻本　清佚名批校

　　十一行二十一字　四周雙邊　黑口

　　18×12.1 釐米

　平湖圖

子 0043

纂圖互註荀子二十卷

　唐楊倞注

明刻本

十二行二十六字　四周雙邊　黑口

18×12.2釐米

天一閣

子0044

荀子二十卷

　唐楊倞注

　明嘉靖十二年(1533)顧春世德堂刻六子

　書本　清鈕樹玉批校並跋

　八行十七字　四周雙邊　白口

　20.1×14.1釐米

浙圖

子0045

荀子二十卷

　唐楊倞注

　明嘉靖十二年(1533)顧春世德堂刻六子

　書本〔卷二配清乾隆(1736—1795)謝

　氏安雅堂刻本〕　佚名校

溫圖

子0046

荀子二十卷

　唐楊倞注

　明刻本

　九行十九字　四周單邊　白口

　20.5×14釐米

浙圖　杭圖　嘉圖

子0047

荀子二十卷

　唐楊倞注

　明刻本

存三卷　三至五

　十行二十字　左右雙邊　白口

　18.3×13.2釐米

天一閣

子0048

荀子二十卷

　唐楊倞注

　明刻本

　九行十八字　四周單邊　白口

　19.3×14.4釐米

浙圖　杭圖

子0049

荀子二十卷

　唐楊倞注

　明刻本　清錢塘羅以智批校

　九行十九字　四周單邊　白口

　20.7×14釐米

杭圖

子0050

荀子二十卷

　唐楊倞注　明虞九章、王震亨訂正

　明刻本

　九行十九字　左右雙邊　白口

　20.4×14.2釐米

浙圖　浙大

子0051

荀子二十卷

　唐楊倞注　明餘姚孫鑛評

　明末鍾人傑刻本

　九行二十字　左右雙邊　白口

　19.5×14.3釐米

天一閣

子0052

荀子二十卷

　唐楊倞注　清嘉善謝墉輯補

校勘補遺一卷

　清嘉善謝墉撰

　清乾隆五十一年(1786)謝墉刻本

　十行二十字　左右雙邊　白口

　19.3×13.3釐米

浙圖

子 0053

荀子二十卷

　唐楊倞注　清嘉善謝墉輯補

校勘補遺一卷

　清嘉善謝墉撰

　清乾隆五十一年(1786)謝墉刻本　清瑞
　　安孫衣言錄清姚鼐評點並跋　清瑞安
　　孫詒讓錄清德清戴望校

浙大

子 0054

荀子校勘記不分卷

　清德清戴望撰

　清同治十二年(1873)瑞安孫詒讓抄本

　　十行二十二或二十四字　左右雙邊　白口

　　19.6×11.6 釐米

浙大

子 0055

孔叢子三卷

　題漢孔鮒撰

　明崇禎六年(1633)孔胤植刻本

　　十行十九字　四周單邊　白口

　　20.4×14.5 釐米

天一閣

子 0056

孔叢子三卷

　題漢孔鮒撰

　清康熙(1662—1722)孔毓圻、孔毓埏刻
　　本

　　十行十九字　四周單邊　白口

　　19.3×14.2 釐米

溫圖

子 0057

孔叢子七卷

　題漢孔鮒撰　宋宋咸注

清抄本〔附明刻二葉〕　佚名校

浙大

子 0058

孔叢子七卷

　題漢孔鮒撰　宋宋咸注

　清抄本　佚名批校

溫圖

子 0059

新語二卷

　漢陸賈撰

　明萬曆(1573—1620)程榮刻漢魏叢書本
　　長興王修校

　　九行二十字　左右雙邊　白口

　　20.2×14.3 釐米

浙圖

子 0060

新語二卷

　漢陸賈撰　明鍾惺評

　明刻秘書九種本　蕭山單丕錄清德清俞
　　樾、瑞安孫詒讓批校

　　九行二十三字　四周單邊　白口

　　20.7×12.6 釐米

浙圖

子 0061

新語二卷

　漢陸賈撰　明鍾惺評

　清同治十一年(1872)孫氏玉海樓抄本
　　清瑞安孫詒讓點校並跋

　　十行二十一字　左右雙邊　白口

　　19.4×11.8 釐米

浙大

子 0062

新書十卷

　漢賈誼撰

　明正德九年(1514)陸相刻本　清歸安陸

心源跋

八行十八字　四周雙邊　白口

22.6×14.9釐米

浙圖

子 0063

新書十卷

漢賈誼撰

明末刻本

九行二十字　左右雙邊　白口

19.7×14.5釐米

杭圖

子 0064

新書十卷

漢賈誼撰

清乾隆(1736—1795)盧氏抱經堂叢書本

清德清戴望批校並跋

十行二十字　左右雙邊　白口

18×13.3釐米

浙大

子 0065

新書十卷

漢賈誼撰

清乾隆(1736—1795)盧氏抱經堂叢書本

清仁和盧文弨校

存五卷　一至五

十行二十字　左右雙邊　白口

17.7×13.3釐米

溫圖

子 0066

新書十卷

漢賈誼撰

清光緒元年(1875)浙江書局刻本　蕭山

單丕校

九行二十一字　左右雙邊　白口

18×13.3釐米

浙圖

子 0067

賈太傅新書十卷

漢賈誼撰　明孟稱堯評

附錄二卷

明天啓六年(1626)孟稱堯刻本

九行二十字　四周單邊　白口

20.7×14釐米

浙圖

子 0068

董子二卷

漢董仲舒撰

清末刻本　清仁和譚獻、壽祺校

存一卷　上

浙圖

子 0069

鹽鐵論十卷

漢桓寬撰

明弘治十四年(1501)刻本

九行十八字　四周單邊　白口

19×12.6釐米

天一閣

子 0070

鹽鐵論十二卷

漢桓寬撰　明張之象注

明嘉靖三十三年(1554)張氏猗蘭堂刻本

九行十七字　左右雙邊　白口

18.3×14.3釐米

浙圖　天一閣＊　溫圖

子 0071

鹽鐵論十二卷

漢桓寬撰　明張之象注

明末刻本

九行二十字　左右雙邊　白口

19.4×14.4釐米

浙圖　嘉圖

子 0072

鹽鐵論十二卷

漢桓寬撰　明張之象注

明何允中刻廣漢魏叢書本　蕭山單丕校

九行二十字　左右雙邊　白口

19.7×14.4 釐米

浙圖

子 0073

鹽鐵論十二卷

漢桓寬撰　明張之象注　明鍾惺評

明刻秘書九種本　蕭山單丕批校

九行二十五字　四周單邊　白口

21×12.5 釐米

浙圖

子 0074

鹽鐵論十卷

漢桓寬撰

明刻本

九行十八字　四周單邊　白口

19.1×12.9 釐米

浙大

子 0075

鹽鐵論二卷

漢桓寬撰

清光緒元年(1875)湖北崇文書局刻子書
百家本　象山陳漢章校

十二行二十四字　四周雙邊　黑口

19.4×15 釐米

浙圖

子 0076

鹽鐵論十卷

漢桓寬撰

校勘小識一卷

清王先謙撰

清光緒十七年(1891)思賢講舍刻本　象
山陳漢章批校

存六卷　一至六

十一行二十四字　左右雙邊　黑口

18.2×13.9 釐米

浙圖

子 0077

劉氏二書三十卷

漢劉向撰

明嘉靖十四年(1535)楚藩崇本書院刻本

存十二卷　劉向説苑九至二十

十行十九字　四周雙邊　黑口

25×16.7 釐米

浙圖

子 0078

劉氏二書三十卷

漢劉向撰

明嘉靖三十八年(1559)楊美益刻本

存二十八卷

劉向説苑二十卷　存十八卷　一至二　五
至二十

劉向新序十卷

十一行十八字　四周雙邊　白口

19.6×14.6 釐米

浙圖＊　温圖＊

子 0079

劉氏二書三十卷

漢劉向撰

明萬曆四年(1576)刻本〔間配明刻本〕
佚名批校

劉向説苑二十卷

劉向新序十卷

十一行二十字　四周雙邊　白口

19.5×14.5 釐米

浙大

子 0080

劉氏二書三十卷

漢劉向撰

明萬曆(1573—1620)吳勉學刻本

劉向説苑二十卷
劉向新序十卷
九行十八字　左右雙邊　白口
19.6×14 釐米
浙圖　天一閣

子0081

劉氏二書三十卷
漢劉向撰
明刻本　明山陰劉宗周批校　清蕭山王
紹蘭、蕭山蔡名衡批校並跋
劉向説苑二十卷
劉向新序十卷
十行十八字　左右雙邊　白口
紹文

子0082

劉氏二書三十卷
漢劉向撰
明刻本
存二十卷
劉向説苑十一卷　一至五　十五至二十
劉向新序九卷　一至五　七至十
八行十八字　四周單邊　白口
21.5×13 釐米
天一閣

子0083

重刻説苑新序三十卷
漢劉向撰
明嘉靖二十六年(1547)何良俊刻本
劉向説苑二十卷
劉向新序十卷
十行二十字　左右雙邊　白口
19.6×14.6 釐米
浙圖　海寧圖 *

子0084

劉向説苑二十卷
漢劉向撰
明初刻本　清王端履跋

存五卷　一至五
十三行二十四字　四周雙邊　黑口
19.5×12.6 釐米
天一閣

子0085

劉向説苑二十卷
漢劉向撰
明刻本
十一行十八字　四周雙邊　黑口
20×15.5 釐米
浙圖

子0086

劉向説苑二十卷
漢劉向撰
明刻本
缺一卷　十七
十行十八字　左右雙邊　白口
21.5×13 釐米
天一閣

子0087

劉向説苑二十卷
漢劉向撰
明刻本
缺六卷　一　十一至十五
十行十九字　四周單邊　白口
18.1×14.1 釐米
浙大 *

子0088

劉向新序十卷
漢劉向撰
明刻本
存五卷　六至十
十行十八字　四周單邊　白口
19.5×14.8 釐米
天一閣 *

儒家類

子 0089

説苑二十卷

漢劉向撰

明萬曆(1573—1620)程榮刻漢魏叢書本
蕭山單丕錄清黃丕烈校

九行二十字　左右雙邊　白口

20.3×14.5釐米

浙圖

子 0090

説苑二十卷

漢劉向撰

明末刻本

九行二十字　左右雙邊　白口

21.5×14.2釐米

浙圖　衢博

子 0091

説苑二十卷

漢劉向撰

明末刻本　清歸安姚覲元校跋　佚名錄
清仁和盧文弨、黃丕烈、仁和孫志祖跋

浙圖

子 0092

説苑二十卷

漢劉向撰

明末刻本　蕭山單丕錄清海寧陳鱣、黃
丕烈校並跋

浙圖

子 0093

説苑二十卷

漢劉向撰

清光緒元年(1875)湖北崇文書局刻子書
百家本　清仁和譚獻校跋並錄清繆荃
孫校

十二行二十四字　四周雙邊　黑口

18.9×14.7釐米

浙圖

子 0094

説苑新序校評八卷附荀子校評一卷

清朱駿聲撰

稿本　朱師轍跋

浙圖

子 0095

新纂門目五臣音註揚子法言十卷

漢揚雄撰　晉李軌,唐柳宗元,宋宋咸、
吳祕、司馬光注

明嘉靖十二年(1533)顧春世德堂刻六子
書本　佚名錄清顧廣圻批校

八行十七字　四周雙邊　白口

20.5×14.4釐米

浙圖

子 0096

纂圖互註揚子法言十卷

漢揚雄撰　晉李軌,唐柳宗元,宋宋咸、
吳祕、司馬光注

明刻本

十二行二十六字　四周雙邊　黑口

20.2×13釐米

天一閣

子 0097

新纂門目五臣音註揚子法言十卷

漢揚雄撰　晉李軌,唐柳宗元,宋宋咸、
吳祕、司馬光注

清抄本

浙圖

子 0098

潛夫論十卷

漢王符撰

明刻本　佚名批校

十行十八字　四周單邊　白口

15.9×12.5釐米

浙圖

子 0099

潛夫論十卷

　漢王符撰　清蕭山汪繼培箋

　清嘉慶二十二年(1817)蕭山陳氏刻湖海

　　樓叢書本　象山陳漢章批校

　缺三卷　三至五

　　十行二十字　左右雙邊　黑口

　　17.5×13.5釐米

　浙圖

子 0100

崔寔政論一卷

　漢崔寔撰　清烏程嚴可均輯

　清陶濬宣家抄本　清會稽陶濬宣校並跋

　浙圖

子 0101

申鑒五卷

　漢荀悦撰　明黃省曾注

　明正德十三年(1518)李濂刻本

　　十行二十字　四周雙邊　白口

　　17.2×12.8釐米

　天一閣

子 0102

申鑒五卷

　漢荀悦撰　明黃省曾注

　明正德十四年(1519)黃氏文始堂刻本

　　紹興馬一浮跋

　　九行十七字　四周雙邊　白口

　　20.1×13.6釐米

　浙圖

子 0103

申鑒五卷

　漢荀悦撰　明黃省曾注

　明萬曆(1573—1620)程榮刻漢魏叢書本

　　〔四庫底本〕

　　九行二十字　左右雙邊　白口

　　19.9×14.3釐米

浙圖

子 0104

申鑒五卷

　漢荀悦撰

　明末刻本　佚名批

　　九行二十字　左右雙邊　白口

　　20×14.5釐米

浙圖

子 0105

申鑒五卷

　漢荀悦撰

中論二卷

　漢徐幹撰

　清光緒元年(1875)崇文書局刻子書百家

　　本　象山陳漢章批校

　　十二行二十四字　四周雙邊　黑口

　　19.3×14.8釐米

浙圖

子 0106

徐幹中論二卷

　漢徐幹撰

　明弘治十五年(1502)黃紋刻本

　存一卷　下

　　九行十八字　四周單邊　白口

　　19.5×12.3釐米

天一閣

子 0107

傅子一卷

　晉傅玄撰

　清孫氏玉海樓抄本　清瑞安孫詒讓校

　　十行二十字　藍口

　　17×11.8釐米

浙大

子 0108

傅子三卷

　晉傅玄撰

清抄本

浙圖

子 0109

傅子拾遺二卷

晉傅玄撰

清抄本

浙圖

子 0110

文中子十卷

題隋王通撰

明芸窗書院刻六子書本

十行二十字　左右雙邊　白口

18.5×13.2 釐米

浙圖

子 0111

中説十卷

題隋王通撰　宋阮逸注

明刻本

十二行二十二字　四周雙邊　黑口

19.5×13.4 釐米

天一閣

子 0112

宋司馬溫國文正公家範十卷

宋司馬光撰

明萬曆三年(1575)陳世寶刻本

九行二十二字　四周雙邊　白口

22.5×14 釐米

天一閣

子 0113

家範十卷

宋司馬光撰

明天啓六年(1626)司馬露等刻本

九行二十字　四周雙邊　白口

19.5×13.9 釐米

天一閣　浙大

子 0114

家範十卷

宋司馬光撰

清康熙五十八年(1719)刻本

九行二十一字　四周單邊　白口

18.5×13.6 釐米

溫圖

子 0115

儒志編一卷

宋王開祖撰

附錄一卷

清乾隆十九年(1754)溫州府學刻本

十行二十字　四周單邊　白口

18.4×13.4 釐米

溫圖

子 0116

合刻周張兩先生全書二十二卷

明徐必達輯

明萬曆三十四年(1606)徐必達刻本

存十五卷

張子全書十五卷　宋張載撰　宋朱熹注

十行二十字　四周雙邊　白口

21×14.7 釐米

浙大

子 0117

周子太極圖圖説淺説二卷

清瑞安朱鴻瞻撰

清康熙二十七年(1688)刻本

存一卷　一

九行二十字　左右雙邊　白口

17.1×12.8 釐米

溫圖

子 0118

張子全書十五卷

宋張載撰　宋朱熹注

明萬曆(1573—1620)鳳翔府刻清順治十

年(1653)喻三畏重修本

十行二十字　四周雙邊　白口

20.5×14 釐米

紹圖

子0119

張子全書十五卷

宋張載撰　宋朱熹注

清康熙（1662—1722）刻本

十行二十字　四周雙邊　白口

20.5×14.7 釐米

天一閣　浙大

子0120

正蒙二卷

宋張載撰　清李光地注解

清康熙（1662—1722）刻本

八行二十二字　四周單邊　白口

17.5×11.3 釐米

浙圖

子0121

正蒙會稿四卷

明劉璣撰

明嘉靖十一年（1532）刻本

十行二十一字　四周雙邊　白口

18.6×13.3 釐米

浙大

子0122

正蒙集說十七卷

清楊方達撰

清乾隆（1736—1795）刻本

十一行二十一字　左右雙邊　黑口

20.2×14.7 釐米

嘉圖

子0123

橫渠經學理窟五卷

宋張載撰

明萬曆二十年（1592）李楨刻本　昭溪居

士跋

十行十九字　四周雙邊　白口

18.8×13.8 釐米

浙大

子0124

橫渠經學理窟五卷

宋張載撰

清康熙四十四年（1705）栖筠書屋刻本

九行二十一字　四周雙邊　白口

19×13.5 釐米

平湖圖

子0125

河南程氏文集十二卷遺文一卷

宋程顥、程頤撰

元至治三年（1323）譚善心刻明重修本

存十一卷　文集三至十二　遺文一卷

十行二十字　四周雙邊　黑口

22.4×16.2 釐米

浙圖

子0126

二程全書六十五卷

宋程顥、程頤撰

明弘治十一年（1498）陳宣刻本

遺書二十八卷附錄一卷　宋朱熹輯

外書十二卷　宋朱熹輯

經說八卷

明道文集五卷　宋程顥撰

伊川文集八卷　宋程頤撰

文集拾遺一卷　宋程顥、程頤撰

續附錄二卷

十行二十一字　四周單邊　黑口

21.5×15.5 釐米

浙圖

子0127

二程子全書五十一卷

宋程顥、程頤撰

明嘉靖三年（1524）李中、余祐刻本

存三十二卷

　　河南程氏遺書二十五卷附錄一卷　宋朱熹

　　　　輯　存二十三卷　一至十七　二十至二

　　　　十五

　　文集十二卷遺文一卷　宋程顥、程頤撰　存

　　　　九卷　一至九

　　十行二十字　四周雙邊　黑口

　　19.8×13.3釐米

天一閣＊

子0128

二程全書六十八卷

　　宋程顥、程頤撰

　　明萬曆三十四年(1606)徐必達刻本

　　　　遺書二十八卷附錄一卷　宋朱熹輯

　　　　外書十卷　宋朱熹輯

　　　　粹言二卷　宋楊時輯

　　　　易傳四卷　宋程頤撰

　　　　經説八卷　宋程頤撰

　　　　明道文集五卷　宋程顥撰

　　　　伊川文集八卷　宋程頤撰

　　　　遺文一卷　宋程顥、程頤撰

　　　　續附錄一卷

　　十行二十字　四周雙邊　白口

　　21×14.5釐米

天一閣

子0129

二程全書六十八卷

　　宋程顥、程頤撰

　　清康熙(1662—1722)呂氏寶誥堂刻本

　　　　遺書二十八卷附錄一卷　宋朱熹輯

　　　　外書十卷　宋朱熹輯

　　　　粹言二卷　宋楊時輯

　　　　易傳四卷　宋程頤撰

　　　　經説八卷　宋程頤撰

　　　　明道文集五卷　宋程顥撰

　　　　伊川文集八卷　宋程頤撰

　　　　遺文一卷　宋程顥、程頤撰

　　　　續附錄一卷

　　十二行二十二字　左右雙邊　黑口

　　17.5×14釐米

溫圖＊　平湖圖＊　天一閣

子0130

遺書編一卷

　　宋程顥、程頤撰

　　明聶鈜刻本

　　九行十八字　左右雙邊　白口

　　21.2×13.7釐米

浙圖

子0131

程氏遺書分類三十一卷外書分類十卷

　　明楊廉輯

　　明刻本

　　十行十九字　四周雙邊　黑口

　　23.2×16釐米

浙圖

子0132

二程先生粹言九卷

　　明徐養正輯

　　明嘉靖(1522—1566)刻本

存三卷　七至九

　　十行二十字　四周單邊　白口

　　18×12.8釐米

天一閣

子0133

二程先生類語八卷附二程年譜一卷

　　明唐伯元輯

　　明萬曆十三年(1585)姜召等刻本

　　十行二十一字　左右雙邊　白口

　　20.9×13.9釐米

浙大

子0134

上蔡先生語錄三卷

　　宋謝良佐撰　宋朱熹輯

　　明正德八年(1513)汪正刻本

　　十行二十字　四周單邊　白口

19.8×12.9釐米

浙圖

子0135

致堂先生崇正辨三卷

宋胡寅撰

明刻本

十行十八字　四周單邊　白口

19×13.5釐米

天一閣

子0136

分類經進近思錄集解十四卷

宋葉采撰

明嘉靖十七年(1538)劉仕賢刻本

九行二十字　四周單邊　黑口

20.5×14釐米

浙圖

子0137

分類經進近思錄集解十四卷

宋葉采撰

明吳勉學刻本

九行十八字　左右雙邊　白口

20×14釐米

杭圖

子0138

近思錄集解十四卷

宋葉采撰

明刻本

九行十九字　左右雙邊　白口

18.2×13.3釐米

玉海樓

子0139

新刊分類近思錄十四卷

宋葉采撰

明建陽坊刻本

十行二十二字　四周雙邊　黑口

17.5×11.3釐米

浙圖

子0140

近思錄原本十四卷

宋葉采撰　清朱之弼訂正

清雍正九年(1731)刻本

九行二十字　四周雙邊　白口

21.8×15.2釐米

浙圖

子0141

近思錄集解十四卷

宋葉采撰

清乾隆(1736—1795)刻本

九行十九字　左右雙邊　白口

18.3×13釐米

浙大

子0142

近思續錄十四卷

宋蔡模輯　清柯崇樸訂

清康熙(1662—1722)刻本

十行二十二字　左右雙邊　黑口

17.8×13.3釐米

嘉圖

子0143

五子近思錄十四卷

明嘉善錢士升撰

明崇禎(1628—1644)刻本

八行十八字　四周單邊　白口

20.7×14.5釐米

浙圖

子0144

五子近思錄十四卷

清汪佑輯

清康熙三十二年(1693)刻本

九行二十字　四周單邊　白口

20.5×14 釐米

浙圖

子 0145

五子近思錄發明十四卷

清施璜輯並注

清康熙（1662—1722）刻後印本

九行二十字　左右雙邊　黑口

19.9×14.1 釐米

浙圖　嵊州圖＊

子 0146

近思錄集注十四卷首一卷

清歸安茅星來撰

清抄四庫全書本

浙圖

子 0147

近思錄復隅不分卷

清黑璃撰

稿本

浙圖

子 0148

**延平李先生師弟子答問一卷後錄一卷補錄
一卷**

宋朱熹輯

清康熙四十五年（1706）周元文刻乾隆十
三年（1748）重修本

九行十七字　四周雙邊　黑口

19.7×14.2 釐米

浙圖

子 0149

**延平李先生師弟子答問一卷後錄一卷補錄
一卷**

宋朱熹輯

清乾隆（1736—1795）刻本

九行十七字　四周雙邊　黑口

19.7×14.2 釐米

溫圖　嘉圖

子 0150

小學內外篇章句五卷

宋朱熹撰

明刻本

九行十七字　四周雙邊　白口

23×16.8 釐米

杭圖

子 0151

小學六卷

宋朱熹撰　清高愈輯注

清乾隆（1736—1795）刻本

九行十九字　左右雙邊　白口

18×13.2 釐米

嘉圖　嵊州圖　衢博＊

子 0152

小學六卷首一卷

宋朱熹撰　清尹嘉銓義疏

清乾隆四十年（1775）刻本

九行十七字　四周雙邊　白口

12.5×9.9 釐米

浙圖

子 0153

小學書註解十卷

宋朱熹撰　明史啟英注解

明刻本

八行二十字　四周雙邊　白口

20.4×14.8 釐米

嘉圖

子 0154

小學集注大全十卷

明臨海陳選注

明刻本

存五卷　四至八

十行十六字　左右雙邊　白口

16.5×14.3 釐米

天一閣

子 0155

小學詳註六卷孝經詳註一卷

　明陳仁錫訂

附四書五經孝經一卷忠經一卷

　明崇禎(1628—1644)刻本

　九行二十字　四周單邊　白口

　21.2×13.9 釐米

溫圖

子 0156

小學注解六卷

　宋朱熹撰　明陳仁錫、臨海陳選注

　清乾隆(1736—1795)蓮花書院刻本

　兩欄　上欄小字二十四行十八字　下欄九行十

　　四字　四周單邊　白口

　20.2×13.8 釐米

嘉圖

子 0157

小學注六卷

　宋朱熹撰　明陳仁錫、臨海陳選注

　清乾隆二十七年(1762)古吳校經堂刻本

　十行二十字　左右雙邊　白口

　20.4×14.5 釐米

嘉圖

子 0158

類編標註文公先生經濟文衡前集二十五卷
後集二十五卷續集二十二卷

　宋朱熹撰　宋滕珙輯

　明正德四年(1509)趙俊刻本　佚名校

　十二行二十三字　四周單邊　白口

　19.5×14.2 釐米

浙大

子 0159

類編標註文公朱先生經濟文衡前集二十五
卷後集二十五卷續集二十二卷

　宋朱熹撰　宋滕珙輯

　明萬曆三十四年(1606)朱崇沐刻本

　九行二十字　四周單邊　白口

　21×13.8 釐米

天一閣

子 0160

朱子經濟文衡類編前集二十五卷後集二十
五卷續集二十二卷

　宋朱熹撰　宋滕珙輯

　清乾隆四年(1739)徽州府署刻本

　九行二十字　四周單邊　白口

　20×13.9 釐米

浙圖

子 0161

文公先生經世大訓十六卷

　宋朱熹撰　明余祐輯

　明嘉靖元年(1522)河南按察司刻本

　十行二十四字　四周雙邊　白口

　22.7×15.1 釐米

浙大

子 0162

朱子遺書七十一卷二刻三十三卷

　宋朱熹撰

　清康熙(1662—1722)禦兒呂氏寶誥堂刻
　本

　　近思錄十四卷　宋朱熹、金華呂祖謙輯

　　延平李先生師弟子答問一卷後錄一卷　宋
　　　朱熹輯

　　雜學辨一卷附錄一卷

　　中庸輯略二卷　宋石𡒊輯　宋朱熹删

　　論語或問二十卷

　　孟子或問十四卷

　　伊洛淵源錄十四卷

　　上蔡先生語錄三卷　宋謝良佐撰　宋朱熹
　　　輯

國朝諸老先生論語精義十卷綱領一卷

孟子精義十四卷

易學啓蒙四卷

詩序辨一卷

朱子陰符經考異一卷　元黃瑞節撰

朱子周易參同契考異一卷　元黃瑞節撰

孝經刊誤一卷

十二行二十二字　左右雙邊　黑口

17.5×13.9釐米

浙圖　嘉圖*

子0163

淵鑒齋御纂朱子全書六十六卷

宋朱熹撰　清李光地、熊賜履等輯

清康熙五十三年(1714)武英殿刻本

九行二十字　四周單邊　白口

18.7×14釐米

浙圖　寧圖　溫圖　浙大*

子0164

朱子語略二十卷

宋朱熹撰　宋楊與立輯

明弘治四年(1491)南京國子監刻本

九行十五字　四周雙邊　黑口

19.4×14.6釐米

溫圖　天一閣*

子0165

朱子語類一百四十卷

宋朱熹撰　宋黎靖德輯

明刻本

十行二十四字　左右雙邊　白口

20.7×15.8釐米

浙圖

子0166

朱子語類一百四十卷

宋朱熹撰　宋黎靖德輯

明萬曆三十二年(1604)朱崇沐刻本

十一行二十二字　四周單邊　白口

20×13.8釐米

浙圖

子0167

朱子語類一百四十卷

宋朱熹撰　宋黎靖德輯

明萬曆三十二年(1604)朱崇沐刻崇禎六

年(1633)劉潛重修本〔卷九十六、九十

七配清抄本〕

浙圖

子0168

朱子語類一百四十卷

宋朱熹撰　宋黎靖德輯

清康熙(1662—1722)呂氏刻本　嘉興金

蓉鏡批校

十二行二十四字　左右雙邊　黑口

19.1×13.8釐米

嘉圖

子0169

朱子語類大全集十一卷經説十四卷

宋朱熹撰　明嘉善陳龍正輯

明崇禎(1628—1644)寶翰樓刻本

九行十九字　四周單邊　白口

20.5×14.8釐米

浙圖

子0170

朱子語類一百四十卷

宋朱熹撰　清錢塘程川輯

清雍正(1723—1735)刻本

十一行二十字　四周單邊　黑口

15.8×11.8釐米

浙圖

子0171

朱子語類八十卷

宋朱熹撰　清錢塘程川輯

清雍正三年(1725)刻本

十行二十字　四周單邊　黑口

15.7×12 釐米

浙圖

子 0172

朱子文語纂編十四卷

　清初抄本

浙圖

子 0173

晦菴先生語録類要十八卷

　宋朱熹撰　宋葉士龍輯

　明成化六年(1470)韓儼刻本

　　十一行十九字　四周雙邊　黑口

　　19×12.4 釐米

浙圖

子 0174

朱子大全私抄十二卷

　宋朱熹撰　明臨海王宗沐輯

　明嘉靖三十二年(1553)自刻本

　　十行二十字　四周單邊　白口

　　19×13.8 釐米

浙圖　黃巖圖

子 0175

朱子節要十四卷

　宋朱熹撰　明高攀龍輯　清朱之弼訂正

　清雍正九年(1731)刻本

　　九行二十字　四周單邊　白口

　　21.5×15.3 釐米

浙圖

子 0176

重輯朱子録要十五卷

　宋朱熹撰　明馮應京輯

　明萬曆三十三年(1605)朱崇沐刻本

　　九行十九字　左右雙邊　白口

　　19.5×14 釐米

天一閣

子 0177

朱子讀書法四卷

　宋張洪、齊恩輯

　清王氏重論文齋抄本

浙圖

子 0178

宋四子抄釋二十一卷

　明呂柟撰

　明嘉靖十六年(1537)汪克儉等刻本

存十四卷

　　二程子抄釋十卷　存六卷　五至十

　　横渠張子抄釋六卷

　　朱子抄釋二卷

　　十行二十二字　四周單邊　白口

　　20.8×15 釐米

天一閣

子 0179

胡子知言六卷

　宋胡宏撰

附録一卷疑義一卷

　明程敏政輯

　清抄本

天一閣

子 0180

先聖大訓六卷

　宋慈溪楊簡撰

　明萬曆四十三年(1615)張翼軫等刻本

　　八行十六字　四周單邊　白口

　　21.8×15.9 釐米

浙圖　天一閣　寧圖 *

子 0181

先聖大訓六卷

　宋慈溪楊簡撰

　明刻本

存五卷　一至三　五至六

　　十行二十一字　左右雙邊　白口

22.4×15.3 釐米

浙圖

子0182

東宮備覽六卷

宋陳模撰

清王氏重論文齋抄本　清王氏錄清秀水

朱彝尊跋

浙圖

子0183

東宮備覽六卷

宋陳模撰

清嘉慶六年(1801)趙嘉程抄本　佚名校

八行二十字　四周單邊　白口

17.9×11.1 釐米

浙大

子0184

東宮備覽六卷

宋陳模撰

清抄本

浙圖

子0185

西山先生真文忠公讀書記甲集三十七卷

宋真德秀撰

宋福州學官刻元明遞修本

九行十六字　小字雙行二十四字　左右雙邊

白口

22×16 釐米

浙圖

子0186

真西山讀書記乙集上大學衍義四十三卷

宋真德秀撰

明刻本

十行二十字　四周單邊　白口

21.2×15.2 釐米

浙圖

子0187

大學衍義四十三卷

宋真德秀撰

明嘉靖六年(1527)司禮監刻本

八行十四字　四周雙邊　黑口

22.6×16.7 釐米

浙圖

子0188

大學衍義四十三卷

宋真德秀撰

明崇禎十一年(1638)楊鶚刻本

十行二十一字　四周雙邊　白口

21×14.5 釐米

浙圖　紹圖

子0189

大學衍義四十三卷

宋真德秀撰　明陳仁錫評

明崇禎(1628—1644)陳仁錫刻本

十行二十字　四周單邊　白口

21.4×14.5 釐米

浙圖　溫圖　天一閣　衢博*

子0190

大學衍義四十三卷

宋真德秀撰

明崇禎八年(1635)刻清印本

十行二十一字　四周雙邊　白口

20.3×14.9 釐米

溫圖

子0191

大學衍義四十三卷

宋真德秀撰

清乾隆二年(1737)刻本

十行二十一字　四周單邊　白口

21×14.8 釐米

浙圖　嘉圖

子 0192

大學衍義補一百六十卷首一卷

明丘濬撰

明弘治元年(1488)建寧府刻本

十行二十字　四周雙邊　黑口

20×14 釐米

浙圖　天一閣 *

子 0193

大學衍義補一百六十卷首一卷

明丘濬撰

明嘉靖三十八年(1559)吉澄刻本　陶在

東跋

十行二十字　四周單邊　白口

20×14.1 釐米

浙大

子 0194

大學衍義補一百六十卷首一卷

明丘濬撰

明刻本

九行十八字　四周雙邊　黑口

17.4×13 釐米

杭圖

子 0195

大學衍義補一百六十卷首一卷

明丘濬撰

明刻本

十行二十字　左右雙邊　白口

20×14 釐米

紹圖 *　天一閣

子 0196

大學衍義補一百六十卷首一卷

明丘濬撰　明陳仁錫評

明崇禎(1628—1644)陳仁錫刻本

十行二十字　四周單邊　白口

21.6×14.6 釐米

浙圖　天一閣

子 0197

大學衍義補纂要六卷

明徐栻輯

明嘉靖三十七年(1558)刻本

十行二十字　四周單邊　白口

20.5×13.7 釐米

平湖圖

子 0198

大學衍義補纂要六卷

明徐栻輯

明萬曆元年(1573)九江府刻本

十行二十字　四周單邊　白口

19.6×14.1 釐米

浙圖

子 0199

大學衍義補纂要六卷

明徐栻輯

清康熙二年(1663)刻本

九行二十六字　四周雙邊　白口

20.9×11.8 釐米

海寧圖

子 0200

纂丘瓊山先生大學衍義補英華十八卷

明烏程凌遇知輯

明萬曆三年(1575)凌迪知刻本

十行二十一字　左右雙邊　白口

奉化文

子 0201

新編音點性理群書句解前集二十三卷

宋熊節輯　宋熊剛大集解

宋刻元重修本

存八卷　一至八

十三行二十四字　四周雙邊　黑口

19×12 釐米

天一閣

子 0202

潛室陳先生木鍾集十一卷

　宋永嘉陳埴撰

　明弘治十四年（1501）鄧淮、高賓刻本

　十二行二十二字　四周單邊　黑口

　19.6×13.2 釐米

溫圖＊　浙大

子 0203

潛室陳先生木鍾集十一卷

　宋永嘉陳埴撰

　明刻本

　十二行二十字　四周單邊間左右雙邊　黑口

　18.6×11.8 釐米

浙圖

子 0204

潛室陳先生木鍾集十一卷

　宋永嘉陳埴撰

　清同治六年（1867）東甌郡齋刻本　清徐子岑校　清瑞安孫詒讓批

　存四卷　一至四

　十二行二十二字　左右雙邊　粗黑口

　18.3×13.5 釐米

溫圖

子 0205

潛室陳先生木鍾集十二卷

　宋永嘉陳埴撰

　清抄本

浙圖

子 0206

北溪先生字義二卷補遺一卷嚴陵講義一卷

　宋陳淳撰

　清康熙五十三年（1714）戴嘉禧愛荊堂刻本

　十行二十二字　左右雙邊　黑口

　17.9×13.9 釐米

嘉圖　平湖圖

子 0207

慈溪黃氏日抄分類九十七卷

　宋慈溪黃震撰

　元刻本

　存三十一卷　二十四至五十四

　十行二十字　左右雙邊　白口

　19×14 釐米

浙圖

子 0208

慈溪黃氏日抄分類九十七卷

　宋慈溪黃震撰

　明刻本

　十行二十字　左右雙邊　黑口

　20.5×14.1 釐米

浙大

子 0209

慈溪黃氏日抄分類九十七卷古今紀要十九卷

　宋慈溪黃震撰

　清乾隆三十二年（1767）汪佩鍔刻本

　十四行二十六字　四周雙邊　黑口

　18.8×13.1 釐米

浙圖　寧圖＊　嘉圖＊　天一閣

子 0210

慈溪黃氏日抄分類八十八卷

　宋慈溪黃震撰

　清乾隆（1736—1795）活字印本

　十行二十字　左右雙邊　白口

　20.6×14.1 釐米

浙圖

子 0211

震澤語錄一卷

　宋周憲撰

　明抄本

　八行字數不一　四周雙邊　白口

　15.2×21.4 釐米

天一閣

子 0212

新刊標題明解聖賢語論四卷首一卷

元王廣謀撰

明嘉靖十二年（1533）書林余氏自新齋刻
本

九行十八字　四周雙邊　黑口

17.8×12.3 釐米

天一閣

子 0213

新刊標題明解聖賢語論四卷首一卷

元王廣謀撰

明萬曆十四年（1586）書林張氏居仁堂刻
本〔卷二配明嘉靖十二年書林余氏自
新齋刻本〕　佚名批校

九行十八字　四周雙邊　黑口

18.2×12.5 釐米

杭圖

子 0214

程氏家塾讀書分年日程三卷綱領一卷

元鄞縣程端禮撰

明刻本

存三卷　日程一至二　綱領一卷

十行二十字　四周雙邊　黑口

20.4×13.7 釐米

浙圖

子 0215

程氏家塾讀書分年日程三卷

元鄞縣程端禮撰

清康熙二十八年（1689）陸氏刻本

十行二十二字　左右雙邊　白口

17.2×13.8 釐米

嘉圖

子 0216

重刻西村顧先生省己錄二卷

明顧諒撰

明萬曆三十五年（1607）刻本

七行十八字　四周單邊　白口

18×11.5 釐米

杭圖

子 0217

性理大全書七十卷

明胡廣等撰

明永樂十三年（1415）內府刻本

十行二十二字　四周雙邊　黑口

26.5×17.8 釐米

浙圖　紹圖*　天一閣*　浙大

子 0218

性理大全書七十卷

明胡廣等撰

明嘉靖十二年（1533）葉氏作德堂刻本
〔卷一至十九配明坊刻本〕

十二行二十四字　四周雙邊　白口

17.2×13.1 釐米

浙圖

子 0219

性理大全書七十卷

明胡廣等撰

明嘉靖二十二年（1543）應天府學刻本

十行二十字　四周雙邊　白口

21.3×14.7 釐米

浙圖　天一閣*

子 0220

性理大全書七十卷

明胡廣等撰

明嘉靖三十八年（1559）樊獻科刻本

十行二十字　左右雙邊　白口

21×14.9 釐米

浙圖

子 0221

性理大全書七十卷

明胡廣等撰

明刻本

十行二十字　左右雙邊　白口

餘姚文

子0222

性理大全書七十卷

明胡廣等撰

明嘉靖十三年（1534）王氏三槐堂刻本

存六十五卷　一至六十五

十二行二十四字　四周雙邊　黑口

16.4×13.5釐米

紹圖

子0223

性理大全書七十卷

明胡廣等撰

明萬曆二十五年（1597）吳勉學師古齋刻
本

十行二十字　左右雙邊　白口

21.2×14.7釐米

溫圖

子0224

新刊性理大全七十卷

明胡廣等撰

明嘉靖三十一年（1552）雙桂書堂刻本

十一行二十六字　四周雙邊　白口

17.6×12.8釐米

浙圖　天一閣＊

子0225

新刊性理大全七十卷

明胡廣等撰

明刻本

十一行二十六字　四周雙邊　白口

17.2×12.8釐米

浙圖

子0226

新刻九我李太史校正大方性理全書七十卷

明胡廣等撰

明萬曆三十一年（1603）吳勉學刻本

十行二十字　左右雙邊　白口

21×14.8釐米

杭圖　義烏圖

子0227

性理大全二十八卷

清錢塘應撝謙輯

清康熙二十年（1681）刻本

九行二十字　四周單邊　白口

20.6×14.3釐米

天一閣

子0228

性理群書集覽大全七十卷

題玉峰道人輯

明書林劉氏日新堂刻本

缺十五卷　一至三　五十九至七十

十一行二十二字　四周雙邊　黑口

19.5×13釐米

浙圖

子0229

性理會通七十卷續編四十二卷

明錢塘鍾人傑輯

明崇禎（1628—1644）刻本

十行二十字　四周單邊　白口

19.9×14.3釐米

浙圖　海寧圖＊　浙大

子0230

讀書錄十一卷

明薛瑄撰

明萬曆二年（1574）湖廣布政司刻本

十行二十字　四周單邊　白口

21.1×14.1釐米

浙圖

子0231

讀書錄十一卷續錄十二卷實錄五卷

明薛瑄撰

儒家類

清乾隆十一年（1746）刻本

十二行二十二字　左右雙邊　黑口

18.5×13.3釐米

浙大　嘉圖　平湖圖

子0232

薛文清公讀書全錄類編二十卷

明薛瑄撰　明侯鶴齡輯

明萬曆二十四年（1596）刻本

十行二十字　四周單邊　白口

20×14.1釐米

浙圖　紹圖　天一閣

子0233

薛文清公讀書全錄類編二十卷

明薛瑄撰

明萬曆四十二年（1614）張銓刻本

十行二十字　四周雙邊　白口

21.9×15.1釐米

浙大

子0234

五倫書六十二卷

明宣宗朱瞻基撰

明正統十二年（1447）內府刻本

存二十七卷　十五至二十三　二十五至四十　四十四至四十五

九行十八字　四周雙邊　黑口

29×19釐米

天一閣*

子0235

五倫書六十二卷

明宣宗朱瞻基撰

明景泰五年（1454）劉氏翠巖精舍刻本

十一行二十二字　四周雙邊　黑口

20.6×13釐米

浙圖

子0236

五倫書六十二卷

明宣宗朱瞻基撰

明刻本

十二行二十三字　四周雙邊　黑口

21.8×13釐米

天一閣

子0237

居業錄四卷

明胡居仁撰

明嘉靖元年（1522）刻本

十行二十字　左右雙邊　白口

21.8×14.6釐米

天一閣　餘姚文

子0238

居業錄四卷

明胡居仁撰

清雍正二年（1724）餘干縣刻本

十行二十字　左右雙邊　白口

20.6×14.4釐米

溫圖

子0239

居業錄四卷

明胡居仁撰

清雍正（1723—1735）胡道任、胡道儀刻本

十行二十字　左右雙邊　白口

21×14.7釐米

浙圖

子0240

胡敬齋先生居業錄十二卷

明胡居仁撰　清余祐輯

清乾隆二十二年（1757）刻本

十行二十二字　四周單邊　白口

18.4×13.1釐米

溫圖　湖博

子 0241

居業錄要語四卷

　　明胡居仁撰　明張吉輯

　　明正德二年(1507)刻本

　　十行十八字　四周雙邊　黑口

　　21×13.8 釐米

　　天一閣　餘姚文

子 0242

諸儒講義二卷

　　明蘭谿章懋、董遵輯

　　明嘉靖三十七年(1558)漢東書院刻本

存一卷　下

　　九行十八字　左右雙邊　白口

　　17.5×12 釐米

　　天一閣

子 0243

困知記二卷續記二卷附錄一卷

　　明羅欽順撰

　　明嘉靖(1522—1566)刻本

　　九行十八字　左右雙邊　白口

　　19×14.4 釐米

　　浙大＊　紹圖＊　天一閣＊

子 0244

困知記二卷續二卷三續一卷四續一卷續補
**　　一卷附錄一卷**

　　明羅欽順撰

　　明程宏傳刻清嘉慶十三年(1808)補刻本

　　十行二十字　左右雙邊　白口

　　18.8×13 釐米

　　浙圖

子 0245

帝祖萬年金鑑錄三卷

　　明汪循撰

　　清汪家相抄本

　　浙圖

子 0246

陽明先生則言二卷

　　明餘姚王守仁撰

　　明嘉靖十六年(1537)薛侃刻本

存一卷　上

　　九行十九字　左右雙邊　白口

　　天一閣

子 0247

傳習錄四卷

　　明餘姚王守仁撰

　　明嘉靖(1522—1566)刻本

　　十行十七字　左右雙邊　白口

　　19.3×13.7 釐米

　　嘉圖

子 0248

傳習錄三卷續錄二卷

　　明餘姚王守仁撰

　　明嘉靖三十三年(1554)刻本

　　九行十七字　四周雙邊　白口

　　21.2×15.3 釐米

　　溫圖

子 0249

陽明先生集要十五卷

　　明餘姚王守仁撰　明餘姚施邦曜輯

年譜一卷

　　明崇禎八年(1635)王立準刻本

存集要經濟編三卷　一至三

　　十行二十字　左右雙邊　白口

　　22×15.2 釐米

　　嘉圖

子 0250

陽明先生集要十五卷

　　明餘姚王守仁撰　明餘姚施邦曜輯

年譜一卷

　　清乾隆五十二年(1787)濟美堂刻本

　　十行二十字　左右雙邊　白口

17.2×13.3 釐米

溫圖　嘉圖　上虞圖

子 0251

陽明先生要語三卷

明蕭廩輯

明萬曆二年(1574)刻陸王二先生要語類

抄本

九行十八字　四周單邊　白口

18.6×13.7 釐米

浙圖

子 0252

聖訓演三卷

明許讚撰

明嘉靖九年(1530)刻本

存二卷　上　中

十行二十二字　左右雙邊　白口

19.2×13.2 釐米

天一閣

子 0253

士翼四卷

明崔銑撰

明嘉靖十四年(1535)刻本

十行二十字　四周單邊　白口

19.4×13.3 釐米

天一閣

子 0254

揚子折衷六卷

明湛若水撰

明嘉靖(1522—1566)葛潤刻本

十行二十字　四周單邊　白口

20.7×14.4 釐米

浙圖

子 0255

涇野子外篇二卷

明呂柟撰

明嘉靖二十七年(1548)刻本

九行二十字　四周單邊　白口

18.6×14.2 釐米

天一閣

子 0256

性理諸家解三十四卷

明楊維聰輯

明嘉靖十五年(1536)楊維聰、高叔嗣等

刻本

缺五卷　一至四　三十三

十行二十字　左右雙邊　白口

18×13.5 釐米

浙圖

子 0257

唐荊川先生編纂諸儒語要十卷

明唐順之輯

明萬曆三十年(1602)吳達可刻本

九行二十字　四周單邊　白口

22×14.8 釐米

浙圖

子 0258

卓吾先生批評龍谿王先生語錄鈔八卷

明山陰王畿撰　明李贄評

明萬曆(1573—1620)刻本

九行十八字　四周單邊　白口

20.6×14.4 釐米

浙圖

子 0259

羅近溪先生語要二卷

明羅汝芳撰　明會稽陶望齡輯

明萬曆二十八年(1600)刻本

九行二十字　四周單邊　白口

20.2×13.4 釐米

溫圖

子 0260

儒宗約旨十卷

　明俞延佑輯

　明萬曆二十八年(1600)刻本

　　九行二十一字　四周單邊　白口

　　20.8×13.4 釐米

浙大

子 0261

監懲錄前編一卷後編一卷附編一卷

　明殷士儋撰

　明隆慶四年(1570)殷氏金輿山房刻本

存二卷　後編　附編

　　十行二十二字　左右雙邊　白口

　　19.1×14.7 釐米

浙圖

子 0262

翠娛閣增訂宗方城先生性理抄八卷

　明宗臣輯　明錢塘陸雲龍增補

　明崇禎(1628—1644)刻本

　　九行十九字　四周單邊　白口

　　19.7×14.4 釐米

浙大

子 0263

新刊性理集要八卷

　明詹淮輯

　明李廷海刻本

　　十一行二十六字　四周單邊　黑口

　　19.8×13 釐米

浙圖

子 0264

性理標題綜要二十二卷

　明詹淮撰　明陳仁錫訂正

　明崇禎(1628—1644)刻本

　　九行十九字　四周單邊　白口

　　20.7×14.4 釐米

浙圖　玉海樓　浙大

子 0265

性理要則□卷

　明秀水黃洪憲撰

　明刻本

存三卷　一至三

　　十行二十四字　四周雙邊　白口

　　20.8×12.5 釐米

天一閣

子 0266

小學新編摘略二卷

　明劉元卿輯

　明萬曆二十五年(1597)賀應甲刻本

　　　小學經傳一卷

　　　小學衍義一卷

　　九行十八字　四周單邊　白口

　　20.7×15.1 釐米

浙圖

子 0267

群書歸正集十卷

　明鄞縣林昻撰

　明萬曆十九年(1591)林祖述刻本

存六卷　五至十

　　十行二十字　四周雙邊　白口

　　21.5×14.7 釐米

天一閣

子 0268

汪子中詮六卷

　明汪應蛟撰

　明萬曆四十六年(1618)敬思堂刻本

　　十行二十字　四周單邊　白口

　　21×14.2 釐米

浙圖

子 0269

呻吟語六卷

　明呂坤撰

　明萬曆(1573—1620)刻本

九行十九字　左右雙邊　白口

21.5×14 釐米

浙圖　杭圖　天一閣

子 0270

呻吟語六卷

明呂坤撰　清陳宏謀輯並評

清乾隆(1736—1795)刻本

呂子節錄四卷

呂子節錄補遺二卷

九行十八字　左右雙邊　白口

18.4×13.4 釐米

諸暨圖

子 0271

呻吟語六卷

明呂坤撰　清陳宏謀輯並評

清乾隆五十一年(1786)蔣兆奎刻本

呂子節錄四卷

呂子節錄補遺二卷

九行二十字　左右雙邊　白口

18×13.8 釐米

浙圖

子 0272

新鐫性理節要八卷

明蘇文韓輯

明萬曆(1573—1620)刻本

十一行二十二字　四周單邊　白口

19.8×12.8 釐米

浙圖　嘉圖

子 0273

性理指歸二十八卷

明烏程姚舜牧撰

明萬曆三十八年(1610)刻本

缺十二卷　十七至二十八

十行二十字　四周單邊　白口

21×12.2 釐米

浙圖

子 0274

王門宗旨十四卷

明嵊縣周汝登輯

明萬曆(1573—1620)余懋孳刻本

九行十九字　四周雙邊　白口

22.2×15.3 釐米

浙圖

子 0275

南皋鄒先生會語合編二卷講義合編二卷

明鄒元標撰

明萬曆四十七年(1619)龍遇奇刻本

九行十九字　左右雙邊　白口

21.5×14.5 釐米

浙圖

子 0276

尊孔錄十六卷

明安世鳳撰

明天啓元年(1621)刻本

九行十八字　四周雙邊　白口

22×15.2 釐米

天一閣

子 0277

完訣一卷

明丁從堯撰

明萬曆四十二年(1614)刻本

九行二十字　四周單邊　白口

21×14.5 釐米

天一閣

子 0278

黽記四卷

明錢一本撰

明萬曆四十一年(1613)日啓新齋自刻本

九行十九字　四周單邊　白口

21.5×14 釐米

浙圖

子 0279

養正圖解不分卷

明焦竑撰　明丁雲鵬繪

明萬曆（1573—1620）刻本

十行二十一字　四周單邊　白口

24×16.7釐米

浙圖

子 0280

養正圖解不分卷

明焦竑撰　明丁雲鵬繪

明萬曆（1573—1620）刻明金陵奎壁齋重
修本

浙圖

子 0281

家訓類編五卷

明王演疇輯

明萬曆四十四年（1616）自刻本

九行十八字　四周單邊　白口

20.9×14.1釐米

天一閣

子 0282

證人社會儀約言一卷

明山陰劉宗周撰

明崇禎（1628—1644）刻本

六行十六字　四周單邊　白口

21.4×14釐米

天一閣

子 0283

山中讀書印三卷補一卷

明張鼐撰

明萬曆四十五年（1617）俞廷諤刻本

九行十八字　左右雙邊　白口

20.8×15釐米

杭博

子 0284

新鐫性理奧十卷首一卷

明丁進撰

明天啓六年（1626）刻本

九行二十字　四周雙邊　白口

19.5×14.4釐米

浙圖

子 0285

衡門芹一卷

明辛全撰

明晉淑健等刻本

九行二十字　四周單邊　白口

23×14.6釐米

浙圖

子 0286

弘道錄二十五卷

明仁和邵經邦撰　清仁和邵遠平補案

清康熙（1662—1722）繼善堂刻本

十行二十四字　四周單邊　白口

20.1×15釐米

浙圖

子 0287

定志編三卷

明東陽孫揚輯

清康熙三十八年（1699）位思堂刻本

十行二十二字　左右雙邊　白口

19.2×13.7釐米

浙圖

子 0288

潘子求仁錄輯要十卷

明慈溪潘平格撰

清康熙五十六年（1717）毛文强、鄭性刻
本

十三行二十五字　四周單邊　黑口

19.1×13.4釐米

浙圖　寧圖

子 0289

明孫石臺先生質疑稿三卷

　明東陽孫揚撰

　清乾隆二十年（1755）盧瑩等刻本

　　十行二十一字　　左右雙邊　　白口

　　18×12.1 釐米

浙圖

子 0290

理學雜著二卷

　明黃守拙撰　　明歐陽東輯並注

　清抄本

浙圖

子 0291

章子一卷

　明章世純撰

　清道光十九年（1839）韓應陛抄本　　清韓

　　應陛跋

浙圖

子 0292

隨時問學八卷

　明嘉善陳龍正撰

　明崇禎（1628—1644）刻本

　存六卷　一至六

　　九行十八字　　四周單邊　　白口

　　21×14.5 釐米

紹圖

子 0293

曇菴雜述二卷

　清海寧朱朝瑛撰

　清康熙十一年（1672）周煒刻本

　　九行二十字　　四周單邊　　白口

　　20.3×13.5 釐米

浙圖　嘉圖

子 0294

待訪錄一卷

　清餘姚黃宗羲撰

　清抄本　　清道光二十五年（1845）朱步沅

　　校並跋　　清會稽王繼香跋

浙圖

子 0295

御製資政要覽三卷後序一卷

　清世祖福臨撰

　清順治十二年（1655）內府刻重修本

　　六行十二字　　四周雙邊　　黑口

　　18.1×12.2 釐米

浙大

子 0296

經德錄五卷

　清永嘉王欽豫輯

　清抄本

溫圖

子 0297

翼正初編九卷

　清永嘉王欽豫輯

　清瑞安玉海樓抄本

溫圖

子 0298

荊園小語一卷

　清申涵光撰

　清光緒九年（1883）安越堂刻本　　黃巖王

　　玫伯批評

　　十行二十字　　四周雙邊　　黑口

　　18.6×13.8 釐米

溫圖

子 0299

理學錄不分卷

　清會稽姜希轍輯

　清抄本

浙圖

子 0300

理學辨一卷

清王庭撰

清康熙二十四年(1685)刻本

九行二十字　四周雙邊　白口

19.5×11.8 釐米

天一閣

子 0301

範家集略六卷

清秦坊輯

清康熙(1662—1722)刻本

九行二十一字　四周單邊　白口

21×14.2 釐米

浙圖

子 0302

孝經衍義一百卷首二卷

清葉方藹等撰

清康熙三十年(1691)江蘇布政使司刻本

九行十八字　四周雙邊　白口

18.5×14.3 釐米

浙圖

子 0303

孝經衍義一百卷首二卷

清葉方藹等纂

清康熙三十一年(1692)浙江刻本

缺五卷　十一至十四　三十

九行十八字　四周雙邊　黑口

18.9×14.2 釐米

浙圖

子 0304

孝經衍義一百卷首二卷

清葉方藹等撰

清康熙(1662—1722)刻本

九行十八字　四周雙邊　黑口

18.6×14.7 釐米

溫圖

子 0305

孝經衍義一百卷首二卷

清葉方藹等撰

清康熙(1662—1722)刻本

九行十八字　四周雙邊　黑口

18.4×14.2 釐米

嘉圖

子 0306

晚邨先生家訓真蹟五卷

清石門呂留良撰

清康熙四十二年(1703)呂無鄡刻本

六至七行十二至十五字不一　四周單邊　白口

22.6×15 釐米

浙圖

子 0307

呂子評語正編四十二卷附親炙錄一卷首一卷餘編八卷首一卷附親炙錄一卷

清石門呂留良撰　清車鼎豐輯

清康熙五十五年(1716)車鼎豐晚聞軒刻本

十二行二十五字　左右雙邊　白口

19.8×12.9 釐米

浙圖

子 0308

下學堂劄記三卷堂規一卷會約一卷

清熊賜履撰

清康熙二十四年(1685)刻本

九行二十字　左右雙邊　白口

20.5×14.2 釐米

浙圖

子 0309

陸稼書先生讀朱隨筆四卷

清平湖陸隴其撰

清康熙(1662—1722)刻本
九行二十字　左右雙邊　黑口
16.8×13.3 釐米
平湖圖

子 0310
三魚堂賸言十二卷
　清平湖陸隴其撰
清獻公傳略一卷
　清陳濟撰
　清乾隆八年(1743)刻本
　十一行十九字　左右雙邊　黑口
　15.6×11.4 釐米
浙圖　海寧圖*

子 0311
御纂性理精義十二卷
　清李光地等纂修
　清康熙五十六年(1717)武英殿刻本
　八行十八字　小字雙行二十二字　四周雙邊
　　白口
　21.6×16 釐米
浙圖　義烏圖　浙大

子 0312
御纂性理精義十二卷
　清李光地等纂修
　清康熙(1662—1722)刻本
　八行十八字　小字雙行二十二字　四周雙邊
　　白口
　21.6×16 釐米
嘉圖

子 0313
御纂性理精義十二卷
　清李光地等纂修
　清刻本
　八行十八字　小字雙行二十二字　四周雙邊
　　白口
　21.6×16 釐米
諸暨圖

子 0314
榕村語錄續集十六卷家書一卷奏對一卷
　清李光地撰　清黃家鼎箋正
　周氏鴿峰草堂抄本　周大輔校並跋
浙圖

子 0315
密證錄一卷姚江釋毀錄一卷
　清彭定求撰
　清乾隆五十二年(1787)吳卓信抄本　清
　　吳卓信批並校跋
浙圖

子 0316
小學發明六卷
　清施璜輯注
　清康熙三十七年(1698)紫陽書院刻本
　九行二十字　左右雙邊　白口
　19.8×14 釐米
杭圖

子 0317
困知錄一卷
　清雒居仁撰
　清康熙(1662—1722)刻本
　九行二十字　四周單邊　白口
　20.7×12.6 釐米
浙圖

子 0318
理學備考三十四卷首一卷
　清范鄗鼎輯
　清康熙(1662—1722)五經堂刻道光五年
　　(1825)張恢補刻本
　九行二十五字　四周雙邊　白口
　19×11.7 釐米
浙圖

儒家類

子 0319

聖學先難編六卷

清金象乾撰

清康熙三十六年(1697)刻本

九行二十四字　左右雙邊　白口

19.2×12.4 釐米

浙圖

子 0320

先儒正修錄三卷齊治錄三卷

清于準輯

清康熙(1662—1722)刻本

十二行二十三字　左右雙邊　黑口

18×14.3 釐米

浙圖

子 0321

女學六卷

清藍鼎元輯

清康熙(1662—1722)刻本

九行十七字　左右雙邊　白口

15.4×12 釐米

寧圖

子 0322

棉陽學準五卷

清藍鼎元撰

清雍正(1723—1735)刻本

九行十七字　左右雙邊　白口

19.1×14.1 釐米

浙圖

子 0323

游梁書院講語一卷

清張沐撰

清康熙三十三年(1694)刻本

九行二十字　四周雙邊　白口

18.3×13 釐米

諸暨圖

子 0324

廣治平略四十四卷

清蔡方炳撰

清康熙三年(1664)刻本

九行二十五字　四周單邊　白口

21×12.4 釐米

嘉圖＊　衢博

子 0325

聖諭廣訓一卷

清世宗胤禛撰

清刻本

八行十八字　無界欄

寧圖

子 0326

聖諭廣訓一卷

清世宗胤禛撰

清刻本

行字不一　四周單邊　白口

24.1×15.5 釐米

天一閣

子 0327

陸子學譜二十卷

清李紱撰

清雍正十年(1732)無怒軒刻本

十二行二十三字　四周雙邊　白口

19.7×15.4 釐米

浙圖

子 0328

閑家編八卷

清王士俊輯

清雍正十二年(1734)養拙堂刻本

九行二十字　四周雙邊　白口

19.1×12.1 釐米

浙圖

子 0329

日知薈説四卷

清高宗弘曆撰

清乾隆（1736—1795）刻本

七行十八字　四周雙邊　白口

18.7×13.4釐米

浙圖

子 0330

日知薈説四卷

清高宗弘曆撰

清乾隆（1736—1795）刻本

七行十八字　四周雙邊　白口

19×14.1釐米

浙大

子 0331

日知薈説四卷

清高宗弘曆撰

清活字印本

七行十八字　四周雙邊　白口

20.1×14釐米

溫圖

子 0332

鵝湖講學會編十二卷

清鄭之僑輯

清乾隆九年（1744）述堂刻本

十行二十二字　左右雙邊　白口

19.4×14.3釐米

嘉圖

子 0333

澄懷園語四卷

清張廷玉撰

清乾隆（1736—1795）刻本

十行十九字　左右雙邊　白口

17.4×13.7釐米

浙大

子 0334

志學後錄八卷渴露篇一卷

清何璸撰

清乾隆十年（1745）刻本

十行二十二字　四周單邊　白口

浙圖

子 0335

鰲峰書院講學錄一卷

題清濟齋撰

清乾隆（1736—1795）刻本

九行十七字　四周雙邊　白口

18.6×14.3釐米

浙圖

子 0336

小學纂註六卷

清高愈輯並注

朱子年譜一卷

童蒙須知一卷

訓子從學帖一卷

清乾隆（1736—1795）刻本

九行十九字　左右雙邊　白口

19.1×14.6釐米

玉海樓

子 0337

小學纂註六卷

清高愈輯並注

清乾隆十七年（1752）刻本

九行十九字　左右雙邊　白口

17.9×13.3釐米

寧圖

子 0338

小學或問一卷

清尹嘉銓輯

清乾隆四十一年（1776）刻本

九行十七字　四周雙邊　白口

12.5×10釐米

嵊州圖

子 0339

重刻添補傳家寶俚言新本不分卷

清石成金撰

清乾隆四年 (1739) 刻本

八行二十字　四周雙邊　白口

18.3×11.3 釐米

浙圖

子 0340

逸語十卷

清嘉善曹庭棟輯並注

清乾隆十二年 (1747) 刻本

九行十七字　左右雙邊　白口

19.4×14.6 釐米

浙圖

子 0341

原善三卷緒言三卷

清戴震撰

清抄本　佚名校點

浙圖

子 0342

朱止泉先生朱子聖學考略十卷

清朱澤澐撰

清乾隆十七年 (1752) 刻本

十行二十二字　左右雙邊　白口

19.3×13.2 釐米

浙圖

子 0343

先儒粹言二卷

清馬驌輯

清乾隆十四年 (1749) 刻本

八行十八字　左右雙邊　黑口

18.5×13.9 釐米

浙圖

子 0344

下學編十四卷

清祝淰纂

清乾隆二十二年 (1757) 刻本

十行二十一字　左右雙邊　白口

18.8×13 釐米

浙圖　嘉圖

子 0345

先正小題文敬業編不分卷

清王元文輯

清乾隆四十九年 (1784) 刻本

九行二十五字　左右雙邊　白口

19.3×11.3 釐米

海寧圖

子 0346

新增願體集四卷

清富春李仲麟輯

清乾隆五十七年 (1792) 刻本

八行十九字　四周雙邊　白口

19.5×13.6 釐米

浙圖

子 0347

治家略八卷

清湯溪胡煒輯

胡曉盧先生傳一卷

清乾隆二十六年 (1761) 刻嘉慶二十三年
(1818) 補刻本

九行二十二字　四周雙邊　黑口

17.9×12.9 釐米

浙圖

子 0348

實踐錄一卷

清德沛撰

清乾隆五年 (1740) 刻本

八行十七字　左右雙邊　白口

17.1×12.2 釐米

浙圖

子 0349

綱目四鑑錄十六卷續編十六卷

　清尹會一輯　清尹嘉銓續輯

　清乾隆（1736—1795）刻本

　　君鑑錄四卷

　　臣鑑錄四卷

　　士鑑錄四卷

　　女鑑錄四卷

　　君鑑錄續編四卷

　　臣鑑錄續編四卷

　　士鑑錄續編四卷

　　女鑑錄續編四卷

　　九行二十字　左右雙邊　黑口

　　16×11.7釐米

浙圖

子 0350

習是編二十六卷

　清屈成霖輯

　清乾隆十三年（1748）刻本

　　九行二十一字　左右雙邊　白口

　　18.3×13.9釐米

浙圖

子 0351

省吾集三卷卷末一卷

　清海鹽徐德瑜輯

　清乾隆（1736—1795）刻本

　　八行二十字　左右雙邊　黑口

　　18.4×11.7釐米

浙圖

子 0352

杞憂集學道心法三卷

　清會稽章楠撰

　清道光二十三年（1843）稿本

溫圖

子 0353

求艾錄十卷

　清歸安楊以貞撰

　稿本

浙圖

子 0354

勸學篇末議不分卷

　清歸安楊以貞撰

　稿本

浙圖

子 0355

榕壇問答一卷

　清蔣堂徽輯

　稿本

浙圖

子 0356

大意尊聞三卷

　清方東樹撰

儀衛先生行狀一卷

　清方宗誠撰

附錄一卷

　清方宗誠輯

　清抄本

浙圖

子 0357

師友言行記不分卷

　清方宗誠輯

　清宣統三年（1911）周氏鴿峰草堂抄本

　　周大輔跋

浙圖

子 0358

儒史略一卷

　清余炳文撰

　清光緒三十二年（1906）京師學務處官書

局鉛印本　象山陳漢章批校　陳倬雲
跋

浙圖

道家類

道家類

子0359

四子書二十三卷

　明萬曆九年(1581)陳楠刻本

存十一卷

　　文始真經三卷

　　沖虛真經八卷

　　九行十七字　四周雙邊　白口

　　21×15.2釐米

浙圖＊　天一閣＊

子0360

四子全書九卷

　明董逢元編

　明萬曆二十三年(1595)董氏秋聲閣刻本

　　老子道德真經一卷

　　關尹子文始真經一卷

　　莊子南華真經五卷

　　列子沖虛至德真經二卷

　　九行十八字　左右雙邊　白口

　　21×14.5釐米

浙圖＊　紹圖＊

子0361

四子全書九卷

　明董逢元編

　明萬曆二十三年(1595)董氏秋聲閣刻綠

　　筠堂印本

　　老子道德真經一卷

　　關尹子文始真經一卷

　　莊子南華真經五卷

　　列子沖虛至德真經二卷

浙圖

子0362

三子合刊十三卷

　明閔齊伋刻朱墨套印本

　　老子道德真經二卷音義一卷

　　莊子南華真經四卷音義四卷

　　列子沖虛真經一卷音義一卷

　　九行十九字　四周單邊　白口

　　21.6×15釐米

浙圖　杭圖＊　溫圖＊　紹圖＊　天一閣＊　浙
大

子0363

三子口義十五卷

　宋林希逸撰

　明嘉靖四年(1525)張士鎬刻本

　　老子鬳齋口義二卷

　　莊子鬳齋口義十卷釋音一卷

　　列子鬳齋口義二卷

　　十行十八字　左右雙邊　白口

　　17.5×13.7釐米

浙圖＊　杭圖＊

子0364

鬳齋三子口義二十一卷

　宋林希逸撰

　明萬曆二年(1574)施觀民刻本

　　鬳齋老子口義二卷

　　鬳齋莊子口義十卷釋音一卷

　　鬳齋列子口義八卷

　　十行二十二字　左右雙邊　白口

　　19.4×13.7釐米

浙圖　天一閣＊　浙大＊

子0365

三子口義十五卷

　宋林希逸撰

　明萬曆(1573—1620)刻本

存六卷

　　莊子鬳齋口義十卷釋音一卷　存五卷　七
　　　　至十　釋音一卷

　　列子鬳齋口義二卷　存一卷　下

十行十八字　左右雙邊　白口

14×13.5 釐米

天一閣

子 0366

道德南華二經評註合刻十二卷

明歸有光輯　明文震孟訂

明天啓四年(1624)文氏竺塢刻本

　道德經評註二卷

　南華真經評註十卷

九行十八字　四周單邊　白口

23.9×14.3 釐米

浙圖　杭圖＊　溫圖　嘉圖＊　天一閣＊

子 0367

老莊通十四卷

明沈一貫撰

明萬曆十五年至十六年(1587—1588)蔡
貴易刻本

存三卷

　老子通二卷讀老楔辨一卷

十行二十字　四周雙邊　白口

21.5×15 釐米

浙圖

子 0368

老莊通十四卷

明沈一貫撰

明萬曆十五年至十六年(1587—1588)蔡
貴易刻二十七年(1599)重修本

存十一卷

　老子通二卷讀老楔辨一卷

　莊子通十卷　存八卷　一至八

天一閣

子 0369

老莊合刻六卷

明餘姚孫鑛評點

明萬曆(1573—1620)刻本

存三卷

老子道德經二卷

　古今本考證一卷

九行二十五字　四周單邊

20.6×12.3 釐米

溫圖

子 0370

老子翼三卷莊子翼八卷

明焦竑撰

明萬曆十六年(1588)王元貞刻本

十行二十字　左右雙邊　白口

20.4×13.8 釐米

浙圖　紹圖＊　天一閣＊

子 0371

老子翼三卷莊子翼八卷

明焦竑撰

明萬曆十六年(1588)王元貞刻本　清董
日鑄批

存四卷　老子翼三　莊子翼一至三

紹圖

子 0372

老子翼三卷莊子翼八卷附錄一卷

明焦竑撰

明萬曆十六年(1588)王元貞刻本　清李
師周批注

存六卷　老子翼一至二　莊子翼一至四

紹圖

子 0373

老莊解七卷

明會稽陶望齡撰

明萬曆四十三年(1615)劉廷元刻本

　解老二卷

　解莊五卷

九行二十字　左右雙邊　白口

20.7×15 釐米

浙圖

子 0374

玉堂校傳如崗陳先生二經精解全編九卷

明秀水陳懿典撰

明萬曆二十二年(1594)熊雲濱刻本

22.6×14.1 釐米

浙圖

子 0375

道德經一卷

清康熙四十二年(1703)胡西安抄本　清
胡西安跋

九行十八字　左右雙邊　白口

浙圖

子 0376

老子道德經四卷

題漢河上公注

總評一卷

明程一礎輯

明崇禎三年(1630)閒拙齋刻本　清佚名
批注

八行十七字　四周單邊　白口

20.5×13.7 釐米

平湖圖

子 0377

老子道德真經二卷

魏王弼注

道德經古今本攷正一卷

明刻本

九行十九字　四周單邊　白口

21.2×14.8 釐米

浙圖

子 0378

老子道德真經二卷

魏王弼注

道德經古今本攷正一卷

明刻本　蕭山單丕錄清臨海洪頤煊、德
清俞樾批校

九行十九字　四周單邊　白口

21.5×14.9 釐米

浙圖

子 0379

老子道德經二卷

魏王弼注

清乾隆二十八年(1763)張策家抄本　清
張策跋

八行二十二字

玉海樓

子 0380

老子道德經二卷

魏王弼注

清乾隆四十二年(1777)浙江刻武英殿聚
珍版叢書本　清盧文弨、丁晏批校並跋

九行二十一字　左右雙邊　白口

13×9.8 釐米

浙圖　安吉博(盧文弨校)

子 0381

道德真經註四卷

魏王弼撰

明抄本

浙圖

子 0382

道德真經注疏八卷

南齊顧歡撰

清丁氏遲雲樓抄本

浙圖

子 0383

唐玄宗御製道德真經疏十卷

唐玄宗李隆基撰

明抄本

十一行字數不一　四周單邊　白口

22.6×16.3 釐米

天一閣

子 0384

道德真經註四卷

唐李榮撰

明抄本

十一行字數不一　四周單邊　白口

22.5×16.4 釐米

天一閣

子 0385

道德真經新注四卷

唐李約撰

明抄本

十一行字數不一　四周單邊　白口

22.8×16.4 釐米

天一閣

子 0386

老子解二卷

宋蘇轍撰

明抄本

浙圖

子 0387

道德經二卷

宋蘇轍注　明凌以棟批點

老子考異一卷

明刻朱墨套印本

八行十八字　四周單邊　白口

20×14.6 釐米

浙圖　杭圖

子 0388

宋徽宗御解道德真經四卷

宋徽宗趙佶撰

明抄本

十一行字數不一　四周單邊　白口

22.6×16.3 釐米

天一閣

子 0389

老子道德經二卷

宋劉辰翁評點

明天啓四年(1624)刻本

九行二十字　四周單邊　白口

20.8×14.3 釐米

浙圖

子 0390

道德真經直解四卷

宋邵若愚撰

明抄本

十一行字數不一　四周單邊　白口

22.5×16.2 釐米

天一閣

子 0391

太上道德寶章注疏二卷

宋葛長庚注　明程以寧疏

明崇禎二年(1629)程以寧刻本

八行二十字　四周單邊　白口

20.9×12.4 釐米

天一閣

子 0392

道德真經集註十八卷雜説二卷釋文一卷

宋彭耜撰

清抄本

存三卷

雜説二卷

釋文一卷

浙圖

子 0393

道德真經疏義六卷

宋趙志堅撰

明抄本

存三卷　四至六

十一行字數不一　四周單邊　白口

22.5×16.2 釐米

天一閣

子 0394

道德真經全解二卷

　金時雍撰

　明抄本

　　十一行字數不一　四周單邊　白口

　　23×16.4 釐米

天一閣

子 0395

道德會元一卷

　元李道純撰

　明抄本

　　十一行二十五至二十七字　四周單邊　白口

　　22.8×16.4 釐米

杭圖

子 0396

道德真經解三卷

　明抄本

　　十一行字數不一　四周單邊　白口

　　22.6×16.3 釐米

天一閣

子 0397

道德真經藏室纂微開題科文疏五卷手抄二卷

　元薛致玄撰

　明抄本

　缺一卷　手抄上

　　十一行字數不一　四周單邊　白口

　　22.6×16.3 釐米

天一閣

子 0398

道德經二卷首一卷

　明潘基慶集注

　明刻本

　缺第八十一章

八行二十字　四周單邊　白口

　21.7×16 釐米

天一閣

子 0399

道德真經集義十卷

　明危大有撰

　明抄本

　缺四卷　七至十

　　十一行字數不一　四周單邊　白口

　　22.5×16.4 釐米

天一閣

子 0400

道德經附注二卷

　明鄞縣黃潤玉撰

　明抄本

　　十行字數不一　四周單邊　白口

　　21.4×15.2 釐米

天一閣

子 0401

老子通義二卷

　明朱得之撰

　明嘉靖四十四年(1565)浩然齋刻三子通義本

　　九行十七字　四周雙邊　白口

　　20.5×15.8 釐米

天一閣

子 0402

老子通義二卷

　明朱得之撰

　清康熙二十八年(1689)刻本

　　九行十七字　四周雙邊　白口

　　20.5×15.9 釐米

浙圖

子 0403

老子集解二卷考異一卷

　明薛蕙撰

明刻本

九行十九字　四周單邊　白口

21×13.7釐米

天一閣

子 0404

道德經解二卷

明鄞縣沈一貫撰

明萬曆十五年(1587)王道顯刻本

十行二十字　四周單邊　白口

20×14釐米

杭圖　天一閣

子 0405

老子元翼二卷考異一卷附錄一卷

明焦竑撰

清乾隆五年(1740)蘇氏刻本

九行二十一字　四周雙邊　白口

19.8×14.8釐米

浙圖

子 0406

道德眼二卷陰符眼一卷

清花尚撰

清康熙(1662—1722)刻本

八行十九字　四周雙邊　白口

19.7×12.8釐米

浙圖

子 0407

道德經注二卷

清成鷟注

清初刻本　佚名朱筆評點

九行二十字　四周雙邊　白口

17.9×13.6釐米

諸暨圖

子 0408

道德經二卷

清徐永祐集注

清雍正十二年(1734)刻本

九行十九字　左右雙邊　白口

21.6×15.6釐米

天一閣

子 0409

老子宗指四卷首一卷

清吳世尚撰

清雍正二年(1724)易老莊書屋刻本

十行二十一字　左右雙邊　綫黑口

17.7×13釐米

浙圖

子 0410

老子約說三篇續一篇

清紀大奎撰　清紀大夑評注

清乾隆五十三年(1788)刻本

八行二十字　四周雙邊　黑口

18.7×12.8釐米

浙圖

子 0411

道德經二卷

清胡與高注　清胡與宗解

清乾隆十三年(1748)雲水樓刻本

十行二十二字　左右雙邊　白口

20.6×14釐米

浙圖

子 0412

道德經二卷陰符經一卷

清徐大椿注

清乾隆二十五年(1760)刻本

缺陰符經一卷

九行二十二字　左右雙邊　白口

18.4×12.9釐米

浙圖

子 0413

道德經校勘記一卷

清魏錫曾撰

清同治十年(1871)孫詒讓節抄績語堂碑
錄本　清瑞安孫詒讓跋

十行二十二字　　左右雙邊

19.4×11.9 釐米

浙大

子 0414

老子道德經參互二卷

清會稽朱敦毅撰

稿本

浙圖

子 0415

莊子南華真經內篇一卷外篇一卷雜篇一卷

明萬曆(1573—1620)刻本　佚名批

九行二十二字　　四周單邊　　白口

19.4×12.2 釐米

杭圖

子 0416

莊子南華真經四卷附音義四卷

晉郭象注

明刻本

九行十九字　　四周單邊　　白口

21.3×15 釐米

杭圖

子 0417

莊子南華真經十卷

晉郭象注

明刻本

九行十九字　　四周單邊　　白口

22.1×14.6 釐米

平湖圖

子 0418

南華真經十卷

晉郭象注　唐陸德明音義

明嘉靖十二年(1533)顧春世德堂刻六子
書本　清計東錄　清毛扆校　朱師轍

跋

八行十七字　　四周雙邊　　白口

19.5×14 釐米

杭圖

子 0419

南華真經十卷

晉郭象注　唐陸德明音義

明嘉靖十二年(1533)顧春世德堂刻六子
書本　清陸損之校並錄　清何焯批校

浙圖

子 0420

南華真經十卷

晉郭象注　唐陸德明音義

清嘉慶九年(1804)姑蘇聚文堂刻本　清
同治元年(1862)瑞安孫衣言批校並跋

十一行二十一字　　四周單邊　　黑口

17.5×14 釐米

玉海樓

子 0421

莊子郭註十卷

晉郭象撰　唐陸德明音義

明萬曆三十三年(1605)鄒之嶧刻本

九行十八字　　四周單邊　　白口

20×15 釐米

浙圖　紹圖

子 0422

莊子十卷

晉郭象注　唐陸德明音義

清光緒二年(1876)浙江書局刻二十二子
本　清瑞安孫詒讓校

九行二十一字　　左右雙邊　　白口

18.4×13.2 釐米

浙大

子 0423

莊子十卷

晉郭象注　唐陸德明音義

道家類

清光緒二年(1876)浙江書局刻二十二子
　　本　清蕭志漢錄　清仁和譚獻、孫仲
　　華批校並跋

浙圖

子 0424

南華經註疏三十五卷

　　晉郭象注　唐成玄英疏
　　清宜銘金室抄本

浙圖

子 0425

南華經十六卷

　　晉郭象注　宋林希逸口義　宋劉辰翁點
　　　校　明王世貞評點　明陳仁錫批注
　　明刻四色套印本

　　八行十八字　四周單邊　白口

　　20.5×14.5釐米

杭圖　天一閣

子 0426

莊子鬳齋口義十卷

　　宋林希逸撰

釋音一卷

　　明刻本

　　十行十八字　左右雙邊　白口

　　17.8×13.6釐米

天一閣

子 0427

南華真經義海纂微一百六卷

　　宋褚伯秀撰
　　明抄本

存四十七卷　一至十五　二十二至三十七
　　六十六至八十一

　　八行二十四字　四周雙邊

　　22.3×15.3釐米

天一閣

子 0428

南華經七卷首一卷

　　明潘基慶集注
　　明萬曆(1573—1620)刻老莊會解本

　　八行二十字　四周單邊　白口

　　21×15.5釐米

浙圖

子 0429

莊子通義十卷

　　明朱得之撰
　　明嘉靖四十四年(1565)浩然齋刻清重修
　　　三子通義本

　　九行十七字　四周雙邊　白口

　　21.1×16釐米

浙圖

子 0430

莊子通義十卷

　　明朱得之撰
　　明刻本

　　九行十七字　四周雙邊　白口

　　22.3×16.2釐米

天一閣

子 0431

南華真經副墨八卷讀南華經雜説一卷

　　明陸西星撰
　　明萬曆六年(1578)李齊芳刻本

　　九行十八字　四周單邊　白口

　　20.7×13.1釐米

浙大

子 0432

南華真經副墨八卷讀南華真經雜説一卷

　　明陸西星撰
　　明萬曆(1573—1620)刻本

　　九行十八字　四周單邊　白口

　　21×13.1釐米

浙圖　杭圖　天一閣*

子 0433

南華真經副墨八卷讀南華真經雜説一卷

　　明陸西星撰

　　明萬曆十三年(1585)孫大綬刻本

　　　八行十七字　四周單邊　白口

　　　21×14.5 釐米

浙圖

子 0434

南華真經副墨八卷讀南華真經雜説一卷

　　明陸西星撰

　　明刻本

　　　八行十七字　四周單邊　白口

　　　20.5×14.3 釐米

杭圖

子 0435

孫月峰先生批點南華真經八卷

　　明餘姚孫鑛批點

　　明萬曆三十九年(1611)王澍刻本

　　　九行十八字　四周單邊　白口

　　　20.2×14.4 釐米

浙圖

子 0436

解莊十二卷首一卷

　　明會稽陶望齡撰　明郭正域評

　　明天啓元年(1621)茅兆河刻朱墨套印本

存七卷　一至七

　　　九行十九字　四周單邊　白口

　　　26.6×17.2 釐米

浙博

子 0437

鍥南華真經三註大全二十一卷

　　明秀水陳懿典輯

　　明萬曆二十一年(1593)閩書林余氏自新

　　　齋刻本

　　　十行十九字　四周單邊　白口

　　　20.5×12.6 釐米

浙圖

子 0438

南華真經旁注五卷

　　明方虛名撰

　　明萬曆二十二年(1594)刻本

　　　六行十七字　左右雙邊　白口

　　　24×15.2 釐米

浙圖　杭圖　溫圖　天一閣

子 0439

古蒙莊子校釋四卷

　　明吳宗儀撰

　　明萬曆三十九年(1611)王繼賢蒙城縣學

　　　刻本

　　　八行十八字　四周單邊　白口

　　　21.3×15.3 釐米

浙圖

子 0440

莊子膏肓四卷

　　明西安葉秉敬撰

　　明萬曆(1573—1620)刻本

　　　兩欄　下欄六行二十字　四周單邊　白口

　　　24×14.5 釐米

浙圖

子 0441

南華真經本義十六卷附錄八卷

　　明會稽陳治安撰

　　明崇禎五年(1632)刻本

　　　十行二十字　四周單邊　白口

　　　20.5×15.4 釐米

浙圖　天一閣 *

子 0442

南華經薈解三十三卷

　　明郭良翰撰

　　明萬曆四十六年(1618)南郭萬卷堂刻本

　　　八行二十字　四周單邊　白口

22.1×13.9釐米

浙圖

子0443

南華經批評十卷

明臨海蔡大節輯

明刻本

存五卷　一至五

八行十八字　小字雙行十七字　四周單邊　白
口

21×13釐米

紹圖

子0444

莊子內篇注七卷

明釋德清撰

明天啓元年(1621)管覺僊刻本

九行十八字　左右雙邊　白口

20.1×15.1釐米

溫圖

子0445

南華發覆八卷

明釋性㲚撰

明天啓七年(1627)刻本

九行二十字　四周單邊　白口

22×14.5釐米

浙圖

子0446

南華發覆八卷

明釋性㲚注

明末刻本

九行二十字　四周單邊　白口

21.4×14.2釐米

浙圖　溫圖

子0447

莊子旁注五卷

清吳承漸輯注

清康熙三十八年(1699)刻本

六行十七字　左右雙邊　白口

19.2×15.2釐米

浙圖　溫圖　天一閣＊

子0448

莊子因六卷

清林雲銘撰

清康熙二十七年(1688)自刻本

九行二十二字　四周雙邊　白口

21.3×14.2釐米

浙圖　嘉圖　玉海樓

子0449

莊子因六卷

清林雲銘撰

清康熙二十七年(1688)自刻本　佚名集
　錄諸家評跋

溫圖

子0450

莊子因六卷

清林雲銘撰

清康熙五十五年(1716)挹奎樓刻本

九行二十二字　四周單邊　白口

20.5×13.6釐米

浙圖　溫圖

子0451

莊子因六卷

清林雲銘撰

清雍正元年(1723)刻本

九行二十二字　四周單邊　白口

20.9×14.1釐米

浙圖

子0452

莊子因六卷

清林雲銘撰

清乾隆二年(1737)刻本

九行二十二字　四周單邊　白口

21.3×13.7釐米

溫圖

子 0453

莊子釋意三卷

　清高秋月輯

　清康熙二十九年(1690)曹同春刻曹家擁

　　重修莊騷合刻本　清海寧管庭芬批校

　　並跋

　　九行二十四字　左右雙邊　白口

　　19.4×11.9釐米

浙圖

子 0454

莊子解十二卷

　清吳世尚註評

　清雍正四年(1726)易老莊書屋刻本

　　十行二十一字　左右雙邊　黑口

　　17.2×13釐米

浙圖

子 0455

莊子考異二卷

　清錢經藩撰

　清抄本

　　十行字數不一　四周雙邊　黑口

　　17.8×12.4釐米

天一閣

子 0456

南華簡鈔四卷

　清會稽徐廷槐撰

　清乾隆六年(1741)刻本

　　九行二十字　左右雙邊　白口

　　17.8×13.8釐米

溫圖

子 0457

南華簡鈔四卷

　清會稽徐廷槐撰

清乾隆六年(1741)刻本　清曹景高批注

　17.9×14釐米

浙圖

子 0458

莊子獨見三十三卷

　清胡文英撰

　清乾隆(1736—1795)文淵堂刻本

　　十行十九字　左右雙邊　白口

　　16.8×13.6釐米

浙圖　浙大

子 0459

莊子獨見不分卷

　清胡文英撰

　清乾隆十六年(1751)同德堂刻本　佚名

　　批注

　　十行十九字　左右雙邊　白口

　　17×14釐米

溫圖

子 0460

莊子獨見不分卷

　清胡文英撰

　清乾隆十七年(1752)刻本

　　十行十九字　左右雙邊　白口

　　16.8×12.9釐米

浙圖　玉海樓　溫圖

子 0461

南華本義不分卷

　清林仲懿撰

　清乾隆十六年(1751)刻本

　　八行二十一字　四周雙邊　白口

　　19.2×14.1釐米

浙圖

子 0462

莊子南華經心印不分卷

　清會稽朱敦毅撰

稿本

浙圖

子 0463

文始真經言外經旨三卷

　宋陳顯微撰

　明正德二年(1507)劉希古刻本

　十行十八字　四周雙邊　黑口

　18.7×13.5 釐米

天一閣

子 0464

文始經釋辭九卷

　明王一清撰

　明萬曆(1573—1620)刻四經本

　九行二十四字　四周單邊　黑口

　20.4×12 釐米

浙圖

子 0465

關尹子二卷

　宋陳顯微注

　明末朱蔚然刻本

　九行二十字　四周單邊　白口

　20.5×12.9 釐米

天一閣

子 0466

列子沖虛真經八卷音義一卷

　明閔齊伋刻朱墨套印三子合刊本

　九行十九字　四周單邊　白口

　21.4×15.2 釐米

湖圖

子 0467

列子沖虛真經一卷音義一卷

　明閔齊伋刻朱墨套印三子合刊本　清海

　　鹽張燕昌校並跋

　九行十九字　四周單邊　白口

　21.4×15.2 釐米

天一閣

子 0468

列子沖虛真經八卷音義一卷

　唐陸德明撰

　明末刻本

　九行十九字　四周單邊　白口

　21.2×14.9 釐米

浙大

子 0469

沖虛至德真經八卷

　晉張湛注

　明刻重刊京本纂圖互註標題六子全書本

　十一行二十四字　四周雙邊　黑口

　19.8×14.3 釐米

浙圖

子 0470

列子八卷

　晉張湛注

　明刻本　清餘姚黃宗炎校並跋

　十行二十字　左右雙邊　白口

　18×13.2 釐米

天一閣

子 0471

列子八卷

　晉張湛注　明虞九章、王震亨訂正

　明虞九章刻本

　九行十九字　左右雙邊　白口

　20×14.2 釐米

天一閣

子 0472

沖虛至德真經八卷

　晉張湛注　唐殷敬順釋文

　明刻本

　十二行二十六字　四周雙邊　黑口

　19.8×13.5 釐米

天一閣

子 0473

沖虛至德真經八卷

晉張湛注　唐殷敬順釋文

明刻本

十一行二十一字　四周雙邊　黑口

17.8×12 釐米

天一閣

子 0474

列子鬳齋口義二卷

宋林希逸撰　明張四維補

明萬曆二年(1574)敬義堂刻三子口義本

十行二十二字　四周單邊　白口

19.5×13.8 釐米

浙圖

子 0475

沖虛至德真經解八卷

宋錢塘江遹撰

清抄本

十一行二十二字　四周單邊　白口

23×16 釐米

紹圖

兵家類

子 0476

武經七書二十五卷

張宗祥影宋抄本　海寧張宗祥校並跋

存十二卷

孫子三卷

黃石公三略三卷

六韜六卷

浙圖

子 0477

重鐫武經七書集注八卷

明李清注釋

明天啓四年(1624)李逢申刻本

九行二十一字　四周單邊　白口

22.1×14.4 釐米

浙圖

子 0478

七書參同七卷

明李贄推釋　明范方評次

明末東壁齋刻本

十行二十五字　四周單邊　白口

22.2×12.7 釐米

浙圖

子 0479

七書參同七卷

明李贄推釋　明范方評次

張宗祥抄本　海寧張宗祥跋

浙圖

子 0480

新鐫增補標題武經七書七卷

明陳玖學訂

明萬曆四十二年(1614)金閶十乘樓刻本

十行二十字　四周單邊　白口

19.7×13.3 釐米

浙圖

子 0481

新鐫標題武經七書十卷

明謝弘儀輯

明末刻本

缺一卷　五

九行二十三字　四周單邊　白口

22.7×12.2 釐米

浙圖

子 0482

武經七書彙解七卷首一卷末一卷

清朱墉輯

清康熙(1662—1722)懷山園刻本

缺二卷　二　五

十二行三十字　四周單邊　白口

20.4×13.5釐米

嘉圖

子0483

武經三書彙解三卷末一卷

清曹日瑋、黎利寶輯

清康熙(1662—1722)刻本

八行二十四字　四周單邊　白口

20.7×13.7釐米

玉海樓

子0484

武經節要孫子兵法三卷武經節要四卷

明隆慶三年(1569)刻本

九行十七字　左右雙邊　白口

19.2×13.8釐米

天一閣

子0485

武學經傳句解十卷

明王圻注釋

明萬曆(1573—1620)刻本

存四卷　一至二　九至十

十行二十一字　四周雙邊　白口

20.3×13.2釐米

嘉圖

子0486

新纂武經七書旁訓不分卷

清抄本

浙圖

子0487

兵垣四編四卷附四卷

明吳興閔聲編

明天啓元年(1621)閔氏刻朱墨套印本

陰符經一卷　明唐順之評釋

素書一卷　宋張商英注

孫子一卷　明王世貞評釋

吳子一卷　明王士騏評釋

附九邊圖論一卷　明許論撰

海防圖論一卷　明胡宗憲撰

遼東軍餉論一卷　明萬世德撰

日本考略一卷　明殷都撰

八行十八字　四周單邊　白口

20.5×14.7釐米

浙圖

子0488

兵垣四編四卷附四卷

明吳興閔聲編

清抄本

浙圖

子0489

帷幄全書五十三卷

清抄本

存三十五卷

劉伯溫先生重纂諸葛忠武侯兵法心要五卷

施山公心略三卷

劉伯溫先生百戰奇略十卷

金湯借箸十二籌十二卷　明李盤、周鑑、韓霖撰

塞外行軍指掌一卷

醫方備要二卷

陳資齋天下沿海形勢錄一卷沿海全圖一卷

浙圖

子0490

劉伯溫先生重纂諸葛忠武侯兵法心要外集三卷內集二卷

題清游綖道人輯

清咸豐三年(1853)麟桂據林氏銅活字印水陸攻守戰略秘書七種本

存三卷　外集上中二卷　內集圖式一卷

八行十九字　四周雙邊　白口

17.1×11.2釐米

嘉圖

子 0491

握機經二卷

明海昌程道生輯

明末刻本

十二行二十五字　四周單邊　白口

21.3×12.4 釐米

浙圖

子 0492

握機經二卷

明海昌程道生輯

清抄本

浙圖

子 0493

增衍握機經一卷

明曹胤儒輯

清初抄本

浙圖

子 0494

握機經傳六卷附握奇經考異一卷

清順治三年(1646)抄本

存三卷　一　五至六

溫圖

子 0495

六韜逸文一卷

清仁和孫同元輯

清嘉慶五年(1800)項墉刻本　清仁和勞
　格校並跋

文韜一卷

清仁和勞格輯

清勞格抄本

司馬法逸文一卷

清抄本

六韜逸文十一行二十字　左右雙邊　白口

16.7×11.5 釐米

浙大

子 0496

孫子集註十三卷

漢曹操、唐杜牧等撰

明嘉靖三十四年(1555)談愷刻本

十行二十字　四周雙邊　白口

20.5×14.6 釐米

浙圖　天一閣 *

子 0497

孫子注一卷

宋梅堯臣撰

明末梅士生刻本

九行二十字　四周單邊　白口

20×13.2 釐米

天一閣

子 0498

孫子書三卷

明趙本學解

明萬曆七年(1579)梁夢龍刻本

八行十九字　四周單邊　白口

18.1×13.4 釐米

浙圖

子 0499

孫子參同三卷

明李贄撰

明萬曆(1573—1620)刻本

八行十八字　四周單邊　白口

20.3×12.7 釐米

浙圖

子 0500

孫子參同五卷

明吳興閔于忱輯

明萬曆四十八年(1620)閔于忱松筠館刻
　朱墨套印本

缺一卷　一

八行十八字　四周單邊　白口

20.2×14.6 釐米

嘉圖

子 0501

孫子摘廣十三卷

　清初刻本

存十卷　二至五上　七下至九　十一下至
十三

杭圖

子 0502

唐杜牧注孫子一卷

　唐杜牧注

　明刻本

　　九行二十字　左右雙邊　白口

　　26.5×16.5 釐米

浙博

子 0503

黃石公素書一卷

　宋張商英注

　明抄本

　　十行十七字　四周單邊　白口

　　20.6×13.5 釐米

天一閣

子 0504

素書一卷

　漢黃石公撰　宋張商英註　明餘姚孫鑛
　　等評　明唐琳點校

　明末刻本

　　九行二十字　四周單邊　白口

　　20.5×14.3 釐米

浙圖　紹圖

子 0505

神幾火攻秘訣不分卷

　明來講撰

黃石公素書一卷

　清抄本

溫圖

子 0506

三立堂新編閫外春秋三十二卷

　唐李筌撰　明尹商輯

　明崇禎（1628—1644）刻本

缺十三卷　一至十　十三至十四　三十二

　　九行十八字　四周單邊　白口

　　19.9×13.9 釐米

杭圖

子 0507

神機制敵太白陰經十卷

　唐李筌撰

　清抄本

浙圖

子 0508

神機制敵陣圖秘法天書白猿經三卷

　清抄本

溫圖

子 0509

武經總要前集二十二卷後集二十一卷

　宋曾公亮、丁度等撰

行軍須知二卷百戰奇法二卷

　明弘治十七年（1504）李贊刻本

缺二十二卷　前集二十二卷

　　十一行二十一字　四周雙邊　黑口

　　19.4×13 釐米

天一閣

子 0510

百戰奇法□卷

　明嘉靖七年（1528）李詔德刻本

存二卷　一至二

　　九行十七字　四周雙邊　黑口

　　19.5×13.1 釐米

浙圖

子 0511

虎鈐經二十卷

宋許洞撰

明刻本

存十卷　十一至二十

十行二十字　四周單邊　白口

19.3×14 釐米

天一閣

子 0512

虎鈐經二十卷朱宏行軍觀象書歌注一卷

宋許洞撰

明抄本

浙圖

子 0513

唐荆川先生纂輯武編前六卷後六卷

明唐順之撰

明萬曆四十六年(1618)徐象橒曼山館刻

本

十行二十字　左右雙邊　白口

21.9×14.9 釐米

浙圖　天一閣*

子 0514

枕戈雜言一卷

明皇甫沖撰

明刻華陽別集本

八行十六字　左右雙邊　白口

18×13.8 釐米

天一閣

子 0515

陣紀四卷

明何良臣撰

清抄本

浙圖

子 0516

紀効新書十四卷

明戚繼光撰

明萬曆二十年(1592)莊氏刻藍印本

九行十八字　四周雙邊　白口

20.5×15.2 釐米

浙圖

子 0517

紀効新書十四卷

明戚繼光撰

清抄本

浙圖

子 0518

練兵實紀九卷雜集六卷類抄十五卷

明戚繼光撰

清抄本(有圖)　佚名校

20.3×12.3 釐米

紹圖

子 0519

重訂批點類輯練兵諸書十八卷

明戚繼光撰　明董承詔輯　明陳士縝批

點

傳略一卷

明董承詔等撰

明天啓二年(1622)董承詔刻本(有圖)

八行二十一字　四周單邊　白口

21.5×13.3 釐米

浙大

子 0520

補釋戚少保南北兵法要略五卷補輯兵法要

略一卷

明郭應響輯

明崇禎(1628—1644)抄本(有圖)

八行二十字　四周單邊　白口

15×10.5 釐米

天一閣

子 0521

補釋戚少保南北兵法要略三卷

明戚繼光撰

附錄一卷

明郭應響輯

清抄本

海寧圖

子 0522

救命書一卷

明呂坤撰

明萬曆四十二年(1614)喬胤刻本

八行二十字　左右雙邊　白口

21.5×14.4 釐米

天一閣

子 0523

守城救命書一卷

明呂坤撰

清抄本　佚名批校

浙圖

子 0524

安民實務不分卷

明呂坤撰

清抄本

浙圖

子 0525

武德全書十五卷

明李槃輯

明萬曆十八年(1590)汪一鸞刻本

存六卷　一至六

九行十九字　四周單邊　白口

22×13.8 釐米

浙圖

子 0526

登壇必究四十卷

明王鳴鶴輯

明萬曆(1573—1620)刻本

十行二十字　四周單邊或四周雙邊　白口

21.5×14 釐米

浙圖　天一閣＊　寧海文

子 0527

古今紆籌十卷

明朱錦輯

明崇禎十二年(1639)朱泌之刻本　錢南揚跋

九行二十字　四周單邊　白口

20×14.4 釐米

浙圖

子 0528

車營百八叩不分卷附錄二卷

明孫承宗撰

清同治八年(1869)傅氏長恩閣抄本　清傅以禮跋

浙圖

子 0529

師律十六卷

明范景文輯

明崇禎(1628—1644)刻本

缺二卷　六至七

九行十八字　四周單邊　白口

17.7×14 釐米

浙圖

子 0530

講武全書兵占二十七卷

明崇禎十二年(1639)修德堂刻本

九行二十字　四周單邊　白口

20.2×14.3 釐米

浙圖

子 0531

武備志二百四十卷

明歸安茅元儀撰

明天啓(1621—1627)刻本(有圖)

九行十九字　四周單邊　白口

20×14.5 釐米

浙圖　嘉圖＊　天一閣

子 0532

武備志二百四十卷

　明歸安茅元儀撰

　明天啓(1621—1627)刻清初蓮溪草堂印

　　本〔間配清抄本〕(有圖)　佚名批

浙大

子 0533

兵錄十四卷

　明何汝賓撰

　清抄本

存四卷　一至四

浙圖

子 0534

武經數目全題正解一卷

　清抄本

浙圖

子 0535

左氏兵法測要二十卷首二卷

　明宋徵璧撰

　明崇禎十年(1637)劍閣齋刻本

　八行二十字　四周單邊　白口

　21.8×14.7 釐米

浙圖　臨海博

子 0536

李盤金湯十二籌十二卷圖式一卷

　明李盤、周鑑、韓霖撰

　清咸豐三年(1853)麟桂據林氏銅活字印

　　水陸攻守戰略秘書七種本

　八行十九字　四周雙邊　白口

　17×10.5 釐米

浙圖

子 0537

金湯借箸十二籌十二卷

　明李盤、周鑑、韓霖撰

　清抄本

浙圖

子 0538

金湯借箸十二籌十二卷

　明李盤、周鑑、韓霖撰

　清抄本

溫圖

子 0539

武備志略八卷

　清傅禹撰

　清抄本

浙圖

子 0540

兵略三卷

　清揭暄撰

　清抄本

　九行二十四字　四周雙邊　白口

　19×13 釐米

杭圖

子 0541

兵經百篇三卷

　清揭暄撰

　清抄本

浙圖

子 0542

治平勝算全書十二卷

　清年羹堯撰

　清抄本

浙圖

子 0543

治平勝算全書十四卷

清年羹堯輯

清抄本

浙圖

子 0544

治平勝算全書二十卷

清年羹堯輯

清抄本

溫圖

子 0545

治平勝算全書十二卷

清年羹堯輯

清抄本

缺四卷　四　六至七　十

18.5×13.6釐米

嘉圖

子 0546

洴澼百金方十四卷

清袁宮桂撰

清乾隆五十三年(1788)榕城嘉魚堂刻本

九行二十四字　四周單邊　白口

20×14釐米

浙圖

子 0547

洴澼百金方十四卷

清袁宮桂撰

清抄本

浙圖

子 0548

百仙神方一卷

清抄本

浙圖

子 0549

水師輯要不分卷

清陳良弼撰

防湖論略二卷太湖用兵紀略一卷

清抄本

浙圖

子 0550

慎守編九卷

清抄本

浙圖

子 0551

百戰篇補評二卷

清歸安楊以貞撰

稿本

浙圖

子 0552

十七史百將傳十卷

宋張預撰

元刻本

存二卷　九至十

十六行三十一字　四周雙邊　黑口

22.6×13.5釐米

天一閣

子 0553

十七史百將傳十卷

宋張預撰

明刻本

存三卷　三至五

十四行二十五字　四周單邊　白口

19×12.7釐米

天一閣 *

子 0554

十七史百將傳十卷

宋張預撰

明刻本

缺二卷　九至十

十行二十二字　左右雙邊　白口

19.3×14 釐米

天一閣

子 0555

新刊官板批評正百將傳十卷

宋張預撰　明趙光裕評

續百將傳四卷

明何喬新撰　明趙光裕評

明萬曆十七年(1589)金陵周曰校刻本

存八卷　正百將傳一至四　續百將傳全

九行二十字(正)十行二十字(續)　四周單邊

白口

22.4×13 釐米

浙圖

子 0556

新刊官板批評正百將傳十卷

宋張預撰　明趙光裕評

續百將傳四卷

明何喬新撰　明趙光裕評

明余元長刻本

九行二十字(正)十行二十字(續)　四周單邊

白口

22.8×13.7 釐米

浙圖

子 0557

古今將略四卷

明桐鄉馮孜輯

明萬曆十八年(1590)刻本

十行二十字　四周單邊　白口

21.8×14 釐米

浙圖＊　紹圖＊

子 0558

古今將略四卷

題明馮時寧輯

明遺經堂刻本

八行十八字　左右雙邊　白口

20.5×14.5 釐米

海寧圖

子 0559

注釋評點古今名將傳十七卷附錄一卷

明陳元素輯

明天啓(1621—1627)刻本(有圖)

九行十八字　四周單邊　白口

22.4×13.6 釐米

浙圖

子 0560

新鐫旁批詳註總斷廣名將譜二十卷

明黃道周注斷

明崇禎(1628—1644)刻本

九行二十字　四周單邊　白口

18.8×13.4 釐米

浙圖　溫圖＊　嘉圖＊

子 0561

近花樓纂釋分類合法百將全傳二卷

清陳裕輯

清初俞大縉刻本

八行二十二字　四周雙邊　白口

18.5×12.1 釐米

浙圖　杭圖

子 0562

耕餘剩技六卷

明程宗猷撰

明萬曆四十二年（1614）天啓元年

（1621）程禹跡等刻本(有圖)

少林棍法闡宗三卷

蹶張心法一卷

長槍法選一卷

單刀法選一卷

十二行二十二字　四周雙邊　白口　上圖下文

26.2×17.4 釐米

杭圖　紹圖

子 0563

少林棍法闡宗一卷

明程沖斗撰

清抄本（有圖）

浙圖

子 0564

少林棍法闡宗一卷

明程沖斗撰

清抄本（有圖）

十二行字數不一　四周雙邊　白口

24.5×18.9 釐米

天一閣

子 0565

貫虱篇一卷

清紀鑑撰

清康熙十八年（1679）居仁堂刻本（有
圖）

八行十六至十八字不一　四周雙邊

19.9×13.3 釐米

嘉圖

子 0566

射法正宗不分卷

清天眉訂

稿本（有圖）

十行十六字　四周雙邊　白口

嘉圖

子 0567

尅敵武略熒惑神機十卷

明抄本

浙圖

子 0568

火龍神器陣法一卷

題明焦玉撰

清抄本

紹圖

子 0569

火攻玄機十卷

清抄本

浙圖

子 0570

神器譜一卷續一卷

明趙士楨撰

明萬曆二十六年（1598）刻本（有圖）

九行十八字　四周單邊　白口

23.3×17 釐米

浙大

子 0571

兵器圖解一卷

清抄本

浙圖

子 0572

擷芳堂箭說不分卷

清楊彪撰

清康熙（1662—1722）刻本

八行十六字　四周雙邊　白口

14.3×10.2 釐米

浙圖

法家類

子 0573

管韓合刻四十四卷

明趙用賢編

明萬曆十年（1582）自刻本

管子二十四卷　唐房玄齡注

韓非子二十卷

九行十九字　四周單邊　白口

19.7×12.8 釐米

浙圖　溫圖＊　嘉圖＊　紹圖＊　天一閣＊　浙
大＊

61

子 0574

合刻管韓二子四十四卷

　明崇禎十一年（1638）葛鼎刻本

　　管子二十四卷

　　韓非子二十卷

　　九行二十四字　四周單邊　白口

　　18.9×12.1釐米

　天一閣

子 0575

管韓合纂四卷

　明張榜撰

　明萬曆三十九年（1611）刻本

　　管子纂二卷

　　韓非子纂二卷

　　九行十八字　四周單邊　白口

　　21.1×13.5釐米

　浙圖

子 0576

管韓合纂四卷

　明張榜撰

　明末刻本

　　管子纂二卷

　　韓非子纂二卷

　　十行二十一字　四周單邊　白口

　　21.7×14.2釐米

　浙圖　天一閣＊

子 0577

管子二十四卷

　唐房玄齡注

　明萬曆十年（1582）趙用賢刻管韓合刻本

　　清錢塘汪遠孫批校

　浙圖

子 0578

管子二十四卷

　唐房玄齡注

　清光緒五年（1879）影宋刻本　平湖屈燨

校並跋

　　十二行二十三字　四周雙邊　白口

　　22.5×15.7釐米

　浙圖

子 0579

管子二十四卷

　唐房玄齡注

　清光緒五年（1879）影宋刻本　天覺氏錄

　　清德清戴望批校

　浙圖

子 0580

管子二十四卷

　唐房玄齡注　明山陰劉績補注

　清光緒二年（1876）浙江書局刻二十二子

　　本　佚名朱筆錄　清仁和譚獻校跋

　　九行二十一字　左右雙邊　白口

　　18.3×13.2釐米

　浙圖

子 0581

管子二十四卷

　唐房玄齡注　明山陰劉績補注

　清光緒二年（1876）浙江書局刻二十二子

　　本　清瑞安孫詒讓批校

　缺七卷　十三至十九

　溫圖

子 0582

管子二十四卷

　唐房玄齡注　明山陰劉績補注　明張榜

　　等評

　明天啓五年（1625）朱養純花齋刻本

　　九行二十字　四周單邊　白口

　　19.5×14.2釐米

　浙圖　嵊州圖　天一閣

子0583

管子二十四卷

　唐房玄齡注　明山陰劉績補注　明張榜
　　等評

　明天啓五年(1625)朱養純花齋刻本　清
　　仁和譚獻跋並錄清陳奐校並跋

溫圖

子0584

管子二十四卷

　唐房玄齡注　明山陰劉績、烏程朱長春
　　補注　明張榜等評

　明刻本

　　九行二十字　左右雙邊　白口

　　19.8×14.2 釐米

浙圖　溫圖　玉海樓

子0585

管子二十四卷

　明趙用賢、烏程朱長春等評

　明萬曆四十八年(1620)凌汝亨刻朱墨套
　　印本

　　九行十九字　四周單邊　白口

　　20.4×14.7 釐米

浙圖　嵊州圖*　天一閣

子0586

管子榷二十四卷

　明烏程朱長春撰

　明萬曆四十年(1612)張維樞刻本

　　九行十九字　左右雙邊　白口

　　23.3×14.7 釐米

浙圖

子0587

詮敘管子成書十五卷

　明梅士享撰

首一卷

　明梅士享輯

　明天啓五年(1625)賈毓祥刻本

　　九行十九字　四周單邊　白口

　　20.4×14.1 釐米

天一閣

子0588

管子校正二十四卷

　清德清戴望撰

　清同治十一年至十二年(1872—1873)刻
　　本　沈厥民批並錄宋翔鳳跋

　　十二行二十四字　左右雙邊　黑口

　　17×13.5 釐米

浙大

子0589

弟子職一卷

　清仁和孫同元注

　清抄本　清仁和孫峻批校

浙圖

子0590

鄧析子二卷

　清同治十一年(1872)劉履芬刻本

拾遺一卷

　清瑞安孫詒讓輯

　清孫氏玉海樓抄本　清瑞安孫詒讓校並
　　跋

　　十一行十五字或十二行二十四字　左右雙邊
　　黑口

　　15.2×11.5 釐米

浙大

子0591

鄧析子二卷

校文一卷

　清譚儀撰

校文拾遺一卷

　清瑞安孫詒讓撰

校誤一卷

　清德清俞樾撰

63

清光緒十六年（1890）吳昌綬影宋抄本
清仁和吳昌綬校並跋

浙大

子 0592

鄧析子一卷

抄本　蕭山單丕錄清瑞安孫詒讓等批
校、德清俞樾諸家批校並跋

浙圖

子 0593

商子五卷

明末刻本　朱師轍校

九行十九字　四周單邊　白口

19.2×14.8 釐米

浙圖

子 0594

商君書五卷

附攷一卷

清嚴萬里輯

清光緒二年（1876）浙江書局刻二十二子
本　清瑞安孫詒讓錄孫星衍、烏程嚴
可均、錢雪枝批校

九行二十一字　左右雙邊　白口

18.3×13.2 釐米

浙大

子 0595

商君書五卷

附攷一卷

清嚴萬里輯

清光緒二年（1876）浙江書局刻二十二子
本　朱師轍校

浙圖

子 0596

商子境內篇一卷

清瑞安孫詒讓撰

清光緒十九年至三十四年（1893—1908）

稿本

十行二十字　左右雙邊　藍口

14.8×10.5 釐米

浙大

子 0597

韓非子二十卷

明正德十二年（1517）刻本

存三卷　一至三

十行十六字　四周雙邊　白口

13.2×9.1 釐米

天一閣

子 0598

韓非子二十卷

明刻本

十行二十字　左右雙邊　白口

17.5×12 釐米

浙圖　天一閣

子 0599

韓非子二十卷

明刻本

八行二十字　四周單邊　白口

20.9×14.6 釐米

天一閣

子 0600

韓非子二十卷

明吳興凌瀛初訂注

明凌瀛初刻本

九行十九字　左右雙邊　白口

21.5×14.2 釐米

浙圖　天一閣

子 0601

韓子二十卷附錄一卷

明天啓五年（1625）趙如源刻本

九行十八字　四周單邊　白口

20×14.5 釐米

浙圖　溫圖　海寧圖　天一閣 *　海鹽博

· 64 ·

子 0602

韓子二十卷附錄一卷

明刻本

九行二十字　四周單邊　白口

19.9×13.2 釐米

浙圖

子 0603

韓非子二十卷

清嘉慶二十三年（1818）吳鼒影宋刻本

佚名校

識誤三卷

清顧廣圻撰

清嘉慶二十三年（1818）吳鼒刻本

十三行二十四字　四周單邊　綫黑口

18.4×13.4 釐米

浙圖

子 0604

韓非子二十卷

識誤三卷

清顧廣圻撰

清光緒元年（1875）浙江書局刻二十二子

本　清瑞安孫詒讓校

九行二十一字　左右雙邊　白口

18.3×13.2 釐米

浙大

子 0605

韓子迂評二十卷

題明門無子撰

附錄一卷

明萬曆六年（1578）自刻本

八行十八字　四周雙邊　白口

21×14.5 釐米

浙圖　黃巖圖

子 0606

韓子迂評二十卷

題明門無子撰

附錄一卷

明萬曆六年（1578）自刻十一年（1583）

重修本

天一閣

子 0607

韓子迂評二十卷

題明門無子撰

明刻朱墨套印本

九行二十字　四周單邊　白口

21×14.7 釐米

杭圖　天一閣

子 0608

韓子迂評二十卷

題明門無子撰

附錄一卷

明刻本

八行十八字　四周雙邊　白口

20.4×14.5 釐米

浙圖

子 0609

韓子迂評二十卷

題明門無子撰

附錄一卷

明刻本

十行二十三字　四周雙邊　白口

18.7×12.5 釐米

浙圖

子 0610

韓非子纂二卷

明張榜撰

明刻本

八行二十字　四周單邊　白口

21.4×14.8 釐米

浙圖

子 0611

韓非子校評不分卷

清朱駿聲撰

稿本

浙圖

子 0612

韓非子集解二十卷首一卷

清王先慎撰

清光緒二十二年(1896)刻本　蕭山單丕

　　錄　清仁和盧文弨校

十一行二十四字　左右雙邊　黑口

18×13.8 釐米

浙圖

子 0613

韓非子集解二十卷首一卷

清王先慎撰

清光緒二十二年(1896)刻本　平湖屈爔

　　批校並跋

浙大

子 0614

韓非子集解二十卷首一卷

清王先慎撰

清光緒二十二年(1896)刻本　象山陳漢

　　章校

浙圖

子 0615

折韓一卷

清黃巖王棻撰

稿本

浙圖

子 0616

疑獄集十卷

五代和凝、和㟧撰　明張景增輯

明嘉靖十四年(1535)浙江李崧祥刻本

九行十八字　四周雙邊　細黑口

20.1×13.9 釐米

浙大

子 0617

刑統賦二卷

宋傅霖撰

清宣統三年(1911)周氏鴒峰草堂影抄士

　　禮居仿宋樣本

浙圖

子 0618

律例館校正洗冤錄四卷

清律例館輯

清初刻本

九行二十字　四周雙邊　白口

20.3×15.1 釐米

溫圖

子 0619

明刑哀鑑三卷

明金俸撰

清抄本　佚名批評

浙圖

子 0620

敬由編十二卷

明竇子偁撰

明萬曆二十九年(1601)刻本

九行二十字　四周雙邊　白口

20.7×13 釐米

杭圖

子 0621

敬由編十二卷

明竇子偁撰

明萬曆三十九年(1611)湔江按察司刻本

十行二十字　四周雙邊　白口

22.3×15.2 釐米

浙圖

子 0622

勝蕭曹遺筆四卷

　題西吳空洞主人輯

　明萬曆二十九年(1601)西吳漱玉軒刻本

　七行十九字　四周單邊　白口

　20.7×12.3 釐米

浙圖

農家類

子 0623

齊民要術十卷

　北魏賈思勰撰

　明崇禎(1628—1644)毛氏汲古閣刻津逮

　　秘書本　清瑞安孫詒讓校

　缺二卷　九至十

　九行十八字　左右雙邊　白口

　19.5×13.9 釐米

溫圖

子 0624

農桑通訣集六卷

　元王禎撰

　明嘉靖(1522—1566)刻藍印本(有圖)

　十一行二十二字　四周單邊　白口

　24×15.8 釐米

天一閣

子 0625

農書三十六卷

　元王禎撰

　明嘉靖九年(1530)山東布政使司刻本

　　(有圖)

　十一行二十二字　四周單邊　白口

　24.2×16 釐米

浙圖

子 0626

農書二十二卷

　元王禎撰

清乾隆(1736—1795)武英殿印聚珍版書

　　本　清莫棠跋

　九行二十一字　四周雙邊　白口

　19×12.7 釐米

浙圖

子 0627

重訂增補陶朱公致富奇書八卷

　題明陳繼儒輯　清鍾山逸叟增補

　清康熙(1662—1722)立敬堂刻本

　存四卷　一至四

　十行二十五字　四周單邊　黑口

　18.1×11 釐米

溫圖

子 0628

陶朱公致富奇書一卷

　清抄本

浙圖

子 0629

新刻增集紀驗田家五行三卷

　明婁元禮撰

拾遺一卷

　明萬曆四十年(1612)茅檣刻本

　九行二十四字　四周單邊　白口

　20.3×11.9 釐米

浙圖

子 0630

農政叢書四卷

　清錢塘俞森輯

　清康熙(1662—1722)刻本

　九行二十字　左右雙邊　白口

　18.9×13.6 釐米

嘉圖

子 0631

秘傳花鏡六卷

　清陳淏子撰

清康熙（1662—1722）金閶書業堂刻本
（有圖）

　九行二十四字　四周單邊　白口

　19×12.5 釐米

浙圖

子0632

橡繭圖説二卷

　清劉祖憲撰

　清道光七年（1827）自刻本

　十行二十五字　四周雙邊　白口

　20.1×13.5 釐米

浙圖

子0633

欽定授時通攷七十八卷

　清蔣溥等纂修

　清乾隆七年（1742）内府刻本

　十一行二十一字　四周雙邊　白口

　20.7×14.4 釐米

溫圖

子0634

勇盧閒話一卷

　清會稽趙之謙撰

　清光緒（1875—1908）趙氏刻仰視千七百
　　二十九鶴齋叢書本　清鄭文焯批校

　九行二十字　左右雙邊　黑口

　12.7×9.5 釐米

浙圖

子0635

新刊纂圖元亨療馬集六卷

　明喻仁、喻傑撰

　清乾隆（1736—1795）刻本

　缺二卷　三至四

　十二行二十四字　四周單邊　白口

　19.3×12.5 釐米

嵊州圖

醫家類

叢編

子0636

劉河間醫學六種二十五卷附二種二卷

　金劉完素撰　明吳勉學校

　明萬曆（1573—1620）步月樓刻本

　　素問玄機原病式一卷

　　黃帝素問宣明論方十五卷

　　傷寒標本心法類萃二卷

　　劉河間傷寒醫鑑一卷　元馬崇素撰

　　素問病機氣宜保命集三卷　金劉完素撰

　　傷寒直格三卷　金葛雍輯

　　附河間傷寒心要一卷　金鎦洪輯

　　張子和心境別集一卷　元常德輯

　　十行二十字　四周雙邊　白口

　　20.7×13.7 釐米

寧圖

子0637

東垣十書十九卷

　明嘉靖八年（1529）遼藩朱寵瀼梅南書屋
　　刻本

存十四卷

　　脾胃論三卷　金李杲撰

　　内外傷辨惑論三卷　金李杲撰

　　蘭室秘藏三卷　金李杲撰

　　局方發揮一卷　元義烏朱震亨撰

　　格致餘論一卷　元義烏朱震亨撰

　　醫經溯洄集一卷　元王履撰

　　東垣先生此事難知集二卷　元王好古撰

　　十一行二十字　左右雙邊　白口

　　19×11.5 釐米

浙圖＊　天一閣＊　中醫大＊　中醫研院＊

子0638

東垣十書三十二卷

　明刻本

存十三卷

蘭室秘藏三卷　金李杲撰

脾胃論四卷　金李杲撰　存二卷

此事難知四卷　金李杲撰

外科精義四卷　元齊德之撰

九行二十字　四周單邊　白口

21.3×14 釐米

浙圖　海寧圖*

子0639

東垣十書二十二卷

明吳勉學刻本

脈訣一卷　宋崔嘉彥撰

局方發揮一卷　元義烏朱震亨撰

脾胃論三卷　金李杲撰

格致餘論二卷　元義烏朱震亨撰

蘭室秘藏三卷　金李杲撰

內外傷辨惑論三卷　金李杲撰

此事難知二卷　元王好古撰

湯液本草三卷　元王好古撰

醫經溯洄集一卷　元王履撰

外科精義二卷　元齊德之撰

附醫壘元戎一卷　元王好古撰

十行二十字　四周雙邊　白口

20×13.7 釐米

寧圖　天一閣*

子0640

汪石山醫書二十六卷

明汪機撰

明嘉靖（1522—1566）刻本

存十二卷

讀素問鈔三卷補遺一卷　元餘姚滑壽輯　明
汪機續注

外科理例七卷附方一卷

19.5×13.2 釐米

浙圖*　天一閣*

子0641

石山醫案三十二卷

明汪機撰

明嘉靖（1522—1566）刻崇禎（1628—

1644）祁門樸墅增刻本

脈訣刊誤集解二卷　元戴起宗撰　附錄二
卷　明汪機輯

石山醫案三卷附錄一卷　元戴起宗撰

讀素問鈔三卷補遺一卷　元餘姚滑壽輯　明
汪機續

運氣易覽三卷　明汪機輯

針灸問對三卷

外科理例七卷補遺一卷附方一卷

痘治理辨一卷附方一卷

推求師意二卷附錄一卷　明戴元禮撰

九行十九字　四周單邊　白口

19×13 釐米

紹圖*　天一閣*　中醫大　中醫研院

子0642

薛氏醫按一百七卷

明吳琯編

明萬曆（1573—1620）刻本

十四經發揮三卷　元餘姚滑壽撰

難經本義二卷　元餘姚滑壽注

本草發揮四卷　明徐用誠撰

平治會萃三卷　元義烏朱震亨撰

內科摘要二卷　明薛己撰

明醫雜著六卷　明慈谿王綸編輯　明薛己注

傷寒鈐法一卷　漢張機撰

外傷金鏡錄一卷　明薛己撰

原機啓微二卷附錄一卷　元倪維德撰

保嬰撮要十卷　明薛鎧撰　續集十卷　明
薛己撰

錢氏小兒直訣四卷　宋錢乙撰　宋閻孝忠
輯　明薛己注

陳氏小兒痘疹方論一卷　宋陳文中撰　明
薛己注

保嬰金鏡一卷　明薛己撰

婦人良方二十四卷　宋陳自明撰　明薛己
注

婦科撮要二卷　明薛己撰

立齋外科發揮八卷　明薛己撰

外科心法七卷　明薛己撰

外科樞要四卷　明薛己撰

外科精要三卷　宋陳自明撰　明薛己注

癘疽神秘驗方一卷　明餘杭陶華撰

外科經驗方一卷　明薛己撰

正體類要二卷　明薛己撰

口齒類要一卷　明薛己撰

癘瘍機要三卷　明薛己撰

十行二十字　左右雙邊　白口

20.3×14 釐米

浙圖　餘杭圖＊　天一閣＊　湖博＊　中醫大

中醫研院＊

子0643

薛氏醫書七十八卷

　明崇禎元年（1628）朱明刻本

　存五十八卷

婦人良方二十四卷　宋陳自明撰　明薛己
注

保嬰撮要二十卷　明薛鎧撰

明醫雜著六卷　明慈谿王綸撰　明薛己注

錢氏小兒直訣四卷　宋閻孝忠輯　明薛鎧
注

保嬰粹要一卷　明薛己撰

口齒類要一卷　明薛己撰

保嬰金鏡錄一卷　明薛己撰

敖氏傷寒金鏡錄一卷　元杜本撰

九行十九字　四周單邊　白口

20.7×13.6 釐米

溫圖＊　嘉圖＊　海寧圖＊　天一閣＊

子0644

薛立齋七要十四卷

　明薛己撰

　明刻本

　十行十八字　左右雙邊　白口

　19×14.2 釐米

天一閣

子0645

古今醫統正脈全書二百六卷

　明王肯堂編

　明萬曆二十九年（1601）吳勉學刻本

　重廣補註黃帝內經素問二十四卷遺篇一卷

唐王冰注　宋林億等校正　宋孫兆改誤

缺一卷　遺篇一卷

黃帝素問靈樞經十二卷

鍼灸甲乙經十二卷　晉皇甫謐撰

華先生中藏經八卷　題漢華佗撰

脈經十卷　晉王叔和撰

難經本義二卷　元餘姚滑壽撰

注解傷寒論十卷　漢張機撰　金成無己注

傷寒明理論四卷　金成無己撰

新編金匱要略方論三卷　漢張機撰

增注類證活人書二十二卷　宋朱肱撰

素問玄機原病式一卷　金劉完素撰

黃帝素問宣明論方十五卷　金劉完素撰

傷寒標本心法類萃二卷　金劉完素撰

劉河間傷寒醫鑒一卷　元馬宗素撰

素問病機氣宜保命集三卷　金劉完素撰

劉河間傷寒直格論方三卷　金劉完素撰
元葛雍輯

附河間傷寒心要一卷　金鎦洪輯

張子和心鏡別集一卷　金常德輯

脈訣一卷　宋崔嘉彥撰

局方發揮一卷　元義烏朱震亨撰

脾胃論三卷　金李杲撰

格致餘論一卷　元義烏朱震亨撰

蘭室秘藏三卷　金李杲撰

內外傷辨三卷　金李杲撰

東垣先生此事難知集二卷　元王好古撰

湯液本草三卷　元王好古撰

醫經溯洄集一卷　元王履撰

外科精義二卷　元齊德之撰

醫壘元戎一卷　元王好古撰

海藏癥論萃英一卷　元王好古撰

丹溪先生心法五卷附錄一卷　元義烏朱震
亨撰

新刻校定脉訣指掌病式圖說一卷　金李杲
撰

丹谿先生金匱鈎玄三卷　元義烏朱震亨撰

醫學發明一卷　元義烏朱震亨撰

活法機要一卷　元義烏朱震亨撰

祕傳證治要訣十二卷　明戴元禮撰

證治要訣類方四卷　明戴元禮輯

儒門事親十五卷　金張從正撰

傷寒瑣言一卷　明餘杭陶華撰

傷寒家秘的本一卷　明餘杭陶華撰

殺車槌法一卷　明餘杭陶華撰

傷寒一提金一卷　明餘杭陶華撰

傷寒證脉藥截江網一卷　明餘杭陶華撰

傷寒明理續論一卷　明餘杭陶華撰

十行二十字　四周單邊或左右雙邊　白口

21.5×14.5 釐米

浙圖　杭圖＊　寧圖＊　溫圖　紹圖＊　天一
閣＊　中醫大＊　中醫研院

子 0646

古今醫統正脉全書二百六卷

明王肯堂編

明萬曆二十九年(1601)吳勉學刻清步月
樓印本

存四十二卷

鍼灸甲乙經十二卷　晉皇甫謐撰

素問玄機原病式一卷　金劉完素撰

黃帝素問宣明論方十五卷　金劉完素撰

傷寒標本心法類萃二卷　金劉完素撰

素問病機氣宜保命集三卷　金劉完素撰

劉河間傷寒醫鑒一卷　元馬宗素撰

劉河間傷寒直格論方三卷　金劉完素撰
元葛雍輯

附河間傷寒心要一卷　金劉完素撰　金鎦
洪輯

張子和心鏡別集一卷　金常德輯

脾胃論三卷　金李杲撰

浙圖＊　天一閣＊　中醫大＊

子 0647

證治準繩四十四卷

明王肯堂撰

明萬曆三十年至三十六年(1602—1608)
刻清康熙三十一年(1692)金壇虞氏重
修本

證治準繩八卷

雜病證治類方八卷

傷寒證治準繩八卷

瘍醫準繩六卷

幼科證治準繩九卷

女科證治準繩五卷

九行十八字或十行二十字　左右雙邊或四周單
邊　白口

20×14.2 釐米

浙圖　紹圖＊　海寧圖＊　中醫大

子 0648

證治準繩四十四卷

明王肯堂撰

清乾隆五十八年(1793)修敬堂刻本

雜症準繩八卷

傷寒準繩八卷

類方準繩八卷

外科準繩六卷

幼科準繩九卷

女科準繩五卷

十行二十一字　左右雙邊　白口

15.9×11.4 釐米

寧圖

子 0649

萬密齋醫學全書一百八卷

明萬全撰

清康熙（1662—1722）刻乾隆（1736—
1795）印本

保命歌括三十五卷

傷寒摘錦二卷

養生四要五卷

萬氏女科三卷

幼科發揮二卷

片玉新書五卷

育嬰秘訣四卷

痘疹心法二十三卷

片玉痘疹十三卷

廣嗣紀要十六卷

十行二十字　四周單邊　白口

13×9.5 釐米

中醫大

子 0650

萬密齋醫學全書一百八卷

明萬全撰

醫家類

清乾隆六年(1741)敷文堂刻本

　　保命歌括三十五卷

　　傷寒摘錦二卷

　　養生四要五卷

　　萬氏女科三卷

　　幼科發揮二卷

　　片玉新書五卷

　　育嬰秘訣四卷

　　痘疹心法二十三卷

　　片玉痘疹十三卷

　　廣嗣紀要十六卷

　　十行二十字　四周單邊　白口

　　19.8×13 釐米

中醫研院

子 0651

醫學六要十九卷

　　明張三錫撰

　　明萬曆(1573—1620)刻崇禎十七年

　　(1644)張維藩重修本

　　　經絡考一卷

　　　四診法一卷

　　　病機部二卷

　　　治法彙八卷

　　　本草選六卷

　　　運氣略一卷

　　九行十八字　四周單邊　白口

　　20.7×13.9 釐米

浙圖　寧圖＊　中醫大＊

子 0652

景岳全書六十三卷

　　明會稽張介賓輯　清會稽魯超訂

　　清康熙(1662—1722)刻本

　　　傳忠錄三卷

　　　脈神章三卷

　　　傷寒典二卷

　　　雜證謨二十九卷

　　　婦人規二卷

　　　小兒則二卷

　　　痘疹詮四卷

　　　外科鈐二卷

　　　本草正二卷

　　　新方八略一卷

　　　新方八陣一卷

　　　古方八陣八卷

　　　婦人規古方一卷

　　　小兒則古方一卷

　　　痘疹詮古方一卷

　　　外科鈐古方一卷

　　九行二十四字　左右雙邊　白口

　　20.4×14.8 釐米

寧圖　天一閣

子 0653

景岳全書六十三卷

　　明會稽張介賓撰

　　清乾隆三十三年(1768)越郡黎照樓刻本

　　　傳忠錄三卷

　　　脈神章三卷

　　　傷寒典二卷

　　　雜證謨二十九卷

　　　婦人規二卷

　　　小兒則二卷

　　　痘疹詮四卷

　　　外科鈐二卷

　　　本草正二卷

　　　新方八略一卷

　　　新方八陣一卷

　　　古方八陣八卷

　　　婦人規古方一卷

　　　小兒則古方一卷

　　　痘疹詮古方一卷

　　　外科鈐古方一卷

　　十三行二十三字　四周單邊　白口

　　21×14 釐米

中醫大

子 0654

芷園醫種十二卷

　　明錢塘盧復編

　　明天啓(1621—1627)刻本

存五卷

　　　本經一卷難經一卷

芷園醫種金匱要略一卷
論種叔和序例一卷
論仲景脉法一卷
十行二十字　四周雙邊　白口
22.6×15.6釐米
浙圖

折肱漫錄七卷　明秀水黃承昊撰
慎柔王書五卷　明釋住想撰
八行十九字　左右雙邊　白口
15×11釐米
浙圖　寧圖＊　溫圖

子0655

醫林指月二十二卷

清錢塘王琦編
清乾隆三十二年(1767)刻本
醫學真傳一卷　清高世栻輯
質疑錄一卷　明會稽張介賓撰
醫家心法一卷　清高斗魁撰　清胡珽評
易氏醫案一卷　明易大艮撰
芷園臆草存案一卷　明錢塘盧復撰
傷寒金鏡錄一卷　元敖□撰　元杜本增定
痎瘧論疏一卷痎瘧疏方一卷　明錢塘盧之
　頤撰
達生篇一卷　題清嘔齋居士撰
扁鵲心書三卷神方一卷　宋竇材重集　清
　胡珽參論
本草崇原三卷　清高世栻輯　清錢塘張志
　聰注
侶山堂類辯二卷　清錢塘張志聰撰
學古診則四卷　明錢塘盧之頤撰
十行二十字　左右雙邊　黑口
17.5×13.5釐米
浙圖　紹圖＊　中醫大＊　中醫研院＊

子0656

六醴齋醫書五十五卷

清程永培編
清乾隆(1736—1795)於然堂刻本
褚氏遺書一卷　南齊褚澄撰
葛仙翁肘後備急方八卷　晉葛洪撰
元和紀用經一卷　唐王冰撰
蘇沈內翰良方十卷　宋蘇軾、錢塘沈括撰
十藥神書一卷　元葛可九撰
加減靈祕十八方一卷　明胡嗣廉輯
韓氏醫通二卷　明韓悉撰
痘疹傳心錄十八卷　明朱惠明撰　附種痘
　一卷　清朱純嘏輯

子0657

張氏醫書二十七卷

清張璐、張登撰
清康熙(1662—1722)同德堂刻本
存二十三卷
張氏醫通十六卷　清張璐撰
診宗三昧一卷　清張璐撰　清張登等輯
傷寒緒論二卷　清張璐撰
傷寒纘論二卷　清張璐撰
傷寒舌鑒一卷　清張登撰
傷寒兼證析義一卷　清張倬撰
十一行二十字　上下雙邊　白口
12×9.5釐米
寧圖

子0658

證治大還四十三卷

清陳治撰
清康熙(1662—1722)雲間貞白堂刻本
藥理近考二卷
診視近纂二卷
醫學近編二十卷
濟陰近編五卷
幼幼近編四卷
傷寒近編前集五卷後集五卷
九行二十字　四周單邊　白口
17.2×13.9釐米
中醫研院

子0659

徐氏醫書十六卷

清徐大椿撰輯
清乾隆(1736—1795)半松齋刻本
難經經釋二卷　清徐大椿釋
神農本草經百種錄一卷　清徐大椿撰
醫貫砭二卷　清徐大椿撰
醫學源流論二卷　清徐大椿撰

傷寒論類方一卷　清徐大椿輯

蘭臺軌範八卷　清徐大椿撰

　九行二十二字　左右雙邊　白口

　18.1×12.7 釐米

溫圖　紹圖＊　海寧圖＊

子 0660

馮氏錦囊秘錄四十九卷

清海鹽馮兆張撰

清康熙四十一年（1702）刻本

　內經纂要二卷　清顧世澄撰

　雜症大小合參十四卷　清馮兆張撰

　脈訣纂要一卷　清馮兆張撰

　女科精要三卷　清馮兆張撰

　外科精要一卷　清馮兆張撰

　藥按一卷　清馮兆張撰

　痘疹全集十五卷　清馮兆張撰

　雜症痘疹藥性主治合參十二卷　清馮兆張
　　撰

　九行二十二字　左右雙邊　白口

　20.5×13.3 釐米

天一閣＊　中醫大

子 0661

御纂醫宗金鑑九十二卷首一卷

清吳謙等輯

清乾隆七年（1742）武英殿刻本

　訂正傷寒論注十七卷

　訂正金匱要略注八卷

　刪補名醫方論八卷

　四診心法要訣一卷

　運氣要訣一卷

　傷寒心法要訣三卷

　雜病心法要訣五卷

　婦科心法要訣六卷

　幼科雜病心法要訣六卷

　痘疹心法要訣六卷

　幼科種痘心法要旨一卷

　外科心法要訣十六卷

　眼科心法要訣二卷

　刺灸心法要訣八卷

　正骨心法要旨四卷

　九行十九字　上下雙邊　白口

　23.2×16.2 釐米

寧圖＊　天一閣＊　中醫大

子 0662

醫學粹精八卷

清陳嘉璨編

清乾隆十四年（1749）刻本

　周慎齋先生脈法解二卷　明周子幹撰　清
　　陳嘉璨注

　周慎齋先生三書三卷　明周子幹撰

　查了吾先生正陽篇選錄一卷　清陳嘉璨輯

　胡慎柔先生五書要語一卷　明釋住想撰

　筆談一卷　清陳嘉璨撰

　八行二十字　四周單邊　白口

　17.5×12 釐米

中醫研院

子 0663

喻氏醫書十六卷

清喻昌撰

清乾隆（1736—1795）三讓堂刻本

　醫門法律六卷

　寓意草一卷

　尚論篇四卷首一卷後篇四卷

　十行二十四字　左右雙邊　白口

　14×10 釐米

寧圖

子 0664

喻氏醫書十六卷

清喻昌撰

清乾隆二十八年至三十年（1763—1765）
　嵩秀堂刻本　題清壺隱山人批校並跋
存十卷

　寓意草一卷

　尚論篇四卷首一卷後篇四卷

　十行二十字　左右雙邊　白口

　18.1×13.3 釐米

浙圖

子 0665

喻氏醫書十六卷

清喻昌撰

清乾隆（1736—1795）陳守誠刻本

存十一卷

尚論篇四卷首一卷後篇四卷

寓意草一卷首一卷

十行二十字　左右雙邊　白口

18.3×13.2 釐米

溫圖＊　中醫大＊

子 0666

沈氏尊生書七十卷

清沈金鰲撰

清乾隆四十九年（1784）沈氏刻本

雜病源流犀燭三十卷首二卷

傷寒論綱目十六卷

幼科釋迷六卷

婦科玉尺六卷

要藥分劑十卷

十二行二十五字　左右雙邊　白口

19×13.5 釐米

溫圖　紹圖　中醫研院

子 0667

盤珠集十八卷

清施雯、嚴潔輯

清乾隆十五年（1750）小眉山館刻本

存三卷

氣運摘要一卷

脈法大成二卷

九行二十二字　四周單邊　白口

18.7×14 釐米

中醫研院

子 0668

盤珠集十八卷

清施雯、嚴潔輯

清活字印本

氣運摘要一卷

脈法大成二卷

胎産證治三卷

虛損啓微二卷

得配本草十卷

九行二十二字　四周單邊　白口　書口下鐫

"小眉山館"

18.5×13.9 釐米

天一閣

子 0669

本草醫方合編十二卷

清汪昂輯

清乾隆五年（1740）刻本

本草備要六卷

醫方集解六卷

七行二十一字　四周單邊　白口

23.5×14 釐米

中醫研院

子 0670

孫氏醫學叢書八卷

清山陰孫又川集注

稿本

傷寒二卷

雜癥五卷

胎産一卷

書名據書衣題

18×11 釐米

紹圖

醫經

子 0671

重廣補註黃帝内經素問二十四卷

唐王冰注　宋林億等校正　宋孫兆改誤

新刊黃帝内經靈樞二十四卷

宋史崧音釋

明書林周曰校刻本

十一行二十三字　四周雙邊　白口

20.8×14.6 釐米

浙圖

醫家類

子 0672

補註釋文黃帝內經素問十二卷

唐王冰注　宋林億等校正　宋孫兆改誤

遺篇一卷

黃帝素問靈樞經十二卷

宋史崧音釋

明嘉靖(1522—1566)趙府居敬堂刻本

八行十七字　四周雙邊　綫黑口

19.8×14 釐米

浙圖　杭圖*

子 0673

新刊補註釋文黃帝內經素問十二卷

唐王冰注　宋林億等校正　宋孫兆改誤

新刊黃帝內經靈樞十二卷黃帝內經素問遺
篇一卷

新刊素問入式運氣論奧三卷

素問運氣圖括定局立成一卷黃帝內經素問
靈樞運氣音釋補遺一卷

明嘉靖四年(1525)山東布政使司刻本

行字不一　四周單邊　白口

20.2×12.5 釐米

浙圖

子 0674

重刻京本補註釋音文黃帝內經素問十二卷

唐王冰注　宋林億等校正　宋孫兆改誤

明刻本

十二行二十五字　四周單邊　白口

19.4×12.5 釐米

天一閣

子 0675

京本校正註釋音文黃帝內經素問十二卷

唐王冰注　宋林億等校正　宋孫兆改誤

京本黃帝內經素問遺篇一卷

明福建書林詹林所刻本

十二行二十五字　四周單邊　白口

19.3×12.8 釐米

浙圖

子 0676

重廣補註黃帝內經素問二十四卷

唐王冰注　宋林億等校正　宋孫兆改誤

明嘉靖二十九年(1550)顧從德影宋刻本

十行二十字　小字雙行三十字　左右雙邊　白
口

21.5×15.6 釐米

浙圖　杭圖　紹圖　天一閣　中醫研院

子 0677

重廣補註黃帝內經素問二十四卷

唐王冰注　宋林億等校正　宋孫兆改誤

明萬曆(1573—1620)周氏刻本　佚名批
校

十行二十字　四周單邊　黑口

19.7×15.7 釐米

寧圖

子 0678

黃帝內經素問二十四卷

明吳崐注

明萬曆三十七年(1609)刻本

八行十七字　左右雙邊　白口

19.1×13 釐米

浙圖　寧圖

子 0679

黃帝內經素問二十四卷

清有餘師齋抄本

浙圖

子 0680

黃帝內經素問十二卷

明嘉靖(1522—1566)金谿吳悌刻本

九行二十一字　左右雙邊　白口

20.2×14.4 釐米

浙圖

子 0681

素問玄機原病式二卷

金劉完素撰

明嘉靖元年(1522)刻本

九行二十字　左右雙邊　黑口

18.5×12.5釐米

天一閣

子0682

讀素問鈔十二卷

元餘姚滑壽撰

明萬曆三十年(1602)潘府刻本　清楊偉

鴻跋

十一行二十字　四周單邊　白口

16.8×22.6釐米

天一閣

子0683

素問鈔補正十二卷附滑氏診家樞要一卷

明丁瓚撰

明嘉靖八年(1529)自刻本

兩欄　下欄十行二十二字　四周雙邊　黑口

19.5×13.8釐米

天一閣

子0684

刻黃帝內經素問鈔七卷

元餘姚滑壽撰　明汪機續注

明萬曆四十年(1612)閩建喬木山房刻本

九行十九字　四周單邊　白口

20.7×12.9釐米

浙圖

子0685

黃帝內經素問節文註釋十卷

明黃俅撰

明萬曆四十七年(1619)瓊芝室刻本

八行十七字　四周雙邊　白口

20.2×13.8釐米

浙圖

子0686

新刊黃帝內經靈樞二十四卷

宋史崧音釋

明刻本

十行二十字　左右雙邊　白口

21×15釐米

浙圖

子0687

黃帝素問靈樞經十二卷

宋史崧音釋

明嘉靖(1522—1566)影宋刻本

存六卷　七至十二

十一行二十一字　左右雙邊　白口

20×14釐米

天一閣

子0688

素問病機氣宜保命集三卷

金劉完素撰

明萬曆(1573—1620)刻劉河間傷寒三書

本

十行二十二字　四周雙邊　白口

20×12釐米

中醫大　中醫研院

子0689

黃帝內經素問注證發微九卷補遺一卷黃帝
內經靈樞注證發微九卷

明會稽馬蒔撰

明末天寶堂刻本

存黃帝內經靈樞注證發微九卷

十行二十二字　四周單邊　白口

21×14釐米

中醫大

子0690

素問靈樞類纂約注三卷

清汪昂撰

清康熙二十八年(1689)刻本

兩欄　下欄八行二十二字　四周單邊　白口

21.8×14釐米

中醫大

醫家類

子 0691

素問靈樞類纂約注三卷

清汪昂撰

清乾隆二十三年(1758)刻本

兩欄　下欄八行二十二字　四周單邊　白口

21.5×14 釐米

中醫大

子 0692

素問靈樞類纂約注三卷

清汪昂撰

清乾隆四十四年(1779)書業堂刻本

兩欄　下欄八行二十二字　四周單邊　白口

22×14 釐米

中醫大

子 0693

內經類抄一卷

明孫應奎輯

明嘉靖十八年(1539)刻本

十二行二十字　四周單邊　白口

22.5×15.5 釐米

天一閣

子 0694

發藻堂纂輯靈素類言三卷

清□□輯

稿本

浙圖

子 0695

類經三十二卷

明會稽張介賓類注

圖翼十一卷附翼四卷

明會稽張介賓撰

明天啓四年(1624)自刻本

八行十八字　四周單邊　白口

21×14.5 釐米

浙圖　杭圖＊　寧圖＊　諸暨圖＊　天一閣　玉
海樓　中醫大＊

子 0696

類經三十二卷

明會稽張介賓類注

附翼新方八法一卷

明會稽張介賓撰

清抄本

浙圖

子 0697

**重訂駱龍吉內經拾遺方論四卷附種子論一
卷**

宋駱龍吉輯　明劉浴德、朱練訂

清康熙四十九年(1710)刻本

八行二十字　左右雙邊　白口

19×12 釐米

中醫大

子 0698

內經知要二卷

明李念莪輯

清乾隆二十九年(1764)薛氏掃葉莊刻本

八行十八字　四周單邊　白口

24×16 釐米

溫圖　衢博

子 0699

本經逢原四卷

清張璐撰

清康熙(1662—1722)金閶寶翰樓刻張氏
醫書七種本

九行二十字　四周雙邊　白口

19.1×12.7 釐米

浙圖　寧圖

子 0700

醫經原旨六卷

清薛雪撰

清乾隆十九年(1754)薛氏掃葉莊刻本

十行二十一字　四周單邊　白口

18×12.5 釐米

寧圖　溫圖　海寧圖　平湖圖　中醫大

子 0701

難經本義二卷

　元餘姚滑壽撰

　明刻本

　　十行二十字　四周單邊　白口

　　20.1×13.8 釐米

　嘉圖

子 0702

黄帝八十一難經纂圖句解七卷註義圖序論一卷

　宋李駉撰

　清抄本

　浙圖

子 0703

圖註八十一難經八卷

　明鄞縣張世賢撰

　明刻本

存四卷　五至八

　　十一行二十字　四周單邊　白口

　　19×13 釐米

　天一閣

子 0704

圖註八十一難經辨真四卷

　明鄞縣張世賢撰

　明末刻本

　　九行二十字　四周單邊　白口

　　21×13 釐米

　紹圖　中醫大

子 0705

圖註八十一難經辨真四卷

　明鄞縣張世賢撰

　清初刻乾隆十六年(1751)玉樹堂印本

　　清薛雪校並補注

存二卷　一至二

　　九行二十字　四周單邊　白口

　　21.3×13.5 釐米

　浙圖

子 0706

圖註八十一難經辨真四卷

　明鄞縣張世賢撰

　清乾隆四十五年(1780)武林萬卷堂刻本

　　九行二十字　四周單邊　白口

　　26×13.5 釐米

　浙圖

子 0707

難經直解二卷

　清武林莫熺撰

　清康熙十一年(1672)刻本

　　八行二十字　四周單邊　白口

　　20.5×13.5 釐米

　中醫大

子 0708

難經經釋二卷

　清徐大椿撰

　清雍正五年(1727)刻本

　　九行二十二字　小字雙行二十九字　左右雙邊

　　　白口

　　17.5×12.7 釐米

　浙圖　紹圖

子 0709

越人難經真本説約四卷金蘭論指南集一卷

　清沈德祖撰

　清乾隆(1736—1795)亦政堂刻本

　　十行二十字　左右雙邊　白口

　　19×13.8 釐米

　浙圖　寧圖

子 0710

難經廣説一卷

　清山陰王三重撰

清抄本

浙圖

子 0711

難經二卷

　清有餘師齋抄本

浙圖

子 0712

古本難經四卷

　清抄本

浙圖

傷寒金匱

子 0713

傷寒卒病論十一卷醫經讀四卷

　漢張機撰

　清乾隆(1736—1795)刻本

　九行二十一字　左右雙邊　白口

　16.5×11.6 釐米

寧圖

子 0714

傷寒卒病論讀二卷

　漢張機撰　清嘉善沈又彭輯

　清乾隆三十四年(1769)刻本

　九行二十一字　左右雙邊　白口

　15.5×12 釐米

中醫研院

子 0715

傷寒論十卷

　漢張機撰

　清有餘師齋抄本

浙圖

子 0716

傷寒明理論四卷

　金成無己撰

　清有餘師齋抄本

卷四係傷寒明理藥方論一卷

浙圖

子 0717

類編傷寒活人書括指掌圖論九卷首一卷

　宋李知先輯　元錢塘吳恕圖説

續一卷

　明熊宗立續

　明萬曆十七年(1589)金陵書坊唐少橋刻

　　本

　十二行二十三字　四周雙邊　白口

　20.6×13.9 釐米

天一閣

子 0718

傷寒活人指掌圖一卷藥方一卷

　元錢塘吳恕撰

　明初刻本

　十三行二十六字　左右雙邊　黑口

　21.5×14.2 釐米

天一閣

子 0719

校刻傷寒圖歌活人指掌五卷

　宋李知先輯　元錢塘吳恕圖説

　明末致和堂刻本

　十行二十五字　四周單邊　白口

　21.4×14.3 釐米

寧圖

子 0720

傷寒治例一卷

　明劉純撰

　明刻本

　十二行　四周雙邊　黑口

　19×13.8 釐米

天一閣

子 0721

金鏡內臺方議十二卷

　明許弘撰

清乾隆(1736—1795)刻本

八行十九字　左右雙邊　白口

15×10 釐米

中醫大

子 0722

新鐫陶節菴家藏秘授傷寒六書六卷

明餘杭陶華撰

明萬曆(1573—1620)刻本

傷寒家秘一卷

明理續論一卷

殺車槌法一卷

提金啓蒙一卷

證脉截江網一卷

傷寒瑣言一卷

十行二十四字　四周單邊　白口

21×12.5 釐米

中醫大

子 0723

新鐫陶節菴家藏傷寒六書六卷

明餘杭陶華撰

明何景道刻本

傷寒家秘一卷

明理續論一卷

殺車槌法一卷

提金啓蒙一卷

證脉截江網一卷

傷寒瑣言一卷

十行二十字　四周單邊　白口

21×12.8 釐米

浙圖

子 0724

傷寒六書六卷

明餘杭陶華撰

清敦化堂刻本

傷寒家秘一卷

明理續論一卷

殺車槌法一卷

提金啓蒙一卷

證脉截江網一卷

傷寒瑣言一卷

十行二十字　左右雙邊　白口

19.5×13.5 釐米

寧圖

子 0725

陶氏傷寒六書六卷

明餘杭陶華撰

清抄本

傷寒家秘一卷

明理續論一卷

殺車槌法一卷

提金啓蒙一卷

證脉截江網一卷

傷寒瑣言一卷

中醫研院

子 0726

陶節庵全生集四卷

明餘杭陶華撰

明崇禎十三年(1640)刻本

十行二十二字　四周雙邊　白口

22.5×14.9 釐米

浙圖

子 0727

陶節菴傷寒全生集四卷

明餘杭陶華撰

明刻本

九行二十字　四周單邊　白口

20.9×14.1 釐米

寧圖

子 0728

傷寒全生集四卷

明餘杭陶華撰　清山陰劉宇恭評點

清乾隆四十七年(1782)刻本

九行二十字　四周單邊　白口

19.6×13.3 釐米

浙圖　中醫大

子 0729

陶節菴先生六書辨疑不分卷

　明餘杭陶華撰

　清抄本

中醫研院

子 0730

傷寒蘊要全書四卷

　明錢塘吳綬撰

　明弘治十八年（1505）刻本

　　十行二十字　四周雙邊　黑口

　　19×13釐米

天一閣

子 0731

傷寒蘊要全書四卷

　明錢塘吳綬撰

　明刻本

存三卷　二至四

　　十行二十字　四周單邊　白口

　　18.5×12.5釐米

天一閣

子 0732

傷寒紀玄妙用集十卷

　明尚從善輯

附仲景藥性論治一卷

　明尚從善撰

　清抄本

浙圖

子 0733

新刊傷寒撮要六卷

　明繆存濟撰

　明隆慶元年（1567）汪滋刻本

　　十行二十三字　左右雙邊　白口

　　19.1×12.5釐米

浙圖

子 0734

傷寒論條辨八卷或問一卷本草鈔一卷痓書一卷

　明新安方有執撰

　明萬曆二十年至二十七年（1592—1599）方氏刻本

　　九行十九字　四周單邊　白口

　　20.9×14.5釐米

浙圖

子 0735

傷寒論條辨八卷附本草鈔一卷或問一卷痓書一卷

　明新安方有執撰

　清康熙五十八年（1719）浩然樓刻本

　　十行二十字　左右雙邊　白口

　　20.6×14.6釐米

浙圖　寧圖　中醫大　中醫研院

子 0736

傷寒摘玄不分卷

　明楊珣撰　明黃伯淳集

　明嘉靖二十七年（1548）抄本

存門類一至十四、藥方一至六十八

浙圖

子 0737

傷寒五法五卷

　明陳長卿撰

　清康熙（1662—1722）刻本

　　九行二十字　左右雙邊　白口

　　19.4×14.3釐米

寧圖　中醫研院

子 0738

新刻陳養晦先生傷寒五法五卷

　明陳長卿撰

　清康熙（1662—1722）刻本

　　九行二十字　左右雙邊　白口

　　19×14.7釐米

浙圖　寧圖 *

子 0739

新刻傷寒活人指掌補注辨疑三卷

　明童養學輯

　清抄本

浙圖

子 0740

新刻傷寒六書纂要辨疑四卷

　明童養學輯

　清抄本

浙圖

子 0741

傷寒大白四卷

　清秦之楨撰

　清康熙五十三年(1714)新安陳懋寬其順

　堂刻本

　十行二十字　左右雙邊　白口

　19.2×14 釐米

浙圖　溫圖　中醫大　中醫研院

子 0742

傷寒論後條辨十五卷

　清程應旄撰

　清康熙十年(1671)式好堂刻本

　十行二十字　四周單邊　白口

　18.5×13.5 釐米

中醫大

子 0743

傷寒論後條辨十五卷

　清程應旄撰

　清乾隆九年(1744)刻本

　十行二十字　左右雙邊　白口

　21.4×14.2 釐米

寧圖　衢博　中醫研院

子 0744

傷寒論後條辨直解十五卷

　清程應旄撰

附傷寒論原本編次一卷

　清康熙十年(1671)式好堂刻本

　九行二十字　左右雙邊　白口

　19.2×13 釐米

中醫研院

子 0745

傷寒論集註十卷附外編四卷

　清徐赤撰

　清乾隆(1736—1795)刻本

　十行二十一字　左右雙邊　白口

　18.9×13.5 釐米

寧圖　嘉圖　中醫研院

子 0746

傷寒論直解六卷傷寒附餘一卷

　清錢塘張錫駒撰

　清康熙五十一年(1712)杭州三餘堂刻本

　九行二十字　左右雙邊　白口

　20×14 釐米

寧圖 *　中醫大　中醫研院

子 0747

醫宗承啓六卷

　清吳人駒撰

　清康熙四十一年(1702)刻本

　九行二十二字　四周單邊　白口

　19.5×14 釐米

寧圖　中醫研院

子 0748

張令韶傷寒直解十六卷

　清抄本　隱菴、高子、王逸達批校並補注

存六卷　一至六

中醫研院

醫家類

子 0749

傷寒論集注四卷

　清熊壽試撰

　清乾隆五十年(1785)奉時堂刻本

　　九行二十二字　　四周單邊

　　17.9×12.6 釐米

　浙圖

子 0750

傷寒集註六卷附傷寒論本義一卷

　清錢塘張志聰撰

　清刻本　佚名批注

　　14.9×10.8 釐米

　浙圖

子 0751

傷寒論翼二卷

　清慈谿柯琴撰

　清乾隆十二年(1747)刻本

　　九行二十二字　　左右雙邊　　白口

　　19.6×14.6 釐米

　寧圖

子 0752

傷寒論翼註二卷

　清慈谿柯琴撰

　清楊士昌抄本

　浙圖

子 0753

傷寒論註來蘇集八卷

　清慈谿柯琴撰

　清乾隆二十年(1755)馬中驊刻本

　　　傷寒論注四卷

　　　傷寒論翼二卷

　　　傷寒附翼二卷

　　十行二十一字　　左右雙邊　　白口

　　18.7×13.5 釐米

　浙圖　餘杭圖　溫圖　海寧圖＊　天一閣　中醫

　大＊

子 0754

傷寒論註來蘇集八卷

　清慈谿柯琴撰

　清乾隆三十一年(1766)博古堂刻本

　　　傷寒論註四卷

　　　傷寒論翼二卷

　　　傷寒附翼二卷

　　十行二十一字　　左右雙邊　　白口

　　19×13.4 釐米

　浙圖＊　海寧圖＊　中醫研院

子 0755

傷寒論三注十八卷傷寒醫方歌訣一卷

　清慈谿柯琴撰

　清乾隆五十年(1785)二南堂刻本

　　九行二十一字　　四周雙邊　　白口

　　18×12.2 釐米

　寧圖

子 0756

傷寒論類方集註四卷

　清慈谿柯琴論　　清徐大椿、陳念祖編纂

　　清王子接注解

　清抄本　佚名補注

　中醫研院

子 0757

校讎傷寒論二卷

　清慈谿柯琴撰

　清抄本

　　十二行二十五字　　四周單邊

　　20×13.5 釐米

　中醫研院

子 0758

傷寒論原文淺注集解七卷首一卷

　清鑒湖陳立觀撰

　稿本

　浙圖

子 0759

孝慈備覽四卷

清汪純粹撰

清雍正十二年(1734)刻本

九行二十字　四周單邊　黑口

18.7×13.5 釐米

中醫研院

子 0760

辨證錄十四卷附脈訣闡微一卷

清山陰陳士鐸撰

清雍正(1723—1735)刻本

九行二十二字　四周單邊　白口

18.5×12.5 釐米

中醫大

子 0761

傷寒辨證錄十四卷

清山陰陳士鐸撰

清乾隆十三年(1748)刻本

九行二十二字　左右雙邊　白口

18×13 釐米

中醫研院

子 0762

傷寒正醫錄十卷雜證正醫錄六卷

清邵成旲輯

清乾隆(1736—1795)刻本

九行二十二字　左右雙邊　白口

20.4×15.7 釐米

寧圖

子 0763

傷寒舌鑑一卷傷寒兼證析義一卷

清張登撰

清康熙七年(1668)刻本

十二行二十三字　四周雙邊　白口

20.5×15.2 釐米

寧圖

子 0764

傷寒舌鑑不分卷

清張登撰

清康熙(1662—1722)刻本

九行二十字　四周單邊　白口

19.9×13.3 釐米

衢博

子 0765

**張仲景傷寒論辨證廣注十四卷首一卷中寒
論辨證廣注三卷首一卷**

清汪琥辯註

清康熙十九年(1680)刻本

十行十九字　四周雙邊　黑口

20×15 釐米

嘉圖＊　紹圖　中醫大

子 0766

傷寒瘟疫條辨六卷

清楊溶撰

清乾隆四十九年(1784)溧水槐陰軒刻本

九行二十字　四周雙邊　白口

18.8×12.9 釐米

溫圖

子 0767

再重訂傷寒集註十五卷

清舒詔撰

清乾隆(1736—1795)刻本

十行二十二字　四周單邊　白口

18.6×13.2 釐米

寧圖　衢博　中醫研院

子 0768

傷寒論三註十六卷

清周楊俊輯

清乾隆四十五年(1780)松心堂刻本

九行二十一字　四周單邊　白口

19.5×13.5 釐米

寧圖　天一閣　中醫大

子 0769

傷寒論本義十八卷首一卷

　清魏荔彤撰

　清康熙六十年(1721)魏氏家刻本

　九行二十一字　四周單邊　白口

　18.5×13 釐米

中醫大

子 0770

傷寒論本義十八卷首末各一卷

　清魏荔彤撰

　清雍正(1723—1735)寶綸堂刻本

　九行二十一字　左右雙邊　白口

　18×14 釐米

寧圖

子 0771

傷寒論説不分卷

　清張璐撰　清毋自欺齋主人輯

　稿本

中醫研院

子 0772

重編張仲景傷寒論證治發明溯源集十卷

　清錢潢撰

　清康熙(1662—1722)虛白室刻本

　九行二十一字　左右雙邊　白口

　19×13.3 釐米

寧圖　中醫研院

子 0773

重編張仲景傷寒論證治發明溯源集十卷

　清錢潢撰

　清月樞閣抄本　佚名批注

　十行二十一字　左右雙邊　白口

　18.8×14.5 釐米

中醫研院

子 0774

南雅堂長沙方歌括六卷

　清陳念祖撰

　清毋自欺齋主人抄本

中醫研院

子 0775

金匱要略一卷

　漢張機撰

　清有餘師齋抄本

浙圖

子 0776

漢張仲景先生金匱要略廣註□卷

　清李文撰

　清抄本

存一卷　上

浙圖

子 0777

金匱要略編注二十四卷

　清橋李沈明宗撰

　清康熙三十二年(1693)刻本

　十行二十字　四周單邊　白口

　20×14.2 釐米

浙圖

子 0778

張仲景金匱要略二十四卷

　清橋李沈明宗撰

　清康熙三十一年(1692)刻本

　十行二十字　四周單邊　白口

　20.3×13.2 釐米

溫圖

子 0779

張仲景金匱要略論註二十四卷

　清秀水徐彬撰

　清康熙十年(1671)刻本

　九行二十字　四周單邊　白口

　19.4×13 釐米

寧圖　嘉圖　海寧圖

子 0780

金匱心典三卷

清尤怡集撰

清雍正十年（1732）刻本

十行二十一字　左右雙邊　白口

18.2×13.2 釐米

寧圖

子 0781

金匱要略直解三卷

清程林撰

清康熙十二年（1673）刻本

八行二十字　四周單邊　白口

18.5×12 釐米

中醫大

子 0782

金匱要略方論本義二十二卷

清魏荔彤撰

清康熙六十年（1721）寶綸堂刻本

九行二十一字　四周單邊　白口

18×13 釐米

中醫大

子 0783

金匱玉函傷寒經十三卷

清程知撰

清康熙三十八年（1699）刻本

十行二十一字　四周雙邊　白口

19.9×13.2 釐米

中醫研院

本草

子 0784

湯液本草二卷

元王好古撰

明刻東垣十書本

十行十七字　四周雙邊　黑口

17×11.1 釐米

浙圖

子 0785

神農本草經疏三十卷

明繆希雍撰

明天啓五年（1625）毛晉綠君亭刻本

八行十八字　四周單邊　白口

20.6×13.2 釐米

浙圖　平湖圖　中醫大

子 0786

經史證類大觀本草三十一卷

宋唐慎微撰

元大德六年（1302）崇文書院刻本　佚名校

十二行二十三字　四周雙邊　黑口

22.8×16.2 釐米

溫圖

子 0787

重修政和經史證類備用本草三十卷

宋唐慎微撰　宋寇宗奭衍義

明成化四年（1468）原傑、雷復等刻本（有圖）

十二行二十三字　四周單邊　白口

26×17.5 釐米

浙圖　天一閣*

子 0788

重修政和經史證類備用本草三十卷

宋唐慎微撰　宋寇宗奭衍義

明嘉靖二年（1523）陳鳳梧刻本

十二行二十三字　四周單邊　白口

25.9×17.2 釐米

浙圖

子 0789

重修政和經史證類備用本草三十卷

宋唐慎微撰　宋寇宗奭衍義

明嘉靖三十一年（1552）周玨、李遷刻本

十二行二十三字　四周單邊　白口

25.9×16.8 釐米

浙圖　杭圖＊　天一閣

子 0790

重修政和經史證類備用本草三十卷

　宋唐慎微撰　宋寇宗奭衍義

　明萬曆六年(1578)歸仁齋刻本

缺十二卷　三至六　二十三至三十

　十行二十一字　左右雙邊　黑口

　19.5×12.8 釐米

溫圖

子 0791

重刊經史證類大全本草三十一卷

　宋唐慎微撰　宋寇宗奭衍義

　明萬曆五年(1577)尚義堂刻本

　十二行二十三字　四周單邊　白口

　24.5×16.5 釐米

天一閣　紹圖

子 0792

重刊經史證類大全本草三十一卷

　宋唐慎微撰　宋寇宗奭衍義

　明萬曆二十八年(1600)籍山書院刻三十

　　八年(1610)彭端吾重修本

　十二行二十三字　四周單邊　白口

　23×18 釐米

紹圖

子 0793

食物本草七卷

　題金李杲輯

日用本草三卷

　元海寧吳瑞輯

　明萬曆四十八年(1620)刻本

　九行二十字　四周單邊　白口

　21×13.5 釐米

紹圖

子 0794

食物本草會纂十二卷

　清西湖沈李龍撰

清乾隆四十八年(1783)金閶綠蔭堂刻本

　(有圖)

　九行二十二字　四周單邊　白口

　18.2×11.6 釐米

溫圖　紹圖

子 0795

本草發明蒙筌十二卷總論一卷

　明陳嘉謨撰

歷代名醫攷一卷

　明崇禎(1628—1644)刻本(有圖)

　九行二十字　四周單邊　白口

　21.3×14 釐米

中醫研院

子 0796

本草發明六卷

　明武林皇甫嵩、皇甫相撰

　明萬曆(1573—1620)刻本

　十行二十二字　四周雙邊　白口

　19.7×13.7 釐米

浙圖

子 0797

本草綱目五十二卷附圖二卷瀕湖脈學一卷
脈訣考證一卷奇經八脈考一卷

　明李時珍撰

　明萬曆三十一年(1603)張鼎思刻本

　九行二十字　四周單邊　白口

　22×15.6 釐米

浙圖　天一閣＊　中醫大＊

子 0798

本草綱目五十二卷附圖三卷脈訣考證一卷
奇經八脈考一卷瀕湖脈學一卷

　明李時珍撰

　清順治(1644—1661)刻本

　九行二十字　四周單邊　白口

　21×14.6 釐米

浙圖　寧圖　上虞圖　中醫大

子 0799

**本草綱目五十二卷瀕湖脈學一卷奇經八脈
考一卷**

明李時珍撰

清康熙二十三年(1684)金閶綠蔭堂文雅
堂刻本

九行二十字　四周單邊　白口

23.3×15.3 釐米

浙圖

子 0800

**本草綱目五十二卷圖三卷本草瀕湖脈學一
卷奇經八脈考一卷**

明李時珍撰

萬方鍼線八卷

清山陰蔡烈先輯

清乾隆四十九年(1784)金閶書業堂刻本

九行二十字　四周單邊　白口

21.3×14.8 釐米

浙圖*　溫圖　寧圖*　天一閣　衢博　中醫大*

子 0801

**本草綱目五十二卷首一卷圖三卷瀕湖脈學
一卷奇經八脈考一卷脈訣考證一卷**

明李時珍撰

本草綱目拾遺十卷

清錢塘趙學敏輯

萬方鍼綫八卷

清山陰蔡烈先輯

清光緒十一年(1885)張氏味古齋刻本
象山陳漢章校

存六十七卷　首　綱目四十八卷　一至十
六　十八至二十七　三十一至五十二
圖　拾遺全　鍼綫五卷　一至五

九行二十字　左右雙邊　白口

21.7×14.5 釐米

浙圖

子 0802

上醫本草四卷

明趙南星輯

明泰昌元年(1620)趙悦學刻本

十行二十字　四周單邊　白口

20×14.3 釐米

浙圖

子 0803

本草原始十二卷

明李中立撰

明萬曆(1573—1620)刻本(有圖)

八行二十四字　四周單邊　白口

20.2×12.9 釐米

浙圖

子 0804

分部本草妙用十卷

明顧君升撰

明崇禎(1628—1644)刻本

九行二十字　四周單邊　白口

21×13.8 釐米

天一閣

子 0805

本草權度三卷附錄一卷

明黄濟之撰

明嘉靖十四年(1535)刻本

存三卷　卷中　下　附錄一卷

十行二十字　左右雙邊　白口

20.2×14.5 釐米

天一閣*

子 0806

本草乘雅半偈十一卷

明錢塘盧之頤撰

清初盧氏月樞閣刻本

八行十八字　四周雙邊　白口

14.5×18.5 釐米

天一閣*　中醫大

子 0807

本草乘雅半偈十卷

　明錢塘盧之頤撰

　清周氏鵠峰草堂抄本

浙圖

子 0808

本草彙箋十卷芥説一卷總略一卷圖一卷

　清顧元交撰

　清順治十七年（1660）龍耕堂刻本

　九行二十字　左右雙邊　白口

　19.5×13.5 釐米

浙圖

子 0809

握靈本草十卷序例一卷補遺一卷

　清嘉興王翃輯

　清康熙二十二年（1683）刻本

　十行二十二字　四周雙邊　白口

　18.4×12.4 釐米

寧圖　中醫大

子 0810

本草彙言二十卷

　明錢塘倪朱謨輯

　清康熙三十三年（1694）刻本

　十一行二十二字　四周單邊　白口

　19.5×14 釐米

浙圖

子 0811

本草彙十八卷附補遺一卷

　清郭佩蘭輯

　清康熙（1662—1722）梅花嶼刻本（有圖）

　九行二十字　左右雙邊　白口

　17.5×12.2 釐米

中醫研院

子 0812

本草擇要綱目二卷

　清蔣居祉撰

　清康熙（1662—1722）刻本

　八行二十字　上下雙邊　白口

　19×11.5 釐米

中醫大

子 0813

本草類方十卷諸症歌訣一卷

　清年希堯輯

　清雍正（1723—1735）處順堂刻本〔卷四
　　配清抄本〕（有圖）

　九行二十字　左右雙邊　白口

　14.3×10.1 釐米

浙圖　中醫大

子 0814

長沙藥解四卷

　清黃元御撰

　清乾隆十八年（1753）徐樹銘刻本

　十二行二十三字　左右雙邊　白口

　18.2×13.7 釐米

中醫研院

子 0815

**增訂本草備要四卷湯頭歌訣一卷經絡歌訣
一卷**

　清汪昂撰

　清乾隆四十六年（1781）博古堂刻本

　十行二十八字　四周單邊　白口

　20×14 釐米

浙圖

子 0816

本草求真九卷附主治二卷

　清黃宮繡撰

　清乾隆四十三年（1778）綠圃齋刻本

　九行二十字　小字十八行十九字　四周雙邊
　　白口

12.6×18.5 釐米

湖博＊　中醫大

子 0817

本草經解要四卷附餘一卷

　清葉桂集注

　清乾隆四十六年（1781）刻本

　八行二十字　四周單邊　白口

　18.5×12.7 釐米

寧圖

子 0818

本草精華十六卷首一卷

　清周紀輯

　清抄本

浙圖

子 0819

本草注可不分卷

　清鑒湖陳立觀撰

　稿本

浙圖

子 0820

本草枵應一卷

　清鑒湖陳立觀撰

　清陳基傳抄本

浙圖

子 0821

本草思辨錄八卷

　清山陰周嚴撰

　清抄本

　十一行二十二字

紹圖

子 0822

本草詩三百首一卷

　題清蘋香居士撰　清江誠增補

　清余子和五之軒抄本　龍游余紹宋跋

浙圖

子 0823

珍珠囊藥指掌補遺藥性賦四卷

　金李杲輯　明錢允治校訂

　明刻本

　九行二十字　四周單邊　白口

　21×13.6 釐米

寧圖

子 0824

鐫補雷公炮製藥性解六卷

　明李中梓撰

　明天啓二年（1622）刻本

　九行二十字　四周單邊　白口

　21×13.5 釐米

寧圖

子 0825

鐫補雷公炮製藥性解六卷

　明李中梓撰

　明末唐鯉飛刻本

　十行二十字　四周單邊　白口

　21.5×15.2 釐米

浙圖

子 0826

群芳備藥錄一卷

　清朱錦琮輯

　清抄本

浙圖

診法

子 0827

王氏脈經十卷

　晉王叔和撰　宋林億等校定

　明趙府居敬堂刻本

存三卷　一至三

　八行十七字　四周雙邊　黑口

　20×13.8 釐米

杭圖

子 0828

脈經十卷

　　晉王叔和撰　　宋林億等校定

　　明萬曆三年(1575)袁表刻本

　　九行十八字　　左右雙邊　白口

　　19×14.1 釐米

天一閣

子 0829

醫燈續焰二十一卷

　　題宋崔嘉彦撰　　明潘楫增注

　　清順治九年(1652)陸地舟刻本

　　八行二十字　　四周單邊　白口

　　19×12.4 釐米

寧圖

子 0830

醫燈續焰二十一卷

　　題宋崔嘉彦撰　　明潘楫增注

　　清順治九年(1652)陸地舟刻本　清乾隆

　　七年(1742)無庵跋

中醫研院

子 0831

醫燈續焰二十一卷

　　宋崔嘉彦撰　　明李言聞删補　　明潘楫注

　　清順治(1644—1661)刻本

　　八行十九字　　四周單邊　白口

　　18.9×12.5 釐米

浙圖

子 0832

删正脈訣理玄一卷

　　宋劉開撰　　清范龍删正

　　清抄本

浙圖

子 0833

丹溪朱氏脈因證治二卷

　　元義烏朱震亨撰　　清湯望久輯

　　清乾隆四十年(1775)刻本

　　十行二十字　　左右雙邊　白口

　　17.8×13.8 釐米

浙圖　寧圖　溫圖　嘉圖

子 0834

圖注王叔和脈訣四卷附方一卷

　　明鄞縣張世賢撰

　　明刻本

　　缺二卷　一至二

　　十一行二十字　　四周單邊　白口

　　19×13 釐米

天一閣

子 0835

圖注脈訣辨真四卷附方一卷

　　明鄞縣張世賢撰

　　明刻本

　　缺二卷　一至二

　　九行二十字　　四周單邊　白口

　　20.8×13.6 釐米

嘉圖

子 0836

圖注脈訣辨真四卷附方一卷

　　明鄞縣張世賢撰

　　清康熙(1662—1722)光啓堂刻本

　　九行二十字　　四周單邊　白口

　　20×13 釐米

中醫大

子 0837

脈訣刊誤集解二卷

　　元戴起宗撰　　明汪機補訂

附錄二卷

　　明汪機輯

　　明崇禎十四年(1641)刻本

九行二十字　四周單邊　白口

19.3×13 釐米

中醫研究院

子 0838

家傳太素脈秘訣二卷

　明劉伯祥注

　明周文煒刻清致和堂印本

十行二十二字　四周單邊　白口

22.9×14.5 釐米

浙圖

子 0839

症因脈治四卷論一卷

　明秦昌遇撰　清秦之楨輯

　清康熙四十七年(1708)攸寧堂刻

十行二十二字　左右雙邊　白口

19.2×14 釐米

浙圖

子 0840

症因脈治六卷

　明秦昌遇撰　清秦之楨輯

　清乾隆十八年(1753)刻本

十行二十字　左右雙邊　白口

19.5×14 釐米

中醫研究院

子 0841

學古診則四卷

　明錢塘盧之頤輯

　清乾隆(1736—1795)刻本

兩欄　下欄十行二十八字　左右雙邊　黑口

18.3×13.4 釐米

紹圖

子 0842

脈鏡一卷

　明吳興許兆楨撰

　清抄本

中醫研究院

子 0843

端本堂考正脈鏡不分卷

　明王肯堂撰

　清抄本

天一閣

子 0844

臟腑證治圖說人鏡經八卷

　明錢雷撰

附錄二卷

　明萬曆三十四年(1606)洪啓睿刻本(有

　　圖)

十行二十字　四周單邊　白口

21.7×14.9 釐米

浙圖

子 0845

脈貫九卷

　清王賢撰

　清康熙五十年(1711)盛德堂刻本

九行二十字　左右雙邊　白口

20×14.4 釐米

浙圖　杭圖

子 0846

脈訣彙辨十卷

　清李延是撰

　清康熙五年(1666)刻本

十行二十字　四周單邊　白口

22.2×14.5 釐米

浙圖　寧圖

子 0847

脈理求真三卷

　清黃宮繡撰

　清乾隆(1736—1795)綠圃齋刻本

九行二十字　小字雙行四十字　四周雙邊　白
口

19.4×12.6 釐米

中醫研院

子 0848

四診抉微八卷附管窺附餘一卷

清林之翰撰

清雍正(1723—1735)刻本

十行二十字　四周雙邊　白口

18.6×13.7 釐米

浙圖　溫圖　中醫大　中醫研院

子 0849

舌鏡心法二卷

清王景韓撰

清抄本(有圖)　清徐大椿批校

嘉圖

鍼灸

子 0850

鍼灸四書附一種

元至大四年(1311)燕山活濟堂刻本

存六卷

新刊子午流注鍼經三卷

新刊黃帝明堂灸經三卷

十一行十八字　四周單邊　黑口

16.8×11.2 釐米

天一閣

子 0851

鍼灸四書九卷

明抄本

天一閣

子 0852

新刊銅人鍼灸經七卷新編西方子明堂灸經
八卷

明山西平陽府刻本

十行二十一字　四周單邊　白口

18×13.2 釐米

浙圖　天一閣

子 0853

銅人鍼灸經七卷

明嘉靖十三年(1534)刻本

十行二十字　四周單邊　黑口

21.8×15 釐米

天一閣

子 0854

銅人腧穴鍼灸圖經三卷

宋王惟一輯

明刻本

十行二十字　四周雙邊　白口

20.8×13.3 釐米

寧圖

子 0855

銅人腧穴鍼灸圖經三卷

宋王惟一撰　清姜廷梠訂

清康熙三年(1664)姜希轍刻本

十行二十字　四周雙邊　白口

20.6×13.3 釐米

浙圖

子 0856

銅人徐氏針灸合刻三卷

宋王惟一編

明金陵三多齋刻本

十行二十字　四周雙邊　白口

19.8×13.2 釐米

天一閣

子 0857

大本瓊瑤發明神書三卷

題宋劉真人撰

明刻本

八行十六字　左右雙邊　白口

17×12.5 釐米

天一閣

子 0858

鍼灸資生經七卷目錄二卷

　宋永嘉王執中撰

　明正統十二年（1447）葉景逵廣勤書堂刻

　　本　清姚衡跋　佚名批注

　　十二行二十四字　四周雙邊　黑口

　　20.5×13 釐米

浙圖

子 0859

鍼灸節要三卷鍼灸聚英五卷

　明鄞縣高武撰

　明嘉靖十六年（1537）陶師文刻本

存四卷

　　鍼灸節要上

　　鍼灸聚英二下至四

　　十行二十二字　四周雙邊　黑口

天一閣

子 0860

鍼灸大成十卷

　明楊濟時撰

　明萬曆二十九年（1601）趙文炳刻本

　　十行二十二字　四周雙邊　白口

　　21.6×15.3 釐米

浙圖　溫圖

子 0861

考定經穴不分卷

　清吳超士撰

　稿本　清徐大椿批校

浙圖

子 0862

人體經穴臟腑圖一卷

　清五色彩繪絹本

浙圖

子 0863

銅人腧穴分寸圖一卷

　清抄本　佚名批校

浙圖

方書

子 0864

葛仙翁肘後備急方八卷

　題晉葛洪撰　梁陶弘景增補

　明萬曆二年（1574）李栻刻本

存二卷　卷三至四

　　十行二十字　左右雙邊　白口

　　19×14.2 釐米

浙圖

子 0865

重刊孫真人備急千金要方三十卷

　唐孫思邈撰

　明正德十六年（1521）劉氏慎獨齋刻本

　　十二行二十二字　四周雙邊　線黑口

　　17.5×12.6 釐米

浙圖

子 0866

孫真人備急千金要方九十三卷目錄二卷

　唐孫思邈撰

　明嘉靖二十二年（1543）喬世定小丘山房

　　刻本

　　十一行二十四字　左右雙邊　黑口

　　20.2×14.6 釐米

浙圖　天一閣＊

子 0867

孫真人備急千金要方九十三卷目錄二卷

　唐孫思邈撰

　明萬曆十六年（1588）刻本

　　十行二十四字　四周雙邊　白口

　　21.2×14 釐米

天一閣

子 0868

孫真人備急千金要方九十三卷目錄二卷

　唐孫思邈撰

清康熙(1662—1722)刻本

缺三十四卷　六至二十三　五十至六十三

目錄二卷

十行二十四字　四周雙邊　白口

21.3×14.5 釐米

嘉圖

醫家類

子 0869

千金翼方三十卷

唐孫思邈撰

明萬曆三十三年(1605)王肯堂刻本

十行二十字　四周單邊　白口

20.5×14.5 釐米

浙圖　杭圖

子 0870

千金翼方三十卷

唐孫思邈撰　宋林億等校正

清乾隆二十八年(1763)保元堂刻本

十行二十字　四周單邊　白口

20.5×14.5 釐米

浙圖　寧圖

子 0871

千金寶要六卷

唐孫思邈撰　宋郭思輯

清抄本

浙圖

子 0872

唐王燾先生外臺秘要方四十卷

唐王燾撰　明當湖陸錫明校注

明崇禎十三年(1640)程氏經餘居刻本

十行二十二字　左右單邊或四周單邊　白口

20.6×14.5 釐米

溫圖*　平湖圖*

子 0873

重校聖濟總錄二百卷目錄一卷

宋徽宗趙佶敕撰　清汪鳴珂等校

清乾隆(1736—1795)刻本

九行十九字　左右雙邊　白口

20×14.7 釐米

浙圖*　寧圖*

子 0874

聖濟總錄纂要二十六卷

宋徽宗趙佶敕撰　清程林輯

清乾隆(1736—1795)刻本

九行二十二字　左右雙邊　白口

19.5×13.2 釐米

浙圖　寧圖　中醫大

子 0875

聖濟經解義十卷

宋吳禔撰

明嗣雅堂抄本

存一卷　一

浙圖

子 0876

類症普濟本事方十卷

宋許叔微撰

清乾隆四十二年(1777)刻本

八行二十字　四周雙邊　白口

19×12.6 釐米

浙圖　嘉圖　寧圖　餘杭圖*

子 0877

類症普濟本事方後集十卷

宋許叔微撰

清影宋抄本

十三行二十一字　左右雙邊　白口

19.3×13.3 釐米

中醫研院

子 0878

新刊仁齋直指附遺方論二十六卷

宋楊士瀛撰　明朱崇正補遺

明嘉靖(1522—1566)刻本

存九卷　十至十八

十四行二十四字　四周單邊　白口

18.8×13.3 釐米

天一閣

子0879

新刊仁齋直指附遺方論二十六卷

宋楊士瀛撰

清抄本

十行十八字　四周雙邊　白口

22×16.5 釐米

中醫大

子0880

新刊仁齋直指附遺方論二十六卷小兒附遺
　方論五卷醫脈真經二卷傷寒類書活人總
　括七卷

宋楊士瀛撰　明朱崇正補遺

明書林熊咸初刻本

存四卷　小兒附遺方論一至四

十四行二十四字　四周單邊　白口

18.8×13 釐米

浙圖

子0881

蘇沈良方十卷

宋蘇軾、錢塘沈括撰

清乾隆五十八年(1793)鮑廷博抄本

十行字數不一　四周單邊　白口

18×14.4 釐米

嘉圖

子0882

伊尹湯液仲景廣爲大法四卷

元王好古撰

明刻本

九行二十字　四周單邊　白口

19×13.5 釐米

天一閣

子0883

醫壘元戎十二卷

元王好古撰

明嘉靖四十一年(1562)魏尚純刻本

十行二十字　四周雙邊　白口

浙圖

子0884

醫學引彀一卷附方前卷一卷附方後卷一卷

元餘姚滑壽撰

附錄一卷

明天台朱右撰

明吳崧刻滑氏方脉本

十行二十字　四周單邊　白口

17.7×12.1 釐米

浙圖

子0885

普濟方一百六十八卷

明朱橚撰

明永樂(1403—1424)周藩刻本

存一卷　三十一

十五行二十七字　四周雙邊　黑口

21×14.5 釐米

浙圖

子0886

魁本袖珍方大全四卷

明李恒撰

明嘉靖十八年(1539)熊氏種德堂刻本

十六行三十字　四周雙邊　黑口

18.7×12.7 釐米

浙圖

子0887

衛生易簡方十二卷附錄一卷

明胡濙撰

明宣德二年(1427)刻本

存三卷　三　十　十二

十行二十字　四周雙邊　黑口

21×15.8 釐米

天一閣

醫家類

子 0888

衛生易簡方十二卷附錄一卷

　　明胡濙撰

　　明嘉靖四十一年（1562）淮安府刻本

　　十行二十字　四周雙邊　黑口

　　20.9×15.2 釐米

天一閣

子 0889

衛生易簡方三卷

　　明胡濙撰

　　清初抄本

浙圖

子 0890

奇效良方六十九卷

　　明方賢撰

　　明成化七年（1471）刻本

存二十七卷　四至十七　二十二至三十四

　　十一行二十四字　四周雙邊　黑口

　　22.2×14.2 釐米

天一閣

子 0891

太醫院經驗奇效良方大全六十九卷目錄一卷

　　明方賢撰

　　明正德六年（1511）劉氏日新書堂刻本

　　〔卷九至十三配清抄本〕

　　十三行二十四字　四周雙邊　黑口

　　19×13 釐米

浙圖

子 0892

醫方選要十卷

　　明周文采輯

　　明嘉靖二十四年（1545）費案刻本

十行二十一字　四周雙邊　黑口

　　22×15.5 釐米

浙圖　中醫研院

子 0893

醫林類證集要十卷

　　明王璽撰

　　明嘉靖（1522—1566）刻本

存五卷　五至六　八至十

　　十行二十一字　四周雙邊　黑口

　　21×14.3 釐米

天一閣

子 0894

證治寶鑒二卷

　　明俞橋撰

　　明嘉靖（1522—1566）刻本

存一卷　上

　　九行二十字　四周單邊　黑口

　　20.2×13.8 釐米

玉海樓

子 0895

體仁彙編六卷

　　明彭用光撰

　　明嘉靖二十三年（1544）蔡經刻本

　　九行二十字　四周雙邊　白口

　　22.9×14.7 釐米

嘉圖＊　天一閣

子 0896

吳梅坡醫經元保命奇方□卷

　　明嚴州吳嘉言撰

　　明書林葉貴刻本

存二卷　六至七

　　十行二十字　四周雙邊　白口

　　19.5×13.2 釐米

天一閣

子 0897

經驗集方一卷

　明刻本

　　八行二十字　四周雙邊　黑口

　　20.6×13.8 釐米

　天一閣

子 0898

治法彙八卷

　明張三錫撰

　　明崇禎(1628—1644)刻本

　　九行十八字　四周單邊　白口

　　19.5×13.5 釐米

　天一閣

子 0899

發明證治十卷

　明何經撰

　　明嘉靖十年(1531)刻本

　存四卷　一至四

　　十行二十一字　四周雙邊　白口

　　18×12.5 釐米

　天一閣

子 0900

萬氏家抄濟世良方六卷

　明鄞縣萬表輯　明鄞縣萬邦孚增補

　　明萬曆四十四年(1616)刻本

　存二卷　一　六

　　十行二十三字　四周單邊　白口

　　19.9×12.4 釐米

　天一閣

子 0901

攝生眾妙方十一卷急救良方二卷

　明鄞縣張時徹撰

　　明隆慶三年(1569)衡府刻本

　　十行二十字　四周雙邊　白口

　　19.8×15.8 釐米

　浙圖　天一閣

子 0902

攝生眾妙方十一卷急救良方二卷

　明鄞縣張時徹撰

　　明萬曆三十八年(1610)張一棟刻本

　　九行二十字　左右雙邊　白口

　　19.5×14.2 釐米

　天一閣

子 0903

藥方類二卷

　明吳近山輯

　　明嘉靖(1522—1566)刻本

　　九行二十一字　四周單邊　白口

　　19.9×12.5 釐米

　天一閣

子 0904

醫經大旨四卷附本草要略一卷藥鑑一卷

　明賀岳撰

　　明刻本

　存三卷

　　大旨一卷

　　本草要略一卷

　　藥鑑一卷

　　十一行二十四字　左右雙邊　白口

　　21.5×13.8 釐米

　杭圖

子 0905

醫便初集五卷二集六卷脈便二卷本草便二卷

　明王三才輯　明張受孔、姚學顏重訂

　　明刻本

　存四卷

　　脈便二卷

　　本草便二卷

　　九行二十字　四周單邊　白口

　　21×13.7 釐米

　浙圖

子 0906

雲林醫聖增補醫鑑回春八卷

　明龔廷賢撰

　明崇禎(1628—1644)金閭書林唐廷楊刻
　　本

　　十三行二十六字　四周單邊　白口

　　21×14 釐米

中醫研院

子 0907

新刊醫林狀元壽世保元十卷

　明龔廷賢撰

　明末周文卿光霽堂刻本

存八卷　一至八

　　十三行二十八字　四周單邊　白口

　　21.5×14 釐米

紹圖

子 0908

增定便攷萬病回春八卷

　明龔廷賢撰

　清康熙元年(1662)汪淇刻本

　　九行二十六字　四周雙邊　白口

　　20.7×11.7 釐米

浙圖

子 0909

親驗簡便諸方一卷

　明徐陟撰

　明嘉靖(1522—1566)刻本

　　八行十九字　四周雙邊　白口

　　21×14 釐米

天一閣

子 0910

醫方考六卷脈語二卷

　明吳崑撰

　明萬曆(1573—1620)刻本

　　十行二十字　四周單邊　白口

　　19.1×13.5 釐米

浙圖＊　天一閣　中醫大　中醫研院

子 0911

奚囊便方十卷

　明陳朝楷輯

　明天啓五年(1625)刻本

存八卷　一至八

　　九行十八字　四周單邊　白口

　　21.4×13.7 釐米

浙圖

子 0912

新刊簡明醫彀八卷要言一卷

　明武林孫志宏撰

　明崇禎(1628—1644)刻本

　　十行二十四字　四周單邊　白口

　　20.4×14.8 釐米

浙圖

子 0913

新刊簡明醫彀八卷要言一卷

　明武林孫志宏撰

　清乾隆十三年(1748)刻本

　　十行二十四字　四周單邊　白口

　　21.6×14.6 釐米

浙圖

子 0914

程氏即得方二卷

　清程林輯

　清康熙三年(1664)吳士英刻本

　　八行二十字　四周單邊　白口

　　18.7×11.5 釐米

杭圖

子 0915

名醫方論四卷

　清羅美輯

　清康熙十四年(1675)古懷堂刻本

　　九行二十二字　左右雙邊　白口

19×11.5 釐米

中醫大

子 0916

醫方湯頭歌括一卷

清汪昂輯

清康熙三十三年(1694)刻本

十行二十八字　四周單邊　白口

17.5×14 釐米

中醫大

子 0917

樹滋堂秘傳醫要二十四方一卷方脈便覽四卷

清康熙(1662—1722)古雪堂抄本

浙圖

子 0918

絳雪園古方選注不分卷

清王子接撰

清雍正九年(1731)綠蔭堂刻本

十行二十二字　左右雙邊　白口

18×13 釐米

浙圖　餘杭圖　寧圖　溫圖　海寧圖

子 0919

惠直堂經驗方四卷

清會稽陶承喜輯

清雍正十三年(1735)年東壁堂刻後印本

九行二十六字　左右雙邊　白口

17×12.1 釐米

中醫研院

子 0920

集驗良方六卷

清黃曉峰輯

清乾隆十四年(1749)喻義堂刻本

九行二十字　四周單邊　白口

14.2×10 釐米

浙圖

子 0921

會心錄二卷

清汪文綺著

清乾隆二十年(1755)率川自餘堂刻本

九行二十字　左右雙邊　白口

17×11 釐米

中醫大

子 0922

種福堂公選良方四卷

清葉桂撰

清乾隆(1736—1795)刻本

十一行二十二字　左右雙邊　白口

14×10.6 釐米

寧圖

子 0923

文堂集驗方四卷

清仁和何京輯

清乾隆四十年(1775)文堂刻本

九行二十二字　四周單邊　白口

20×12.6 釐米

浙圖

子 0924

搜集內外大小雜證祕方二卷

清黃巖蔡濤輯

清乾隆二十三年(1758)六有堂抄本

海寧圖

子 0925

雞鳴錄二卷

清海寧王士雄撰

稿本

紹圖

子 0926

古今名方摘要歌不分卷

清海鹽許栽撰

清陳德滋抄本　清陳德滋跋

浙圖

子 0927

秘授驗過良方不分卷

　清抄本

浙圖

子 0928

馮載陽先生治案二卷諸病總括一卷

　清陳應亨抄本

浙圖

子 0929

臨證條目三卷

　清抄本

浙圖

子 0930

奇症滙八卷

　清沈源輯

　清抄本

浙圖

子 0931

家藏症治百問時尚心書不分卷

　清吳龢輯

　清抄本

浙圖

子 0932

回生錄一卷

　清抄本

浙圖

內科

子 0933

醫學綱目四十卷

　明蕭山樓英撰

　明嘉靖四十四年(1565)曹灼刻本

十三行二十二字　左右雙邊　白口

19×15 釐米

杭圖

子 0934

醫學綱目四十卷

　明蕭山樓英撰

　明刻本

缺十八卷　五至六　十三　十六　十八至
二十　二十二　二十五至二十七　三十
三十二至三十三　三十六至三十九

十二行二十六字　四周單邊　白口

22.3×15.1 釐米

天一閣

子 0935

醫學綱目三十九卷首一卷

　明蕭山樓英撰

　清抄本

浙圖

子 0936

心印紺珠經二卷

　明李湯卿撰

　明嘉靖二十一年(1542)邢址刻本

十行二十字　四周單邊　白口

20.8×14.2 釐米

浙圖

子 0937

心印紺珠經二卷

　明李湯卿撰

　明嘉靖二十六年(1547)趙瀛刻本　佚名
　　批校

九行二十字　四周單邊　白口

20.5×14.5 釐米

杭圖

子 0938

心印紺珠經二卷

　明李湯卿撰

　明刻本

十行二十字　四周單邊　白口

21×14.3 釐米

浙圖

子 0939

明醫指掌圖前集五卷後集五卷

　明皇甫中撰

　明萬曆七年(1579)書林劉氏安正堂刻本

十行二十五字　四周單邊　白口

20.6×14.6 釐米

浙圖

子 0940

訂補明醫指掌十卷

　明皇甫中撰　明王肯堂等訂補

　明天啓(1621—1627)刻本

九行二十字　四周單邊　白口

20.2×13.5 釐米

嘉圖　紹圖*

子 0941

痰火顛門四卷

　明梁學孟撰

　明萬曆三十八年(1610)葉大受刻本

十一行二十五字　四周單邊　白口

20.5×12.3 釐米

杭圖

子 0942

新刻痰火點雪四卷

　明龔居中撰

　明書林劉大易刻本

十行二十五字　四周單邊　白口

21.3×12.5 釐米

紹圖

子 0943

證治彙補八卷

　明李中梓撰

　清康熙(1662—1722)會成堂刻本

十行二十字　左右雙邊　白口

18.3×12 釐米

中醫大

子 0944

病機沙篆不分卷

　明李中梓撰

　清抄本

中醫研院

瘟疫

子 0945

芷園素社痎瘧論疏一卷方一卷

　明錢塘盧之頤撰

　清初月樞閣刻本

八行十八字　四周單邊　白口

18.2×13.8 釐米

浙圖

子 0946

瘟疫論二卷

　明吳有性撰

　明崇禎(1628—1644)劉敞刻本

九行二十字　四周單邊　白口

19.5×13 釐米

中醫大

子 0947

瘟疫論二卷

　明吳有性撰　清嘉善張容旆評

　清康熙(1662—1722)刻後印本

九行二十字　左右雙邊　白口

19.5×13.5 釐米

中醫研院

子 0948

瘟疫論二卷

　明吳有性撰

　清乾隆(1736—1795)彭教謙刻本

　　十二行二十字　　上下雙邊　　白口

　　17.8×12.3 釐米

中醫大

子 0949

瘟疫論補註二卷

　明吳有性撰　　清鄭重光補註

　清康熙四十九年(1710)喬國楨刻本

　　九行十七字　　左右雙邊　　白口

　　18.5×13.5 釐米

中醫研院

子 0950

瘟疫傳症彙編二十一卷

　清熊立品輯

　清乾隆四十二年(1777)家刻本

　　治疫全書六卷附辨孔璵言一卷

　　痢癥纂要八卷

　　痘麻紺珠六卷

　　十行二十三字　　左右雙邊　　白口

　　17.5×13 釐米

湖博　中醫大

子 0951

松峰説疫六卷瘟疫類編五卷

　清劉奎輯

　清乾隆(1736—1795)刻本

　　九行二十二字　　四周單邊　　白口

　　17.9×13.6 釐米

寧圖　中醫大

子 0952

瘟疫明辨四卷末一卷

　清戴天章撰

　清乾隆(1736—1795)李光明莊刻本

　　十一行二十二字　　左右雙邊　　白口

　　17.5×13.5 釐米

寧圖

子 0953

淑景堂考訂注解寒熱溫平藥性賦七卷

　清李文錦撰

　清乾隆(1736—1795)三多齋刻本

　　九行二十字　　左右雙邊　　白口

　　18.3×13 釐米

中醫研院

子 0954

瘟疫明辨四卷末一卷

　清戴天章撰

　清抄本　清道光十四年(1834)桐鄉張千

　　里批校並跋

　　九行二十一字

嘉圖

子 0955

溫熱暑疫全書四卷

　清抄本

　　十行二十字

天一閣

子 0956

葉天士瘟病論一卷薛生濕熱條辯一卷

　清會稽章楠撰

　清抄本

中醫研院

子 0957

痧脹玉衡書三卷後一卷

　清樵李郭志邃撰

　清康熙(1662—1722)刻本

　　九行十四字　　四周單邊　　白口

　　12×9.5 釐米

寧圖

子 0958

痧脹玉衡全書三卷後記一卷

　清橋李郭志邃撰

　清康熙(1662—1722)刻本

　九行二十二字　四周雙邊　白口

　19.3×13.1 釐米

寧圖　嵊州圖＊

子 0959

痧症度鍼二卷

　清胡鳳昌輯

　清抄本

浙圖

子 0960

沈望橋先生瘄科心法

　清沈望橋撰

　稿本

　24×14 釐米

中醫大

子 0961

麻瘄彙補二卷

　清趙鴻洲撰

　清乾隆五十九年(1794)理和堂刻本

　十行二十字　四周單邊　白口

　20.7×14.7 釐米

浙圖

子 0962

麻瘄集成不分卷

　清趙鴻洲撰

　清抄本

中醫研院

子 0963

痢證滙參十卷

　清吳道源輯

　清乾隆三十八年(1773)敦厚堂刻本

　八行二十字　左右雙邊　白口

　19.7×13.4 釐米

浙圖　海寧圖

子 0964

理虛元鑑二卷

　清柯德撰

　清乾隆三十六年(1771)味研堂刻本

　十行二十字　左右雙邊　黑口

　18.7×13.3 釐米

浙圖

子 0965

紅爐點雪十八卷

　清王奇□撰

　清抄本

浙圖

外科

子 0966

外科精要三卷

　宋陳自明撰　明薛己注

補遺一卷

　明熊宗立撰

　明刻本

　十二行二十二字　四周雙邊　白口

　20.9×13.8 釐米

溫圖

子 0967

外科心法七卷

　明薛己撰

　明嘉靖(1522—1566)刻本

存二卷　三至四

　九行二十字　左右雙邊　白口

　17.8×12.5 釐米

天一閣

子 0968

外科心法七卷

　明薛己撰

清乾隆（1736—1795）東溪堂刻本

九行二十字　四周雙邊　白口

18.5×12.5 釐米

中醫研院

子 0969

外科精要附録不分卷

明薛己撰

清抄本

中醫研院

子 0970

申斗垣校正外科啓玄十二卷

明申拱宸撰

明萬曆（1573—1620）聚錦堂刻本

十行二十字　四周雙邊　白口

20.5×13.2 釐米

中醫研院

子 0971

新刊外科正宗四卷

明陳實功撰

明萬曆四十五年（1617）刻本

八行二十字　四周單邊　白口

23.3×13.8 釐米

浙圖

子 0972

新刊外科正宗四卷

明陳實功撰

清乾隆五十七年（1792）聚錦堂刻本

十行二十五字　四周單邊　白口

21.5×14.5 釐米

浙圖

子 0973

新刊外科正宗四卷

明陳實功撰

清刻本　陳梅峰批注

九行二十二字　四周單邊　白口

17.6×12.6 釐米

中醫研院

子 0974

重訂外科正宗十二卷

明陳實功撰

清乾隆五十八年（1793）刻本

十二行二十六字　左右雙邊　白口

17.6×12.6 釐米

嘉圖

子 0975

外科大成四卷

清祁坤撰

清乾隆八年（1743）古雪堂刻三多齋印本

十行二十字　四周單邊　白口

20.7×14.4 釐米

浙圖

子 0976

外科症治全生集六卷

清王德維撰

清乾隆（1736—1795）刻本

九行二十字　四周單邊　白口

15.2×11.3 釐米

寧圖　溫圖　衢博

子 0977

洞天奧旨十六卷

清山陰陳士鐸撰　清會稽陶式玉評

清乾隆五十五年（1790）陳鳳輝大雅堂刻本

九行二十二字　左右雙邊　白口

17.6×13.2 釐米

浙圖　嵊州圖　中醫大

子 0978

陳氏外科家寶不分卷

清程衍道撰

清抄本

海寧圖

子 0979

**外科寶珍集一卷醫方一卷內外科經驗奇方
　一卷**
　　清抄本
浙圖

子 0980

秘傳內府經驗外科一卷
　　清抄本
浙圖

子 0981

應氏外科或問二卷
　　清抄本
中醫研院

子 0982

重校宋竇太師瘡瘍經驗全書十二卷
　　宋竇默撰　　明竇夢麟增輯
　　明隆慶三年(1569)三衢大西堂刻本
　　九行二十二字　四周單邊　白口
　　22.5×13.4釐米
浙圖

子 0983

瘡瘍經驗全書十三卷
　　宋竇默撰　　明竇夢麟增輯
　　清康熙五十六年(1717)浩然樓刻本
　　十行二十字　左右雙邊　白口
　　20.6×14.7釐米
浙圖

子 0984

瘡瘍經驗全書六卷
　　宋竇漢卿撰
　　清康熙(1662—1722)刻本
　　十一行二十六字　四周單邊　白口
　　15.8×10.1釐米

寧圖

子 0985

瘍科選粹八卷
　　明陳文治撰
　　明崇禎元年(1628)刻本
　　十行二十字　左右雙邊　白口
　　20.8×14.4釐米
寧圖

子 0986

瘍科選粹八卷
　　明陳文治撰
　　清乾隆二十六年(1761)潯溪達尊堂刻本
　　十行二十字　左右雙邊　白口
　　20.8×14.7釐米
浙圖　天一閣*　衢博

子 0987

瘍科選粹八卷
　　明陳文治輯　　清徐大椿評
　　清抄本
浙圖

子 0988

瘍醫大全四十卷
　　清顧世澄撰
　　清乾隆三十八年(1773)藝古堂刻本
　　九行二十字　左右雙邊　白口
　　14.6×10釐米
浙圖　中醫大

子 0989

傷科準繩摘要五卷
　　清抄本
中醫研院

子 0990

傷外科秘方不分卷
　　清抄本

中醫研究院

子 0991
少林傷科治法集要不分卷
　清釋不退和尚撰
　清抄本
中醫研究院

子 0992
少林寺傷科四卷
　清少林寺僧撰
　清抄本
　　各大穴道秘訣抄錄一卷
　　跌打損傷祕訣抄錄二卷
　　各傷科方秘訣抄錄一卷
中醫研究院

五官科

眼科

子 0993
銀海精微二卷
　題唐孫思邈撰
　明余寅伯書林刻本
　　十行二十一字　四周單邊　白口
　　22.3×12 釐米
中醫研究院

子 0994
銀海精微四卷
　題唐孫思邈撰
　清乾隆四十一年(1776)近聖堂刻本
　　十三行二十四字　四周單邊　白口
　　19.3×12.7 釐米
浙圖

子 0995
秘傳眼科龍木醫書總論十卷附葆光道人秘
　傳眼科一卷
　題葆光道人撰

明萬曆三年(1575)刻本
　　十行二十字　左右雙邊　白口
　　19.5×13 釐米
浙圖　中醫大

子 0996
一草亭目科全書一卷
　明鄧苑撰
　清康熙五十六年(1717)年希堯刻本
　　九行二十字　四周單邊　白口
　　14.6×10 釐米
浙圖

子 0997
塘西十六世眼科秘本一卷
　清游心濟輯
　稿本
浙圖

子 0998
眼科入門二卷
　清汪文漪輯
眼科秘訣二卷
　清王萬化輯
眼科闡微四卷
　清馬化龍輯
　清抄本
　缺三卷
　　眼科入門一卷　二
　　眼科闡微二卷　三至四
中醫研究院

子 0999
眼科秘書四卷
　清抄本
中醫研究院

子 1000
外障二卷
　清抄本

九行二十四字　四周雙邊　白口

23.4×13.4 釐米

中醫研院

喉科

子 1001

咽喉指掌一卷

　清秀水周萬清撰

　稿本　清魏謙陞跋　清周閑、應寶時、繆
　　梓、陳韜、汪士驤跋

武功將軍周公家傳一卷

　清施朝幹撰

　清王堃寫本　清吳廷康、姚紹唐題款

浙圖

子 1002

喉科一卷

　清南呂月撰

　清光緒三十三年(1907)稿本

24.5×13.5 釐米

餘杭圖

子 1003

疫喉淺論一卷附補遺一卷

　清夏春農撰

　清抄本

浙圖

子 1004

喉科驗方一卷

　清抄本

中醫研院

婦科

子 1005

**三刻太醫院補註婦人良方大全二十四卷首
一卷**

　宋陳自明撰　明薛己注

　明楊軫飛四知館刻本

十一行二十六字　四周單邊　白口

21.1×12.4 釐米

浙圖

子 1006

**三刻太醫院補注婦人良方大全二十四卷首
一卷**

　宋陳自明撰　明薛己注

　明書林余氏書瑞堂刻本

九行十九字　四周單邊　白口

20.7×14.1 釐米

溫圖

子 1007

女科胎產問答要旨三卷

　宋薛將仕撰

　清乾隆三十七年(1772)查氏硯秋書屋抄
　　本　清查濟眉跋

浙圖

子 1008

產寶百問二卷

　題元義烏朱震亨撰　明王肯堂訂正

　明嘉靖三十八年(1559)刻本

存一卷　下

九行二十字　四周雙邊　白口

浙圖

子 1009

產寶百問五卷

　題元義烏朱震亨撰　明王肯堂訂正

　明末刻本

九行二十字　四周單邊　白口

21×14.2 釐米

寧圖

子 1010

濟生產寶論方二卷

　明金陵書林雷鳴刻本

十行二十字　左右雙邊　白口

18.5×13.5 釐米

浙圖

子 1011

便産須知二卷

明嘉靖三十九年(1560)張景賢刻本

十行二十字　四周單邊　白口

18.9×14.3 釐米

浙圖

子 1012

便産須知二卷

明崇禎十四年(1641)王萬祚刻本

十行二十四字　四周單邊　白口

20×15.5 釐米

紹圖

子 1013

萬氏婦人科四卷

明萬全撰

清康熙五十三年(1714)刻本

九行二十四字　四周單邊　白口

20×11.5 釐米

浙圖　中醫大

子 1014

濟陰綱目五卷

明武之望撰

明天啓元年(1621)刻本

十行二十一字　四周雙邊　白口

23.4×15.4 釐米

溫圖

子 1015

濟陰綱目十四卷保生碎事一卷

明武之望撰

清雍正六年(1728)天德堂刻本

十一行二十五字　左右雙邊　白口

20.5×14 釐米

餘杭圖＊　寧圖　平湖圖＊　衢博　中醫大＊

子 1016

血症全集要不分卷

明孫光裕撰

明末沈應辰刻本

缺一册　三

八行二十字　四周單邊　白口

20.5×12.5 釐米

紹圖

子 1017

妙一齋醫學院正印種子編二卷

明岳甫嘉撰

清乾隆五十八年(1793)陳淦庭刻本

八行二十字　四周雙邊　白口

20×14.5 釐米

紹圖

子 1018

妙一齋醫學正印種子編二卷

明岳甫嘉撰

清抄本

中醫研院

子 1019

調經法門一卷

明呂獻策撰

明崇禎二年(1629)刻本

八行二十字　四周單邊　白口

23×15 釐米

紹圖

子 1020

産孕集二卷

清張曜孫撰

稿本

十行二十字　四周雙邊　白口

16.7×12.5 釐米

紹圖

子 1021

女科經綸八卷

　清橋李蕭壎撰

　清康熙二十三年(1684)燕貽堂刻本

　九行二十四字　左右雙邊　白口

　19.6×12.9 釐米

　浙圖　寧圖　嘉圖　中醫大 *

子 1022

女科經綸八卷

　清橋李蕭壎撰

　清乾隆四十六年(1781)湖郡有鴻齋刻本

　九行二十四字　左右雙邊　白口

　19.5×13.2 釐米

　浙圖

子 1023

女科經綸四卷

　清橋李蕭壎撰

　清抄本　佚名批校

　浙圖

子 1024

胎産心法三卷

　清閻純撰

　清乾隆二十二年(1757)刻本

　十行二十四字　四周單邊　白口

　19.5×13.5 釐米

　中醫研院

子 1025

産寶家傳二卷

　清倪東溟撰

　清乾隆三十二年(1767)刻本

　十行二十一字　四周單邊　白口

　18×14 釐米

　中醫研院

子 1026

胎産集要二卷附幼科摘要一卷

　清黃惕齋輯

清乾隆四十七年(1782)刻本

十行二十一字　左右雙邊　白口

18.2×13.3 釐米

海寧圖

子 1027

達生編二卷

　清葉風撰

　清乾隆五十六年(1791)東甌刻咸豐
　　(1851—1861)印本

　八行二十字　四周單邊　白口

　18.7×14.4 釐米

　溫圖

子 1028

女科密錄不分卷

　清釋范和尚撰

　清乾隆六十年(1795)刻本

　中醫研院

子 1029

女科二卷産後編一卷

　清傅山撰

　清仁和王斯恩抄本　清咸豐二年(1852)
　　虎生跋

　浙圖

子 1030

蓮房治譜不分卷

　清鑒湖陳立觀撰

　稿本

　浙圖

子 1031

鄭氏女科秘訣不分卷

　清抄本　佚名批校

　浙圖

子 1032

家傳秘集女科寶藏神書二卷崑山鄭氏校定薛醫胎產女科經驗方一卷

清吳裶輯

清抄本

浙圖

子 1033

婦人經驗方不分卷

清抄本

中醫研院

子 1034

產後十八論方不分卷

清施氏撰

清抄本

中醫研院

兒科

子 1035

顱顖經二卷

清抄四庫全書本　清錢塘丁丙跋並錄清海寧陳鱣跋

浙圖

子 1036

錢氏小兒藥證直訣三卷附方一卷

宋錢乙撰　宋閻孝忠輯

清康熙(1662—1722)起秀堂刻本

八行十六字　左右雙邊　白口

21.5×15.6釐米

天一閣　中醫大

子 1037

錢氏小兒直訣四卷

宋錢乙撰　宋閻孝忠輯　明薛鎧注

明崇禎元年(1628)梁忠刻本

存二卷　一至二

九行十九字　左右雙邊　白口

21×14.8釐米

浙圖

子 1038

新刊繽山省翁活幼口議二十卷

元曾世榮撰

清抄本

存十卷　一至十

中醫研院 *

子 1039

小兒衛生總微論方二十卷

明弘治二年(1489)李延壽刻本

十行十八字　四周雙邊　黑口

20×13釐米

浙圖

子 1040

小兒衛生總微論方二十卷

明刻本

存五卷　六至十

十行十七字　四周雙邊　黑口

19.8×12.5釐米

天一閣

子 1041

全幼心鑑八卷

明寇平撰

明嘉靖二十六年(1547)張珒玉峰書堂刻本

缺一卷　七

十一行二十二字　四周單邊　白口

20.8×13.5釐米

浙圖　天一閣 *

子 1042

保嬰撮要二十卷

明薛鎧撰

明刻本

存四卷　七至八　十一至十二

八行十七字　左右雙邊　白口

18.7×14 釐米

海寧圖

子 1043

活幼便覽二卷

明劉錫撰

明正德五年(1510)刻本

十行二十三字　四周雙邊　白口

21.8×15 釐米

天一閣

子 1044

嬰童百問十卷

明魯伯嗣撰

明嘉靖二十三年(1544)陳與音刻本

存二卷　六至七

十行二十字　左右雙邊　白口

19×14 釐米

天一閣

子 1045

嬰童百問十卷

明魯伯嗣撰

明刻本

九行二十字　四周單邊　白口

21×14.5 釐米

中醫研院

子 1046

嬰童百問十卷

明魯伯嗣撰

明末聚錦堂刻本　佚名批注

十行二十四字　四周雙邊　黑口

21.1×14.4 釐米

浙圖

子 1047

明醫保幼一卷

明王朝撰

明嘉靖三十一年(1552)刻本

十行二十字　四周單邊　黑口或白口

19.5×13 釐米

天一閣

子 1048

秘授男女小兒推拿一卷秘傳海陽丁氏家傳

小兒科一卷

明周于蕃撰

清抄本

浙圖

子 1049

箬石堂新刻幼科直言六卷

清孟河撰

清雍正四年(1726)箬石堂刻本

八行二十字　左右雙邊　白口

19×12.8 釐米

溫圖

子 1050

慈幼筏十二卷首一卷

清程雲鵬撰

清初刻本

九行十九字　左右雙邊　白口

17.5×13.5 釐米

溫圖

子 1051

抱乙子幼科指掌遺稿五卷

清葉其蓁輯

清乾隆八年(1743)會成堂書坊刻本

九行十八字　四周單邊　白口

19.2×13 釐米

浙圖

子 1052

幼科釋謎六卷

清沈金鰲輯

清乾隆(1736—1795)刻本

十二行二十五字　左右雙邊　白口

18×13.5 釐米

中醫研究院

子 1053

鼎鍥幼幼集成六卷

清陳復正輯

清乾隆十六年(1751)瀚墨園刻本

九行二十字　左右雙邊　白口

16.4×12.6 釐米

溫圖

子 1054

幼幼集成六卷

清陳復正撰

清乾隆十五年(1750)聚奎堂刻本

十一行二十七字　左右雙邊　白口

18.9×12.7 釐米

寧圖

子 1055

李氏家傳保嬰秘書不分卷

清乾隆十七年(1752)抄本　佚名批注

中醫研究院

子 1056

幼科推拿秘書五卷

清駱如龍撰

清乾隆五十年(1785)金陵四教堂刻本

八行二十字　四周單邊　白口

18.3×12.6 釐米

浙圖

子 1057

幼科彙訣直解十卷

清魏鑑撰

清周玉堂抄本　佚名校

缺三卷　七至十

浙圖

子 1058

兒科丸散丹方一卷

清抄本

浙圖

子 1059

兒科集要不分卷

清抄本(有圖)

中醫研究院

子 1060

兒科十三訣一卷活幼指南一卷痘疹心鏡一卷

清抄本　佚名批注

中醫研究院

子 1061

治小兒金鍼一卷

清抄本

中醫研究院

子 1062

兒科金鍼不分卷

清葉□著

清抄本

中醫研究院

子 1063

聞人氏伯圜先生痘疹論三卷

宋聞人規撰

明嘉靖二十一年(1542)劉尚義刻本

十一行二十四字　左右雙邊　白口

18×14.2 釐米

天一閣

子 1064

聞人氏伯圜先生痘疹論三卷附錄一卷

宋聞人規撰

明嘉靖三十三年(1554)張鶚刻本

九行十八字　四周單邊　白口

19.5×15 釐米

天一閣

子 1065

袁氏痘疹叢書五卷

　明袁顥撰　明袁祥增修

　明書林雙峰堂刻本

　十一行二十八字　四周雙邊　白口

　21.7×12.7 釐米

浙圖

子 1066

新校博愛心鑑發明全書三卷

　明魏直撰　明朱惠民發明

　明萬曆三十年（1602）朱惠民刻本

存一卷　一

　九行二十字　左右雙邊　白口

　20.9×13.7 釐米

浙圖

子 1067

仁端錄雜症四卷

　明檇李徐謙輯

　清雍正十一年（1733）海鹽松桂堂抄本

　十二行二十四字　四周單邊　白口

　18.6×11.2 釐米

嘉圖

子 1068

仁端錄雜症四卷痘疹五卷

　明檇李徐謙輯

　清抄本

存六卷　雜症三至四　痘疹一至三　五

　27.6×17.4 釐米

天一閣

子 1069

痘疹世醫心法十二卷格致要論十一卷碎金賦二卷

　明萬全撰

明萬曆十一年（1583）陳允升刻本

　十行二十字　四周雙邊　白口

　21.3×15.1 釐米

浙圖

子 1070

痘疹世醫心法十二卷格致要論十一卷碎金賦二卷

　明萬全撰

　明萬曆二十九年（1601）秦大夔刻本

　十行二十字　四周雙邊　白口

　21.1×14.8 釐米

浙圖

子 1071

痘疹心法二十三卷

　明萬全撰　明翁仲仁輯

　清康熙三十三年（1694）刻本

缺七卷　六　十一至十六

　八行十八字　四周單邊　白口

　21.8×14.7 釐米

溫圖

子 1072

幼科發揮不分卷

　明萬全撰

　清抄本

中醫研院

子 1073

新刊補遺秘傳痘疹全嬰金鏡錄三卷

　明翁仲仁撰　明陸道元補遺　明陸道光參補

新刊小兒雜瘄秘傳便蒙捷法一卷

　明陸金輯

　明萬曆七年（1579）壽春堂刻本

　九行二十字　左右雙邊　白口

　18.3×12.2 釐米

浙圖

子 1074

增補痘疹玉髓金鏡錄四卷

　明翁仲仁撰　明陸道之、陸道興補遺

　清抄本

　　十行二十四字　四周單邊　白口

　　19.5×12 釐米

紹圖

子 1075

萬氏家抄痘疹諸家方論二卷續集一卷

　明鄞縣萬邦孚撰

　明刻本

存二卷　下　續集

　　十行二十字　四周單邊　白口

　　20.8×14 釐米

天一閣

子 1076

疹科真傳一卷

　明呂坤輯

　明萬曆(1573—1620)奎照樓刻本

　　八行十八字　四周單邊　白口

　　20.8×14.6 釐米

浙圖

子 1077

痘疹神應心書一卷

　明柳樊丘撰

　明崇禎二年(1629)刻本

　　八行二十字　左右雙邊　白口

　　20.4×13.5 釐米

天一閣

子 1078

痘疹正宗五卷

　明鄞縣高武撰

　明刻本

存一卷　四

　　十行二十一字　四周單邊　黑口

　　19.3×13.6 釐米

天一閣

子 1079

痘科類編釋意三卷

　明翟良輯

　清康熙三年(1664)刻本

　　九行二十四字　左右雙邊　白口

　　19.5×14.5 釐米

中醫研院

子 1080

聶氏痘門方旨八卷附麻疹痢門方旨一卷

　明聶尚恒撰

　清乾隆十三年(1748)刻本

　　九行二十一字　左右雙邊　白口

　　17.5×11.5 釐米

中醫大

子 1081

活幼心法九卷

　明聶尚恒撰

　清乾隆五十九年(1794)皖江李長根刻本

　　九行二十五字　左右雙邊　白口

　　20×10.5 釐米

中醫大

子 1082

救偏瑣言十卷附備用良方一卷

　清吳興費啓泰撰

　清康熙(1662—1722)文盛堂刻本

　　十行二十字　四周單邊　白口

　　18.3×13.7 釐米

寧圖

子 1083

救偏瑣言十卷

　清吳興費啓泰撰

　清康熙二十七年(1688)惠迪堂刻後印本

　　九行二十字　四周單邊　白口

　　19×13.7 釐米

浙圖　中醫大　中醫研院 *

子 1084

痘學真傳八卷

清葉大椿撰

清康熙(1662—1722)金閶書林刻本

九行二十字　四周雙邊　白口

18.7×14 釐米

浙圖

子 1085

全活萬世書幼科痘疹二卷

清石門勞之成撰

清康熙三十六年(1697)榮觀堂刻本

十一行二十四字　左右雙邊　白口

20.6×14.7 釐米

浙圖

子 1086

痘疹四合全書十卷

清吳學損編

清康熙十五年(1676)刻本

存五卷

痘疹心法秘本三卷

痘疹集團善本一卷

痘疹百問秘本一卷

九行二十字　四周單邊　白口

17.8×13 釐米

中醫研院

子 1087

新刊經驗痘疹不求人方論一卷

清朱棟隆撰

清康熙三十六年(1697)刻本

九行三十字　四周雙邊　白口

19.7×13.3 釐米

寧圖

子 1088

痘科大全三卷

清會稽史錫節撰

清康熙四十六年(1707)尺木堂刻本

九行二十四字　四周雙邊　白口

20×14.5 釐米

中醫研院

子 1089

痘科一得歌訣

清劉企向撰

清雍正五年(1727)刻本

九行二十字　左右雙邊　白口

18.1×13 釐米

寧圖

子 1090

誠書十六卷附誠書痘疹三卷

清嘉興談金章撰

清雍正十一年(1733)刻本

九行二十字　左右雙邊　白口

20.8×14.2 釐米

中醫研院

子 1091

痘疹生民切要二卷圖說一卷

清喻昌嘉撰　清陸師鑑增輯

清乾隆(1736—1795)刻本

十行二十字　四周單邊　白口

18.3×12.7 釐米

寧圖

子 1092

痘疹會通五卷

清曾鼎撰

清乾隆五十一年(1786)忠恕堂刻本

九行二十字　左右雙邊　白口

16.4×12.3 釐米

浙圖　寧圖

子 1093

天花精言六卷

題雙梧主人撰

清乾隆二十年(1755)刻本

九行二十五字　四周單邊　白口

21.5×12.2 釐米

寧圖

子 1094

種痘新書十二卷

清張琰輯

清乾隆五十一年(1786)錫環堂刻本

十行二十四字　左右雙邊　白口

15.5×9.8 釐米

浙圖

子 1095

翁仲仁先生痘科金鏡賦六卷

清俞天池撰

清乾隆五十二年(1787)懷德堂刻本

九行二十四字　四周雙邊　白口

19.6×13.5 釐米

中醫研院

子 1096

俞天池先生痧痘集解六卷

清俞茂鯤撰

清乾隆五十二年(1787)懷德堂刻本

九行二十三字　左右雙邊　白口

19.8×13.3 釐米

浙圖

子 1097

活法啓微三卷

清何鼎亨撰

清乾隆五十二年(1787)陳文盛堂刻本

九行二十字　四周單邊　白口

16.7×12.3 釐米

浙圖

子 1098

重刊痘科扼要不分卷

清陳奇生撰

清乾隆(1736—1795)刻本

九行二十四字　左右雙邊　白口

17×12 釐米

衢博　中醫研院

子 1099

痘科扼要一卷

清陳奇生撰

清抄本

浙圖

子 1100

痘科諸症合參不分卷

清抄本

中醫研院

子 1101

痘瘡方圖藥性全不分卷

清抄本

九行二十五字

中醫研院

子 1102

痘科正傳六卷

清武林沈巨源撰

清抄本　佚名評點

十行二十二字

玉海樓

子 1103

天花心鏡二卷

清抄本

浙圖

祝由科

子 1104

祝由科秘書二卷摘要二卷續集二卷

清抄本

浙圖

養生

子 1105

壽親養老新書四卷

　元鄞縣鄒鉉撰

　清抄本　清胡增彬校並跋

浙圖

子 1106

安老懷幼書四卷

　明劉宇輯

　明弘治十一年（1498）自刻藍印本

　　九行十九字　四周雙邊　黑口

　　20.6×14.7 釐米

天一閣

子 1107

泰定養生主論十六卷

　元王珪撰

　明刻本

　　十行二十字　左右雙邊　白口

　　19×12.5 釐米

天一閣

子 1108

保生心鑑一卷

　明正德（1506—1521）刻本

　　八行十八字　四周雙邊　白口

　　18.6×13.1 釐米

湖博

子 1109

濟生要格□卷

　明杜栓撰

　明刻本

存二卷　三至四

　　十行二十一字　四周單邊　白口

　　19×12.3 釐米

天一閣

子 1110

養生説略二卷

　明萬曆（1573—1620）建邑書林陳氏刻本

　　悟生觀一卷　明洪應明輯

　　養生一卷　明陳凌雲輯

　　八行十八字　四周單邊　白口

浙圖

子 1111

删補頤生微論四卷

　明李中梓撰

　明崇禎（1628—1644）金閶傳萬堂刻本

　　十行二十字　四周單邊　白口

　　19.5×14.5 釐米

天一閣　中醫研院

子 1112

運氣商不分卷

　明武林徐亦穉撰

　明崇禎（1628—1644）刻本

　　九行十九字　四周單邊　白口

　　19.5×13 釐米

中醫大

子 1113

雅尚齋清修妙論十九卷

　明高濂撰

　明萬曆十九年（1591）自刻本

存二卷　一至二

　　九行十八字　四周單邊　白口

　　19.5×13.5 釐米

天一閣

子 1114

新編壽世傳真八卷

　清徐文弼撰

　清乾隆（1736—1795）刻本

　　七行二十二字　四周單邊　白口

　　18.2×14.5 釐米

浙圖

子 1115

同壽錄四卷

清項天瑞撰

清乾隆二十七年(1762)志仁堂刻本

十行二十五字　四周單邊　白口

21.2×14.6 釐米

杭圖

子 1116

寶命真銓四卷

清吳楚輯

清乾隆六十年(1795)刻本

八行二十四字　四周雙邊　白口

20×12 釐米

寧圖

子 1117

壽世新編不分卷

清萬潛齋撰

清抄本

八行字數不一　四周雙邊　白口

17×11.5 釐米

紹圖

子 1118

十二按摩圖法一卷尊生八箋圖一卷節氣圖一卷

清彩繪本

存尊生八箋圖一至七　節氣圖十圖

浙圖

子 1119

養生彙抄不分卷

清抄本

浙圖

子 1120

易筋經一卷

題唐釋般剌密帝譯義

清抄本

浙圖

子 1121

易筋經一卷

題隋達摩撰

清抄本

溫圖

史傳

子 1122

醫說十卷

宋張杲撰

明嘉靖二十二年(1543)張子立刻本

十行二十字　左右雙邊　白口

19.5×14.5 釐米

天一閣

子 1123

醫說十卷

宋張杲撰　明王肯堂續輯

續醫說十卷

明王肯堂撰

明萬曆(1573—1620)刻本　佚名批注

十行二十字　四周雙邊　白口

20.5×13.6 釐米

浙圖

子 1124

醫說十卷

宋張杲撰

明馮永治刻本

十一行二十字　四周單邊　白口

17.8×13.8 釐米

天一閣

子 1125

醫學統旨六卷

明葉文齡撰

明嘉靖十四年(1535)胡體乾刻本

十行二十字　四周單邊　白口

醫家類

21.8×15.5 釐米

天一閣

子 1126

新編醫學正傳八卷

明義烏虞搏撰

明嘉靖（1522—1566）刻本

十二行二十四字　四周單邊　白口

18.6×12.6 釐米

杭圖

子 1127

新編醫學正傳八卷

明義烏虞搏輯

明萬曆六年（1578）邊有猷刻本

九行二十字　四周雙邊　白口

21.4×14.4 釐米

浙圖

子 1128

醫藏書目錄一卷

明殷仲春輯

清抄本

浙圖

子 1129

高士宗醫學真傳不分卷

清高世栻撰

清抄本　佚名批校

中醫研院

子 1130

古今醫史七卷續增二卷附案一卷

清王宏翰輯

清抄本

浙圖

子 1131

古今醫史七卷續增二卷附案一卷

清王宏翰輯

清抄本

浙圖

醫案

子 1132

醫案全書不分卷

宋朗懷撰

清抄本　佚名評注

中醫研院

子 1133

名醫類案十二卷

明江瓘輯

明萬曆十九年（1591）刻本

缺五卷　一至三　七　十二

十行二十三字　四周單邊　白口

20.3×13 釐米

杭圖

子 1134

名醫類案十二卷

明江瓘輯

清乾隆三十五年（1770）鮑廷博知不足齋
刻本

十行二十三字　左右雙邊　白口

19×14.3 釐米

浙圖　寧圖　中醫大　中醫研院

子 1135

兩都醫案二卷

明倪士奇撰

明崇禎（1628—1644）刻本

八行十八字　四周單邊　白口

21×14.5 釐米

浙圖

子 1136

丹臺玉案六卷

明孫文胤撰

清五鳳樓刻本

九行二十字　四周單邊　白口

20.5×13.5 釐米

寧圖　中醫大

醫家類

子 1137

寓意草不分卷

清喻昌撰

明崇禎十六年(1643)刻本

九行二十字　左右雙邊　白口

19.1×14.2 釐米

浙圖　中醫大

子 1138

寓意草不分卷

清喻昌撰

清康熙(1662—1722)刻本

十行二十字　四周雙邊　白口

17.6×13.6 釐米

寧圖

子 1139

李氏醫鑑十卷

清李文來輯

續補雜方二卷三焦命門辯一卷

清汪昂著

清康熙三十五年(1696)刻本

九行二十三字　四周單邊　白口

19.5×14.5 釐米

浙圖

子 1140

鄭素圃先生醫案二十三卷

清鄭重光撰

清康熙五十五年(1716)秩斯堂刻本

存十二卷

　　傷寒論條辨續注十二卷　明方有執撰　清

　　鄭重光續注

九行十七字　四周單邊　白口

18.8×13 釐米

中醫大

子 1141

臨證指南□卷

清楊雲峰撰

清乾隆(1736—1795)衛三堂刻本

九行二十字　四周雙邊　黑口

19.5×14 釐米

中醫大

子 1142

臨證指南醫案十卷

清葉桂撰

清乾隆二十九年(1764)武林文苑堂刻本

　　茗溪漫士臨批注

兩欄　下欄十行二十二字　左右雙邊　白口

14×9.8 釐米

溫圖

子 1143

臨證指南醫案十卷

清葉桂撰

清乾隆二十九年(1764)武林文苑堂刻本

　　曹海槎錄清徐大椿、清沈芳廷、清樂真

　　等批

浙圖

子 1144

**臨證指南醫案十卷附種福堂公選溫熱論醫
案四卷**

清葉桂撰

清乾隆三十一年(1766)刻朱墨套印本

十行二十二字　左右雙邊　白口

19×13.5 釐米

寧圖　中醫研院＊

子 1145

臨證指南醫案十卷

清葉桂撰

清乾隆三十三年(1768)衛生堂刻本

兩欄　下欄十行二十二字　左右雙邊　白口

19×13.5 釐米

浙圖　寧圖　海寧圖　中醫大

子 1146

臨證指南醫案十卷

　　清葉桂撰

　　清乾隆三十三年(1768)衛生堂刻本　佚

　　　名錄清徐大椿、王半霞批校

浙圖

子 1147

臨證指南醫案十卷

　　清葉桂撰

　　清乾隆三十三年(1768)衛生堂刻本　程

　　　文囿校並錄清徐大椿批

浙圖

子 1148

臨證指南醫案十卷

　　清葉桂撰

　　清乾隆三十三年(1768)衛生堂刻本　佚

　　　名錄清徐大椿評點

中醫研院

子 1149

臨證指南醫案續編四卷

　　清葉桂撰

　　清抄本

浙圖

子 1150

古今醫案十卷

　　清嘉善俞震撰

　　清乾隆四十三年(1778)酌古堂刻本

　　　十行二十三字　左右雙邊　黑口

　　　18.5×14 釐米

浙圖

子 1151

立齋醫案疏四卷附方一卷

　　清錢臨疏　清錢本瑜輯注

清乾隆四十七年(1782)刻本

　　九行二十二字　四周單邊　白口

　　17.8×12 釐米

浙圖　寧圖　中醫大

子 1152

新安醫案摘錄一卷廣陵醫案摘錄一卷

　　清汪延元撰

　　清乾隆四十七年(1782)刻本　佚名批注

　　九行二十字　四周單邊　白口

　　17.7×11.8 釐米

中醫研院

子 1153

靜香樓醫案一卷

　　清尤怡撰

　　清會稽趙彥暉抄本

　　九行十九字　四周單邊　白口

　　13.2×9.3 釐米

中醫大

子 1154

靜香樓醫案一卷

　　清尤怡撰　清柳冠群評選

　　清抄本

浙圖

子 1155

張夢廬學博醫案二卷

　　清桐鄉張千里撰

　　清宋汝抄本

中醫大

子 1156

邵蘭蓀醫案一卷

　　清山陰邵蘭蓀撰

　　稿本

中醫大

123

子 1157

心太平軒醫案一卷

　清徐錦撰

　清抄本　徐元亮、徐康跋

浙圖

子 1158

王氏醫案三編三卷

　清海寧王士雄撰

　清抄本

浙圖

子 1159

吳鞠通先生醫案不分卷

　清吳瑭撰

　抄本

浙圖

醫話

子 1160

吳氏醫學述五種

　漢張機撰　清喻昌注　清吳儀洛輯

　清乾隆三十一年(1766)硤川利濟堂刻本

存二十二卷

　　第四種成方切用十二卷

　　第五種傷寒分經十卷

　　九行十九字　左右雙邊　白口

　　18.7×14 釐米

浙圖 *　寧圖 *　中醫大 *　中醫研院 *

子 1161

明醫雜著一卷續一卷

　明慈谿王綸撰

　明弘治十五年(1502)刻本

　　十行二十一字　四周雙邊　黑口

　　23.5×14.6 釐米

浙圖

子 1162

明醫雜著二卷

　明慈谿王綸撰　明薛己注　明王朝補遺

　明嘉靖三十一年(1552)王朝刻本

存一卷　上

　　十行二十字　四周單邊　白口

　　19.7×13.3 釐米

天一閣

子 1163

醫學指南四卷

　明高銘撰

　明刻本

缺一卷　四

　　九行二十字　四周單邊　白口

　　20×13.2 釐米

天一閣 *

子 1164

質疑錄二卷

　明會稽張介賓撰

　清抄本

中醫研院

子 1165

芷園臆草不分卷

　明錢塘盧復撰

　清抄本　佚名跋

中醫研院

子 1166

醫林一致五卷

　清駱登高撰

　清康熙四十二年(1703)敬慎堂刻本

　　十行二十四字　左右雙邊　黑口

　　19.2×14.7 釐米

天一閣

子 1167

醫暇厄言二卷

清程林輯

清康熙十六年(1677)刻本

八行二十字　四周單邊　白口

19×12.5 釐米

浙圖

子 1168

名醫疑問集不分卷

清抄本

中醫大

子 1169

重慶堂隨筆不分卷

清王秉衡撰

清抄本

中醫研院

子 1170

泗源先生岐黃餘議不分卷

清泗源撰

清抄本　佚名批校

中醫研院

子 1171

醫學讀書記三卷續記一卷

清尤怡撰

清抄本

浙圖

子 1172

醫學精言不分卷

清抄本

浙圖

子 1173

醫腋不分卷

清張方泌輯

清抄本(有圖)

浙圖

綜論

子 1174

褚氏遺書一卷

南齊褚澄撰

清有餘師齋抄本

浙圖

子 1175

重刊巢氏諸病源候總論五十卷目錄一卷

隋巢元方撰

明汪氏主一齋刻本

存九卷　十四至二十一　目錄

十行十九字　左右雙邊　白口

18.5×12.6 釐米

天一閣

子 1176

三因極一病源論粹十八卷

宋陳言撰

清抄本

存二卷　十三至十四

九行二十字　四周單邊　黑口

17.8×12.1 釐米

天一閣

子 1177

衛生寶鑑二十四卷

元羅天益輯

補遺一卷

明永樂十五年(1417)韓彝刻明重修本

十二行二十二字　四周雙邊　黑口

21×14.5 釐米

浙圖

子 1178

重訂丹溪心法三卷附錄一卷

元義烏朱震亨撰　明程充重訂

明嘉靖(1522—1566)刻本

缺二卷 二 附錄

十行二十字 四周單邊 白口

20.5×14 釐米

天一閣 *

子 1179

新刊丹溪先生心法五卷

元義烏朱震亨撰 明程充重訂

附錄一卷

明刻本

十行二十二字 四周單邊 白口

17.3×12.1 釐米

浙圖

子 1180

丹溪先生醫書纂要二卷

元義烏朱震亨撰 明東陽盧和注

明成化(1465—1487)刻本

存三十二葉 卷上葉一至六 卷下葉三十

六至六十一

十行二十字 四周單邊 白口

20×14.5 釐米

紹圖

子 1181

丹溪先生醫書纂要八卷

元義烏朱震亨撰 明東陽盧和注

明嘉靖(1522—1566)刻本

存一卷 三

十行二十字 四周單邊 白口

20×14.2 釐米

天一閣

子 1182

易庵先生編注丹溪纂要四卷

元義烏朱震亨撰 明東陽盧和注

明嘉靖二十六年(1547)盧堯亮刻本

十行二十二字 四周單邊 白口

18.8×13.4 釐米

天一閣

子 1183

新刊明醫攷訂丹溪心法大全八卷

元義烏朱震亨撰

明萬曆元年(1573)熊冲宇刻本

十一行二十五字 四周單邊 白口

19.8×12.5 釐米

杭圖

子 1184

丹溪心法附餘二十四卷首一卷

明方廣輯

明嘉靖十五年(1536)姚文清、陳講刻公

文紙印本

十二行二十七字 四周單邊 白口

20.7×14.9 釐米

浙圖

子 1185

丹溪心法附餘二十四卷首一卷

明方廣輯

明葉覿刻本

十行二十二字 四周單邊 白口

18.9×14 釐米

浙圖

子 1186

丹溪心法附餘二十四卷首一卷

明方廣撰

明金陵書林唐鯉耀刻本

十一行二十六字 四周單邊 白口

21.8×14 釐米

紹圖

子 1187

丹溪心法附餘二十四卷首一卷

明方廣撰

明刻本

存十卷 六至八 十一 十三至十六 二

十一至二十二

十二行二十七字　四周單邊　白口

20.3×14.8 釐米

天一閣

子 1188

丹溪心法附餘二十四卷首一卷

明方廣撰

清乾隆六十年(1795)大文堂刻本

缺二卷　首　二十四

十一行二十六字　四周單邊　白口

21×13.9 釐米

衢博 *　中醫大 *

子 1189

丹溪摘玄二十卷

明抄本

十一行字數不一　四周單邊　白口

20×13.7 釐米

天一閣

子 1190

編註醫學入門內集七卷首一卷

明李梴撰

明崇禎九年(1636)刻本

九行二十二字　四周單邊　白口

22.6×14.3 釐米

浙圖

子 1191

秘傳證治要訣十二卷

明戴元禮撰

明正統八年(1443)陳巏刻本　清沈閶峴
跋

存二卷　一至二

十行三十字　四周雙邊　黑口

21.9×13.9 釐米

浙圖

子 1192

玉機微義五十卷

明徐彥純撰　明劉純續

明正統四年(1439)陳有戒刻本

存七卷　十五至十八　二十九至三十　五
十

十行二十至二十四字不等　四周雙邊　黑口

22.3×15.3 釐米

天一閣

子 1193

玉機微義五十卷

明徐彥純撰　明劉純續

明黃焯刻藍印本

存三十五卷　十至二十　二十七至五十

十行二十一字　四周單邊　白口

20.3×13.5 釐米

天一閣

子 1194

醫經小學六卷

明劉純撰

明正統三年(1438)陳有戒刻本

存三卷　四至六

十一行二十四字　四周雙邊　黑口

23.2×15.5 釐米

天一閣

子 1195

醫論問答一卷

明慈谿王綸撰

明嘉靖(1522—1566)刻本

十行二十一字　四周單邊　黑口

22.5×14.6 釐米

浙圖

子 1196

原病集六卷

明唐椿撰

明崇禎六年(1633)唐敏學刻本

存五卷　要法上　鈐法二卷　鈐方二卷

九行十八字　四周雙邊　白口

19.2×12.9釐米

浙圖

子1197

原病集六卷

明唐椿撰

明崇禎六年(1633)唐敏學刻本　佚名補
注

中醫研院

子1198

古今醫統大全一百卷

明徐春甫輯

明刻本〔卷十三、二十四、三十四、九十
一、九十三、九十六至九十七配清抄
本〕

十行二十六字　四周單邊　白口

19.8×13.7釐米

浙圖

子1199

古今醫鑑十六卷

明龔信輯

明萬曆(1573—1620)刻本

存一卷　四

十三行二十六字　邊欄不一　黑口

21.2×14釐米

天一閣

子1200

王宇泰先生訂補古今醫鑑十六卷

明龔信輯　明龔廷賢續　明王肯堂訂補

明萬曆(1573—1620)刻清修本

十行二十字　四周單邊　白口

20.9×13.7釐米

海寧圖

子1201

赤水玄珠三十卷醫案五卷醫旨緒餘二卷

明孫一奎撰

明萬曆二十四年(1596)孫泰來、孫朋來
刻本

九行十九字　四周單邊　白口

19.2×13釐米

杭圖＊　紹圖＊　玉海樓＊　中醫研院

子1202

赤水玄珠三十卷醫案五卷醫旨緒餘二卷

明孫一奎撰

明萬曆二十四年(1596)孫泰來、孫朋來
刻清初重修本

浙圖　溫圖＊　天一閣

子1203

醫宗粹言十四卷

明羅周彥撰

明萬曆四十年(1612)何敬塘刻本

十行二十字　四周雙邊　白口

21×14.6釐米

浙圖

子1204

廣筆記十四卷炮灸大法一卷用藥凡例一卷

明繆希雍撰　明吳興丁元薦輯

明天啓二年(1622)莊綏光刻本　朱鼎煦
跋

十行二十字　四周雙邊　白口

21.2×15釐米

天一閣

子1205

先醒齋筆記三卷

明繆希雍撰　明吳興丁元薦輯

明崇禎十五年(1642)李枝刻本

十行二十字　左右雙邊　白口

21.4×15.1釐米

浙圖　中醫大

子 1206

刻醫無閭子醫貫六卷

明鄞縣趙獻可撰

明書林張起鵬刻本

存五卷 一至五

九行十八字 四周單邊 白口

21.5×14.3 釐米

浙圖

子 1207

醫貫六卷

明鄞縣趙獻可撰

明崇禎(1628—1644)刻本 佚名批校

九行十八字 左右雙邊 白口

18×13.4 釐米

浙圖

子 1208

醫貫六卷

明鄞縣趙獻可撰 清石門呂留良評

清康熙(1662—1722)天蓋樓刻本

九行十八字 左右雙邊 白口

17.8×13.5 釐米

浙圖 海寧圖* 天一閣

子 1209

雪潭居醫約八卷

明陳澈撰

明崇禎十四年(1641)自刻本

十行二十二字 四周單邊 白口

22.6×13.5 釐米

浙圖

子 1210

醫宗必讀十卷

明李中梓撰

清尚有堂刻本

缺一卷 五

十一行二十七字 四周單邊 白口

20×13 釐米

嘉圖

子 1211

醫宗必讀十卷

明李中梓撰

清乾隆二十一年(1756)刻本

十一行二十四字 四周單邊 白口

19×13.3 釐米

溫圖

子 1212

醫學彙函十三卷卷首一卷

明聶尚恒撰

明末帶月樓刻本

十行二十二字 四周單邊 白口

22×13.5 釐米

寧圖

子 1213

新刻聶久吾先生醫學彙函十三卷首一卷

明聶尚恒撰

明崇禎(1628—1644)躍劍山房刻本

缺二卷 十二至十三

十行二十二字 四周單邊 白口

22.4×13.6 釐米

浙圖

子 1214

新刻醫彙十二卷

明徐爾貞輯

明崇禎(1628—1644)刻本

九行二十字 左右雙邊 白口

20.5×13.6 釐米

浙圖

子 1215

醫宗摘要四卷

明薛己撰 明秀水黄承昊評輯

清乾隆(1736—1795)刻本

九行十九字 左右雙邊 白口

醫家類

17.8×13.7 釐米

寧圖

子 1216

醫驗大成不分卷

明秦昌遇撰

清初抄本

中醫大

子 1217

蒼生司命八卷首一卷

明義烏虞摶輯　清錢塘徐開先校

清乾隆元年（1736）懷德堂刻本

八行二十字　四周雙邊　白口

19.1×11.8 釐米

浙圖

子 1218

證治百問四卷

清劉默撰

清康熙十二年（1673）頤志堂刻本

浙大

子 1219

證治彙補八卷

清李用梓撰

清康熙三十年（1691）舊德堂刻本

十行二十字　左右雙邊　白口

19.4×13.8 釐米

天一閣

子 1220

沈朗仲先生病機彙論十八卷

清沈頤撰

清康熙五十二年（1713）觀成堂刻本

九行二十字　左右雙邊　白口

18.9×12.6 釐米

浙圖

子 1221

沈朗仲先生病機彙論十八卷

清沈朗仲撰

清姜本位抄本

中醫大

子 1222

石室秘籙六卷

清山陰陳士鐸撰

清康熙二十六年（1687）綠蔭堂刻本

缺二卷　二　六

十行二十五字　左右雙邊　白口

19.7×14.7 釐米

天一閣

子 1223

石室秘籙六卷

清山陰陳士鐸撰

清康熙二十八年（1689）刻本

十行二十四字　四周單邊　白口

22.3×14.5 釐米

溫圖

子 1224

石室秘籙六卷

清山陰陳士鐸撰

清雍正八年（1730）萱永堂刻本

十行二十五字　左右雙邊　白口

19.7×14.2 釐米

浙圖　中醫研院

子 1225

證治合參十八卷

清葉盛篆輯

清雍正（1723—1735）刻本

十行二十四字　左右雙邊　白口

20.3×15 釐米

寧圖

子 1226

醫學心悟六卷首一卷

　清程鍾齡著

　清雍正十年(1732)慎德堂刻本

　　十行二十四字　四周單邊　白口

　　20.1×13.9 釐米

衢博

子 1227

醫碥七卷

　清何夢瑤輯

　清乾隆十六年(1751)刻本

　　十行二十一字　左右雙邊　白口

　　18×12.8 釐米

浙圖

子 1228

醫級十卷首一卷末一卷

　清錢塘董西園撰

　清乾隆四十二年(1777)刻本

　　九行二十二字　四周單邊　白口

　　20×13.9 釐米

浙圖

子 1229

經驗廣集四卷

　清李文炳撰

　清乾隆四十三年(1778)椿蔭堂刻本

　　九行二十二字　左右雙邊　白口

　　19.5×13 釐米

浙圖　中醫研院

子 1230

羅氏會約醫鏡二十卷

　清羅國綱輯

　清乾隆五十四年(1789)大成堂刻本

　　九行二十四字　四周單邊　白口

　　20.5×13 釐米

寧圖　中醫研院

子 1231

吳醫彙講十一卷

　清唐大烈撰

　清乾隆五十七年(1792)校經山房刻本

　　九行二十字　四周雙邊　黑口

　　16.9×11.7 釐米

寧圖　湖博　中醫大　中醫研院

子 1232

吳醫彙講十一卷

　清唐大烈撰

　清乾隆五十七年(1792)上海校經山房刻

　　嘉慶十九年(1814)重修本

浙圖　溫圖

子 1233

高鼓峰醫論一卷

　清高鼓峰撰

　清抄本

中醫研院

子 1234

醫林新論不分卷

　清陸圻撰

　清抄本　陳燦跋

中醫研院

子 1235

葉天士景岳全書發揮摘要一卷

　清抄本

浙圖

子 1236

醫家要訣不分卷

　清黃以德輯　清黃希文補遺

　清抄本

浙圖

子 1237

醫書集錦六卷

　清題紫紳抄本

　　23×13 釐米

餘杭圖

子 1238

古今名醫彙粹八卷

　清羅美輯並評

　清抄本

　　25.6×16.5 釐米

天一閣

子 1239

醫學心傳不分卷

　清抄本

浙圖

天文算法類

天文

子 1240

周髀算經二卷

　題漢趙君卿注　北周甄鸞重述　唐李淳

　　風等注釋

音義一卷

　宋李籍撰

數術記遺一卷

　題漢徐岳撰　北周甄鸞注

　明趙開美刻本

存周髀算經二卷

　　九行十八字　左右雙邊　白口

　　19.8×14 釐米

浙圖

子 1241

天文廣志五十二卷

　題元窺天子輯

明抄本

缺二卷　七至八

浙圖

子 1242

重刊革象新書二卷

　元趙友欽撰

　清抄本

浙圖

子 1243

天象玄機八卷

　明姚廣孝撰

　清雍正三年(1725)瑤草山房抄本

浙圖

子 1244

天象玄機八卷

　明姚廣孝撰

　清抄本

浙大

子 1245

象學十四卷

　題明錦里山人撰

　清抄本

浙圖

子 1246

天心復要不分卷

　明鮑泰撰

　明抄本

　　十行字數不一　左右雙邊　白口

　　20.2×15.3 釐米

天一閣

子 1247

歷代玉曆賦占不分卷

　清抄彩繪本

浙圖

子 1248

渾蓋通憲圖説二卷首一卷

　明仁和李之藻撰　明汪極繪圖

　明萬曆三十五年(1607)樊良樞刻本

　　九行十八字　四周雙邊　白口

　　23.6×12.5 釐米

浙圖

子 1249

表度説一卷

　意大利熊三拔口授　明慈水周子愚、武

　　林卓爾康筆述

　明萬曆(1573—1620)刻本

　　十行二十二字　左右雙邊　白口

　　21.3×14.1 釐米

浙圖

子 1250

重刻曆體略三卷

　明王英明撰

　清順治三年(1646)刻本

　　九行二十一字　左右雙邊　白口

　　18.3×12.5 釐米

浙大

子 1251

天官圖不分卷

　明鑒湖張汝璧撰

　清咸豐三年(1853)來憲伊抄本

浙圖

子 1252

天文圖説不分卷

　明袁啓輯

　明抄本

浙圖

子 1253

周年星盤指掌圖十二幅

　清初繪本

嘉圖

子 1254

經天訣一卷

　清初抄本

浙圖

子 1255

新製靈臺儀象志十六卷

　比利時南懷仁撰

　清康熙(1662—1722)刻本

缺二卷　十五至十六

　　九行十八字　左右雙邊　白口

　　19.8×14.8 釐米

浙圖

子 1256

御製律曆淵源一百卷

　清允祿、允祉纂修

　清雍正二年(1724)內府刻本

　　御製曆象考成上編十六卷下編十卷表十六

　　　卷

　　御製律呂正義上編二卷下編二卷續編一卷

　　御製數理精蘊上編五卷下編四十卷表八卷

　　九行二十字　四周雙邊　白口

　　27×14.5 釐米

浙圖　天一閣 *

子 1257

天元曆理全書十二卷首一卷

　清徐發撰

　清康熙(1662—1722)刻本

　　十行二十一字　四周單邊　白口

　　19.8×14.5 釐米

嘉圖

子 1258

欽定儀象考成三十卷首二卷

　清允祿等撰

　清乾隆二十一年(1756)武英殿刻本

九行二十字　四周雙邊　白口
20.8×14.6釐米
浙圖　衢博

子 1259
乾象坤圖格鏡十八卷附授時曆要法一卷
　　清王宏翰撰
　　稿本
浙大

子 1260
渾天壹統星象全圖論一卷附閏月定時成歲
之圖璿璣玉衡圖七政之圖六律六呂圖
　　清松濤撰
中星定時一卷星圖一卷
　　清梅文鼎撰
　　清抄本
浙大

子 1261
周天星位經緯宿度考不分卷
　　清抄本
浙圖

子 1262
三才實義天集二十卷
　　清周于漆撰
　　清乾隆二十年(1755)湯滏抄本　清湯滏
　　　跋
浙圖

子 1263
天學札記二卷
　　清朱駿聲撰
　　稿本
浙圖

子 1264
天學札記不分卷
　　清朱駿聲撰

稿本
浙圖

子 1265
金朗秋寫星躔圖不分卷附赤道南北圖日蝕
月蝕圖一卷
　　清金蟾珍繪
　　稿本　清金次咸跋
浙圖

子 1266
杭州各節氣晨昏矇影限表一卷
　　清湯仰暉撰
　　稿本
杭圖

子 1267
窺天史纂三卷
　　清寧波馮煐撰
　　清抄本
十行字數不一　四周單邊　白口
22.6×13釐米
天一閣

子 1268
萬青樓經星譜一卷
　　清姚江邵昂霄撰
　　清抄本
浙圖

子 1269
天象源委二十卷
　　清仁和張永祚撰
　　清抄本
浙圖

子 1270
氐宿總論不分卷
　　清抄本
浙圖

子 1271

觀星要纂一卷

　清羅士琳撰

　清抄本

浙圖

子 1272

彩繪天象圖不分卷

　清孫爽撰

　清嘉慶（1796—1820）彩繪本

　19.2×12.6 釐米

天一閣

子 1273

天文秘旨五卷

　清道光二十二年（1842）豐烈抄本　清豐

　　烈跋

浙圖

曆法

子 1274

授時曆法撮要一卷

　明長興顧應祥撰

　明嘉靖（1522—1566）刻本

　十行二十四字　上下雙邊　白口

　20×15.1 釐米

天一閣

子 1275

新鐫臺監曆法增補應福通書□□卷首三卷

　明建邑書林熊氏種德堂刻本

存五卷　三十三至三十七

　十五行三十二字　四周單邊　白口

　20.9×12.7 釐米

浙圖

子 1276

古今律曆考七十二卷

　明邢雲路撰

　明萬曆二十七年（1599）徐安刻本

　九行十八字　四周單邊　白口

　20.7×14.4 釐米

浙圖

子 1277

萬年曆□卷

　明嘉靖（1522—1566）刻本

存一卷　上

　十行二十九字　四周雙邊　白口

　17.7×11.5 釐米

天一閣

子 1278

萬年曆歌節解一卷

　清抄本

浙圖

子 1279

曆學駢枝四卷

　清梅文鼎撰

　清康熙元年（1662）刻本

　十一行二十四字　四周雙邊　白口

　19.5×13.9 釐米

浙圖

子 1280

曆學疑問三卷

　清梅文鼎撰

　清康熙（1662—1722）刻本

　八行二十二字　四周單邊　白口

　18.4×11.7 釐米

浙圖

子 1281

補修宋金六家術六卷

　清李銳撰

　清抄本　清瑞安孫詒讓跋

溫圖

子 1282

明史曆志八卷

清餘姚黃百家撰

清抄本

19×15.5 釐米

紹圖

子 1283

御定萬年書一卷歷代三元甲子編年一卷

清欽天監編　清劉茂光增補

清乾隆（1736—1795）刻本

四周雙邊　白口

21.6×14.4 釐米

浙圖 *　浙大

子 1284

曆象本要一卷

清楊文言撰

清抄本

浙大

子 1285

六曆甄微不分卷

清瑞安孫詒讓撰

清光緒元年（1875）稿本

十二行二十四字　左右雙邊　藍口

16.7×11.9 釐米

浙大

子 1286

閏八月考三卷

清王錫祺輯

稿本

浙圖

子 1287

曆書序説一卷

清抄本　佚名批校並評點

浙圖

子 1288

授時術增解一卷

清抄本

浙圖

子 1289

五星日月交食坤輿圖視差全分演算法圖解八卷

清抄本

浙圖

子 1290

西洋新法曆書□□卷

明徐光啓、李天經編

明崇禎（1628—1644）刻本

存二卷

　　古今交食考一卷　德國湯若望撰　意大利羅雅谷訂

　　日躔曆指一卷　意大利羅雅谷撰　德國湯若望訂

　　九行二十字（古）九行二十二字（日）　左右雙邊　白口

　　20.5×14.8 釐米

浙圖

子 1291

西洋新法曆書□□卷

明徐光啓、李天經編

明崇禎（1628—1644）刻清順治（1644—1661）康熙（1662—1722）續刻本

寧圖

子 1292

大明嘉靖九年歲次庚寅大統曆一卷

明嘉靖（1522—1566）刻本

十七行字數不一　左右雙邊　黑口

25.4×14.3 釐米

浙博

子 1293

大明嘉靖十年歲次辛卯大統曆一卷

明嘉靖(1522—1566)刻本

十七行字數不一　四周單邊　黑口

浙博

子 1294

大明嘉靖十八年歲次己亥大統曆一卷

明嘉靖(1522—1566)刻本

十七行四十二至四十五字不一　左右雙邊　黑口

25.4×14.3釐米

浙圖

子 1295

大明嘉靖十九年歲次庚子大統曆一卷

明嘉靖(1522—1566)刻本

十七行四十二至四十五字不一　左右雙邊　黑口

24.2×14.3釐米

浙圖

子 1296

殘明大統曆不分卷附宰輔年表一卷

清傅以禮撰

稿本　清俞人蔚跋

杭圖

子 1297

萬年書十二卷

清武英殿刻本

九行二十字　四周雙邊　白口

21×14.8釐米

浙圖

子 1298

大清乾隆四十三年歲次戊戌時憲書一卷

清乾隆(1736—1795)刻套印本

十六行字數不一　四周雙邊　黑口

20×13.8釐米

天一閣

算書

子 1299

九章算術九卷

魏劉徽注　唐李淳風等注釋

音義一卷

宋李籍撰

清乾隆四十二年(1777)武英殿刻本　清瑞安孫詒讓批校

九行二十一字　四周雙邊　白口

18.4×12.5釐米

浙大

子 1300

五經算術二卷

北周甄鸞撰　唐李淳風注

清乾隆(1736—1795)刻本

十行二十一字　左右雙邊　黑口

18×13.3釐米

平湖圖

子 1301

緝古算經三卷

唐王孝通撰

清嘉慶八年(1803)學軒刻本

十行十八字　左右雙邊　黑口

20.4×15.7釐米

溫圖

子 1302

新編算學啓蒙三卷總括一卷

元朱世傑撰　清羅士琳附釋　清鄒祖蔭注

稿本

浙圖

子 1303

測圓海鏡分類釋術十卷測圓算術四卷勾股算術二卷弧矢算術一卷方圓術一卷

明長興顧應祥撰

天文算法類

明嘉靖（1522—1566）刻本

十行二十二字　四周單邊　白口

20.1×15.4 釐米

浙圖

子 1304

測圓海鏡分類釋術十卷弧矢筭術一卷方圓
**　術一卷勾股筭術二卷測圓筭術四卷**

明長興顧應祥撰

清抄本

浙圖

子 1305

勾股算術不分卷

明刻本

十行十一字　四周單邊　黑口

19.5×13.8 釐米

浙圖

子 1306

神道大編曆宗算會十五卷

明山陰周述學撰

清抄本

浙圖

子 1307

直指算法統宗九卷首一卷末一卷

明程大位撰

清抄本

浙圖

子 1308

同文算指前編二卷通編八卷

意大利利瑪竇口譯　明仁和李之藻演

明萬曆四十二年（1614）汪汝淳、王嗣虞、
　葉一元刻本

十行二十二字　四周雙邊　白口

22.7×14.9 釐米

浙圖＊　溫圖＊

子 1309

測量法義一卷

意大利利瑪竇口譯　明徐光啓筆受

測量異同一卷

明徐光啓撰

清抄本　佚名批

浙大

子 1310

度測二卷

明嘉興陳藎謨撰

清抄本

天一閣

子 1311

御製數理精蘊上編五卷下編四十卷表八卷

清允祿、允祉纂修

清初刻本

存二十三卷　上篇二至五　下篇一至九
　十一至二十

九行十五字　左右雙邊　白口

20.8×14.7 釐米

義烏圖

子 1312

數學鑰六卷

清杜知耕撰

清抄本

十行二十字

17.7×17.5 釐米

海寧圖

子 1313

兼濟堂纂梅勿庵先生曆算全書六卷

清梅文鼎撰　清魏荔彤輯　清楊作枚訂
　補

清康熙（1662—1722）抄本

浙圖

子 1314

兼濟堂纂刻梅勿庵先生曆算全書七十五卷

　清梅文鼎撰

　清雍正（1723—1735）刻本

缺十六卷

　　曆學疑問三卷

　　交食蒙求一卷

　　揆日候星紀要一卷

　　曆學駢枝二卷

　　度算釋例二卷

　　方程論六卷

　　少廣拾遺一卷

　　十一行二十四字　四周雙邊　白口

　　19×13.9 釐米

嘉圖

子 1315

梅氏叢書輯要六十二卷

　清梅文鼎撰　清梅瑴成輯

　清乾隆二十六年（1761）刻本

　　筆算五卷附方田通法古算器考

　　籌算二卷

　　度算釋例二卷

　　少廣拾遺一卷

　　方程論六卷

　　句股舉隅一卷

　　幾何通解一卷

　　平三角舉要五卷

　　方圓冪積一卷

　　幾何補編四卷

　　弧三角舉要五卷

　　環中黍尺五卷

　　塹堵測量二卷

　　曆學駢枝五卷

　　曆學疑問三卷補二卷

　　交食四卷

　　七政二卷

　　　細草補注一卷

　　　火星本法圖説七政前均簡法上三星軌蹟

　　　　成繞日圓像五星管見一卷

　　揆日紀要一卷

　　恒星紀要一卷

　　曆學答問一卷

　　雜著一卷

　　附二卷

　　　赤水遺珍一卷

　　　操縵巵言一卷

　十一行二十四字　四周雙邊　白口

　19.4×13.4 釐米

浙圖

子 1316

西洋算法大全四卷

　清程祿輯

　清乾隆四年（1739）務尚堂刻本

　十行二十三字　左右雙邊　黑口

　18×13.7 釐米

浙圖

子 1317

數學舉要十四卷

　清陳世明撰

　清抄本

浙圖

子 1318

九數通考十一卷首一卷末一卷

　清屈曾發輯

　清乾隆三十七年（1772）豫簪堂刻本

　十八行二十四字　左右雙邊　白口

　20.8×15 釐米

浙圖　溫圖*

子 1319

勾股割圜記三卷

　清戴震撰

　清乾隆（1736—1795）刻本

　十一行二十一字　左右雙邊　白口

　19.3×14 釐米

浙圖

術數類

子 1320

割圓密率捷法四卷

　清明安圖撰　清陳際新續

　清抄本　佚名批

浙圖

子 1321

測圓圖解不分卷

　清錢塘戴源撰

　清抄本

浙圖

子 1322

如積引蒙八卷

　清烏程汪曰楨撰

　清抄本

浙圖

子 1323

方田易知一卷

　清鎮海蔣德鋐撰

　稿本

浙圖

子 1324

推算要略一卷

　清祁敬撰

　清抄本

浙圖

子 1325

星算補遺一卷

　清臨海董毓琦撰

　稿本

浙圖

子 1326

皇朝輿地北極高度表一卷

　清劉其暉撰

　清抄本

浙圖

子 1327

算觽二卷

　清秀水陶葆廉撰

　清末稿本

嘉圖

子 1328

學算佩觽一卷

　清秀水陶葆廉撰

　清光緒十五年(1889)稿本

嘉圖

術數類

數學

子 1329

選擇叢書集要二十八卷

　明江之棟輯

　明崇禎五年(1632)尚白齋刻本

　　元經十卷　晉郭璞撰　晉趙載注

　　尅擇璇璣經集註一卷　晉趙載撰　明吳公
　　遂輯

　　陽明按索五卷　明陳心復撰　明陳漢卿補
　　注

　　佐玄直指圖解九卷　明青田劉基撰

　　陰陽寶海三元玉鏡奇書三卷　元釋幕講撰

　十行二十二字　四周單邊　白口

　19.5×14.4釐米

浙圖　天一閣＊

子 1330

陰陽五要奇書三十卷

　明江之棟輯　清顧鶴庭重輯

　清乾隆五十五年(1790)樂真堂刻本

　　元經十卷　晉郭璞撰　晉趙載注　明江之
　　棟輯

璇璣經一卷　晉趙載撰

陽明按索五卷　明陳心復撰　明陳漢卿補
注

佐玄直指圖解九卷　明青田劉基撰

陰陽寶海三元玉鏡奇書三卷　元釋幕講撰

八宅明鏡二卷　清箬冠道人撰

十行二十二字　左右雙邊　白口

20.7×13.8 釐米

溫圖　嘉圖

子 1331

五種秘竅全書十七卷附一卷

明甘霖撰

明唐鯉躍文林閣刻本

選擇通書秘竅三卷

天星祕竅圖書一卷

地理秘竅一卷

奇門遁甲秘要二卷

羅經祕竅圖書十卷

附新鐫唐氏壽域一卷　明王福賢撰

九行十九字　四周單邊　白口

21.5×13.8 釐米

浙圖＊　諸暨圖＊

子 1332

五種秘竅全書十七卷

明甘霖撰

明刻清重修本

選擇天星秘竅一卷

甘氏奇門一得二卷

羅經秘竅十卷

選擇地理秘竅一卷

考驗通書法竊秘訣三卷

九行十九字　四周單邊　白口

21.6×15.2 釐米

浙圖　天一閣＊

子 1333

太玄經一卷法言一卷

漢揚雄撰

明崇禎十六年(1643)刻本

九行二十四字　四周單邊　白口

20.9×12.9 釐米

浙圖

子 1334

太玄經十卷

漢揚雄撰　晉范望解贊

說玄一卷

唐王涯撰

釋文一卷

明嘉靖三年(1524)郝梁刻本〔說玄配清
抄本〕　清莫友芝校並跋

十行十八字　左右雙邊　白口

17.1×13 釐米

浙圖

子 1335

太玄經十卷

漢揚雄撰　晉范望解贊

說玄一卷

唐王涯撰

釋文一卷

明嘉靖(1522—1566)孫沐萬玉堂刻本

八行十七字　四周雙邊　白口

20.6×13.6 釐米

浙大

子 1336

太玄經十卷

漢揚雄撰　晉范望解贊

說玄一卷

唐王涯撰

釋文一卷

明嘉靖(1522—1566)孫沐萬玉堂刻本
清佚名錄惠棟批校　清翁同龢抄補缺
葉

存十卷　太玄經全

浙圖

子 1337

揚子太玄經十卷

漢揚雄撰　明趙如源輯注

說玄一卷

宋司馬光撰

明天啓六年(1626)武林書坊趙世楷刻本

九行十八字　四周單邊　白口

19.5×14.5 釐米

浙圖　杭圖　天一閣＊　浙大

子 1338

揚子太玄經十卷

漢揚雄撰　明趙如源輯注

說玄一卷

宋司馬光撰

明天啓六年(1626)武林書坊趙世楷刻本
清鄞縣陳撰批語

浙圖

子 1339

太玄經集註十卷

宋司馬光撰

清道光二十四年(1844)陶氏五柳居刻本
象山陳漢章批校並錄孫俞批語

八行十七字　左右雙邊　白口

19.5×14.2 釐米

浙圖

子 1340

元包經傳五卷

北周衛元嵩撰　唐蘇源明傳　唐李江注

元包數總義二卷

宋張行成撰

明刻本

八行十六字　四周單邊　白口

20.5×14.7 釐米

浙圖

子 1341

元包經傳五卷

北周衛元嵩撰　唐蘇源明傳　唐李江注

元包數總義二卷

宋張行成撰

明天啓六年(1626)呂茂良刻本

九行二十字　四周單邊　白口

20.7×14.6 釐米

浙圖

子 1342

皇極經世書十二卷觀物外篇二卷

宋邵雍撰

明刻本

十行二十字　四周單邊　白口

19.8×13.7 釐米

浙圖

子 1343

皇極經世書八卷首一卷

宋邵雍撰　清王植輯

清乾隆二十一年(1756)刻本　佚名批點

九行二十一字　四周單邊　白口

18.4×13.5 釐米

杭圖

子 1344

皇極經世索隱二卷

宋張行成撰

清顧氏藝海樓抄本

浙圖

子 1345

康節先生觀物篇解不分卷斷訣一卷

宋祝泌撰

明抄本

存三十篇　一至十九　五十一至六十一

十一行字數不一　四周單邊　白口

21.3×16 釐米

天一閣

子 1346

祝氏泌鉗六卷

　宋祝泌撰

　清抄本

　　觀物篇解五卷

　　皇極經世解起數訣一卷

　24×13.7 釐米

浙大

子 1347

鐵板數不分卷

　清抄本　清光緒十五年(1889)錢塘丁丙
　跋

浙圖

子 1348

大衍索隱三卷

　宋丁易東撰

　清顧氏藝海樓抄本

浙圖

子 1349

天原發微五卷圖一卷篇目名義一卷

　宋鮑雲龍撰　明鮑寧辨正

問答節要一卷

　明鮑寧輯

　明天順五年(1461)鮑氏耕讀書堂刻本

　十一行二十二字　四周雙邊　黑口

　19×13.5 釐米

浙圖　天一閣*

子 1350

範衍十卷

　明錢一本撰

　明萬曆(1573—1620)刻本

　九行二十字　四周單邊　白口

　20.8×13.4 釐米

浙圖

子 1351

河洛精蘊九卷

　清江永撰

　清乾隆三十九年(1774)黃氏蘊真書屋刻
　本

　九行二十五字　左右雙邊　白口

　18.9×14.3 釐米

浙圖　溫圖

子 1352

河圖道源一卷

　清山陰朱雲龍撰

　清乾隆六十年(1795)刻本

　九行二十字　左右雙邊　白口

　19×13 釐米

浙圖

占候

子 1353

天文鬼料竅五卷

　清彭氏知聖道齋抄本　清陳介祺校並跋

浙圖

子 1354

乙巳占十卷

　題唐李淳風撰

　明抄本

　十行二十二字

浙大

子 1355

乙巳占十卷

　題唐李淳風撰

　明抄本

　缺三卷　八至十

　十一行字數不一　四周單邊　白口

　21.4×15.7 釐米

天一閣

子 1356
乙巳占十卷
　題唐李淳風撰
　　清康熙（1662—1722）抄本　清瑞安孫詒
　　　讓批校並跋
存三卷　一至三
　十行三十字　四周雙邊　白口
　22.54×15.1 釐米
浙大 *

子 1357
玉曆通政經一卷
　題唐李淳風撰
　清抄本
浙圖

子 1358
玉曆通政經二卷
　題唐李淳風撰
　清抄本
溫圖

子 1359
玉曆通政經二卷
　題唐李淳風撰
　清寒梅館抄本
　九行二十字　左右雙邊　白口
　17.5×12.2 釐米
天一閣

子 1360
玉曆通政經三卷
　題唐李淳風撰
　清乾隆十九年（1754）抄本
　十六行二十四字
嘉圖

子 1361
觀象玩占五十卷
　題唐李淳風撰

明抄本
浙圖

子 1362
觀象玩占五十卷
　題唐李淳風撰　明傅文淵輯
　明抄本
缺二卷　四十九至五十
　十行二十字　四周單邊　白口
　18.5×12.8 釐米
天一閣

子 1363
觀象玩占五十卷
　題唐李淳風撰
　明水筠山房抄本
缺二十一卷　三十至五十
　十一行二十一字　四周雙邊　黑口
　19.3×14 釐米
天一閣

子 1364
觀象玩占五十卷
　題唐李淳風撰
　清抄本
浙圖

子 1365
觀象玩占四十八卷拾遺二卷
　唐李淳風撰　清彭申錫參補
觀象玩占備考六卷
　清彭申錫輯
　清抄本
浙圖

子 1366
觀象玩占四十二卷補遺三卷續補遺一卷
　明青田劉基輯　清年羹堯重輯
　清抄本
浙圖

子 1367

大唐開元占經一百二十卷

　唐瞿曇悉達撰

　清抄本

浙圖

子 1368

大唐開元占經一百二十卷目錄二卷

　唐瞿曇悉達撰

　清初抄本

浙大

子 1369

大唐開元占經一百二十卷

　唐瞿曇悉達撰

　清抄本

　九行二十一字　四周單邊　白口

　18.9×14.6 釐米

溫圖

子 1370

素問六氣玄珠密語十卷

　題唐王冰撰

　清抄本

浙圖

子 1371

素問六氣元珠密語十卷

　題唐王冰撰

　清抄本　杭州鄭道乾跋

存五卷　一至五

浙圖

子 1372

白猿奇書日月風雲占候圖說一卷李衛公天
**　象占候秘訣歌一卷**

　題唐李靖撰　明蘇茂相訂　明嚴之偉補

　明末刻本

　九行二十字　四周單邊　白口

　20×14 釐米

浙圖

子 1373

白猿圖書不分卷

　明青田劉基注

　清抄本

浙圖

子 1374

白猿圖二卷

　抄本

浙圖

子 1375

白猿經不分卷

　清抄本

浙圖

子 1376

耶律天文輯略一卷

　元耶律楚材撰

　清抄本　題天工道人批校並跋

浙圖

子 1377

天文祕苑占六卷

　明抄本

　　天文雷霆風雨日月經緯星度一卷

　　天文風雨賦注解一卷　明青田劉基撰

　　天文五行吟一卷

　　天文星纂附星總兵機賦一卷

　　兵機賦一卷　明青田劉基撰

　　天文風雨雲雷電占賦一卷　明甘氏占

　十行字數不一　四周單邊　白口

　20.5×14 釐米

天一閣

子 1378

天元玉曆七卷

　題明青田劉基撰

清初抄本

浙圖

術數類

子 1379

觀天知兵圖説三卷

題明青田劉基撰

清抄本

浙圖

子 1380

天元玉曆祥異賦七卷

明仁宗朱高熾撰

明洪熙元年（1425）內府刻本

九行十八字　四周單邊　黑口

18.5×12.8 釐米

天一閣

子 1381

天元玉曆祥異賦七卷

明仁宗朱高熾撰

明抄本

25.3×16.4 釐米

天一閣

子 1382

天元玉曆祥異賦不分卷

明仁宗朱高熾撰

明抄本　佚名校

缺天將雨占之前部分

十行字數不一　四周雙邊　白口

20.6×12.6 釐米

浙大

子 1383

天元玉曆祥異賦不分卷

明仁宗朱高熾撰

明抄本

浙圖

子 1384

天元玉曆祥異賦不分卷

明仁宗朱高熾撰

風雨占候附一卷

宋苗公達撰

附八陣圖一卷

蜀諸葛亮輯

清抄本　佚名校

浙大

子 1385

天元玉曆祥異賦不分卷

明仁宗朱高熾撰

清抄本

溫圖

子 1386

天文祥異賦十卷

明抄本

缺一卷　丙

浙圖

子 1387

天人祥異賦圖十二卷占行筆一卷

清抄本

天一閣

子 1388

新刻星學樞要二卷

明錢塘胡文煥輯

明萬曆二十四年（1596）刻百家名書本

十行二十字　小字雙行十九字　左右雙邊　白口

19.3×13.9 釐米

杭圖

子 1389

天機玉札不分卷

清抄本

浙圖

146

子 1390

禽宿混元圖經不分卷

　明章潢輯

　清抄本

浙圖

子 1391

天文秘略不分卷

　明胡獻忠輯

　清抄本

浙圖

子 1392

史異編十七卷

　明余文龍撰

　明萬曆四十七年(1619)自刻本

　九行二十字　四周單邊　白口

　21.5×13.5 釐米

紹圖

子 1393

占候六壬遁法不分卷

　明抄本

　十一行十六字　四周單邊　白口

　21.5×16 釐米

天一閣

子 1394

參籌秘書十卷

　明汪三益、張拱端輯注

　明崇禎十二年(1639)楊廷樞刻本

缺二卷　九至十

　十行二十字　四周單邊　白口

　21.6×14.5 釐米

浙圖

子 1395

渾天秘書二卷

　明末明德堂抄本

浙圖

子 1396

管窺輯要八十卷

　清黃鼎輯

　清順治十二年(1655)刻本

　九行十九字　四周單邊　白口

　20.5×14.4 釐米

浙圖　杭圖　天一閣　玉海樓*

子 1397

元空秘旨一卷

　題清吳公著

　清抄本

　六行二十字

紹圖

子 1398

觀天文太白氣書二卷

　清李大蘭撰

　清抄本

浙圖

子 1399

風占一卷

　清江永撰

　清光緒三十四年(1908)管氏靜得樓抄本

　　海寧管元耀校並跋

浙圖

子 1400

易侯像象通俗占四卷

　清泰順林鶚撰

　清道光二十七年(1847)稿本

存三卷　首　三至四

溫圖

相宅相墓

子 1401

管氏指蒙二卷

　題魏管輅撰　宋王伋注　明汪尚賚補注

明萬曆八年(1580)汪尚賣刻本

　　十行二十字　　四周單邊　　白口

　　20.6×13.7 釐米

浙圖

子 1402

平洋秘旨二卷

　　題元釋幕講撰

　　清抄本

　　　行款不一　　四周單邊　　白口

　　　21.9×16 釐米

紹圖

子 1403

平洋真傳不分卷

　　清乾隆二十四年(1759)性仁氏抄本

紹圖

子 1404

新刻東海王先生纂輯陽宅十書四卷

　　明王君榮撰

　　明萬曆十八年(1590)刻本

　　　十行二十一字　　四周單邊　　白口

　　　20.1×14.9 釐米

天一閣

子 1405

陽宅大全十一卷

　　明萬曆(1573—1620)吳勉學刻本

　　　八宅四書四卷　　題明一壑居士撰

　　　陽宅真訣三卷　　明周繼撰　　明郭澹輯　　明

　　　　吳勉學校補　　明江湛若訂正

　　　楊救貧先師宅寶經一卷

　　　陽宅神搜經心傳秘法一卷

　　　鑿井圖經一卷　　題唐李淳風撰

　　　楊公來路玄空烟火活法一卷

　　　　九行十八字　　四周單邊　　白口

　　　　20×14 釐米

浙圖　紹圖*

子 1406

陽宅真訣四卷

　　明陳時暘撰

　　明刻本

　　　九行二十字　　左右雙邊　　白口

　　　20×14 釐米

溫圖

子 1407

新鐫甬東王先生陽宅大全不分卷

　　明慈溪王元鼎撰

　　明萬曆三十九年(1611)刻本

　　　十行二十字　　四周單邊　　白口

　　　20.3×14.2 釐米

浙圖

子 1408

陽宅珍藏二卷

　　明刻本

　　　十行二十二字　　四周單邊　　白口

　　　20.4×14.1 釐米

浙圖

子 1409

重訂陽宅造福全書二卷

　　明黃一鳳撰

　　清順治十一年(1654)敬勝堂刻本

　　　九行十八字　　四周單邊　　白口

　　　20.3×14.7 釐米

溫圖

子 1410

宅經類纂四卷首一卷

　　明黃汝和撰

　　清抄本

杭圖

子 1411

宅譜不分卷

　　清會稽鍾之模撰

清雍正二年(1724)刻本

九行二十字　四周單邊　白口

19.6×14.1 釐米

溫圖

子 1412

陽宅要覽三卷

題弁山念道人輯

清雍正二年(1724)刻本

九行二十四字　左右雙邊　白口

19.3×13.5 釐米

溫圖

子 1413

陽宅八門精義新書四卷

清趙渭陽撰

清乾隆十八年(1753)文畲堂刻本

九行二十字　左右雙邊　白口

16.8×11.3 釐米

溫圖

子 1414

陽宅合法全書二卷

清雷行輯

清乾隆二十八年(1763)刻本

十行二十五字　左右雙邊　白口

20.3×12 釐米

浙圖

子 1415

陽宅集成八卷

清姚廷鑾撰

清乾隆十六年(1751)刻本

九行二十字　左右雙邊　白口

18.8×13.5 釐米

浙圖　嘉圖

子 1416

陽宅諸症不分卷

清姚廷鑾撰

清抄本　佚名校

溫圖

子 1417

水龍經五卷

題晉郭璞撰　清蔣平階輯

清抄本

嘉圖

子 1418

新鋟京本句解消砂經節圖雪心賦四卷尋龍經訣法一卷

唐卜應天撰　明謝志道注解

明萬曆二十九年(1601)三建書林劉龍田刻本

九行二十字　四周雙邊　白口

20.2×12.8 釐米

浙圖

子 1419

胡氏家學卜公雪心賦董熊謝三家合並補闕大成集注不分卷

唐卜應天撰　明董德彰注釋　明熊宗立分章　明謝壽昌重注　明胡濂集注

稿本

十二行二十三字　白口

紹圖

子 1420

雪心賦正解不分卷

唐卜應天撰　清孟浩注

清康熙(1662—1722)刻本

九行二十字　小字雙行十九字　四周單邊　白口

19.2×12.8 釐米

衢博

子 1421

勾餘諸南侯地理精義雪心賦註四卷

題宋朱熹撰　清諸敷政注　清張鳳藻評

河圖洛書説一卷

　清張鳳藻撰

　清抄本

浙圖

子 1422

重鐫官板地理天機會元三十五卷

　唐卜應天撰　明顧乃德輯　明徐之鏌删
　　補

　明萬曆(1573—1620)書林陳孫賢刻本

　　十行二十八字　四周雙邊　白口

　　22×13 釐米

浙圖　溫圖

子 1423

重鐫官板地理天機會元三十五卷

　唐卜應天撰　明顧乃德輯　明徐之鏌删
　　補

　明書林唐庭揚刻本

存二卷　一　四

　　十行二十八字　四周單邊　白口

　　22.3×13.3 釐米

嵊州圖

子 1424

新刊地理天機會元三十五卷

　唐卜應天撰　明顧乃德輯

　明萬曆十四年(1586)積善堂陳氏刻本

存十五卷　一至二　八至九　十二至二十
　二

　　十一行二十四字　四周單邊　白口

　　19.5×13 釐米

天一閣

子 1425

楊曾地理元文四卷

　題唐楊益、曾文遄撰　清青田端木國瑚
　　輯注

　稿本

浙圖

子 1426

**新刻仲祥吳景鸞先生解議秘訣一卷吳公秘
　傳佑子心法後集一卷**

　題宋吳景鸞撰　宋廖禹注

　明萬曆三十六年(1608)江世資刻本

　　十行二十六字　四周單邊　白口

　　22×12.8 釐米

浙圖

子 1427

**金精廖公秘授地學心法正傳畫筴扒砂經四
　卷補遺一卷**

　宋廖禹撰　宋彭大雄輯

　明萬曆四十二年(1614)刻本

　　九行二十二字　四周單邊　白口

　　23×13.7 釐米

浙圖*　溫圖　臨海博

子 1428

催官篇二卷附圖一卷

　宋賴文俊撰

　清抄本

浙圖

子 1429

催官篇二卷

　宋賴文俊撰

　清抄本

浙圖

子 1430

葬法十論不分卷

　宋賴文俊撰

　清抄本

　　九行二十字　左右單邊　白口

　　22×16.3 釐米

紹圖

子 1431

地理發微釋義二卷問辨一卷

宋蔡發撰　明余祜釋義

明弘治五年(1492)刻本

十行二十字　四周雙邊　黑口

20×14 釐米

天一閣

子 1432

地理詩一卷補遺一卷

宋王汲撰

清思靜居士王逵摹寫本　佚名批

溫圖

子 1433

玉髓真經三十卷

宋張洞玄撰　宋劉允中注釋　宋蔡元定
發揮

後卷二十一卷

明嘉靖二十九年(1550)福州府刻本

十二行二十二至二十四字不一　四周單邊　白
口

22.6×15.4 釐米

紹圖＊　天一閣

子 1434

全補圖訣平沙玉尺經二卷

題元劉秉忠撰　明青田劉基解

明萬曆(1573—1620)刻本

存一卷　下

兩欄　上欄批注　下欄十行二十三字

浙圖

子 1435

鐫地理參補評林圖訣全備平沙玉尺經二卷

題元劉秉忠撰　明青田劉基注　明賴從
謙增釋　明徐之鏌參補

附錄一卷

明建邑書林陳賢刻本

缺附錄一卷

兩欄　上欄二十六行七字　下欄十行二十三字
四周單邊　白口

22.6×14.8 釐米

浙圖

子 1436

**新刻石函平砂玉尺經全書上集六卷後集四
卷**

題元劉秉忠撰　明青田劉基解　明賴從
謙發揮

明萬曆三十四年(1606)刻本

九行二十字　四周單邊　白口

19.5×14 釐米

天一閣

子 1437

石函平砂玉尺經六卷後集四卷

題元劉秉忠撰　明青田劉基解　明賴從
謙發揮

明刻本

九行二十字　四周單邊　白口

18.9×13 釐米

浙圖

子 1438

**新刻石函平砂玉尺經全書上集六卷後集四
卷**

題元劉秉忠撰　明青田劉基解　明賴從
謙發揮

明刻本

存九卷　上集二至六　後集一至四

十一行二十五字　四周單邊　白口

19.5×14 釐米

天一閣

子 1439

新刻石函平砂玉尺經全書六卷

題元劉秉忠撰　明青田劉基解

新刊地理五經四書解義郭璞葬經一卷

題晉郭璞撰

明遺經堂刻本

　九行二十字　　四周單邊　　白口

　19.3×12.7 釐米

浙大

子 1440

地理索隱四卷

　元釋無著撰

　清抄本

浙圖

子 1441

鈐訣一卷

　明青田劉基撰

　清管氏靜得樓抄本　　海寧管元耀跋

浙圖

子 1442

山洋指迷原本四卷

　明周景一撰　　清俞歸璞、吳卿瞻增注

　清乾隆五十二年(1787)刻本

　　九行二十一字　　四周單邊　　白口

　　15.7×11.7 釐米

海寧圖

子 1443

記師口訣節文一卷

　明正德七年(1512)刻藍印本

　　九行十九字　　四周雙邊　　白口

　　19.4×13.4 釐米

天一閣

子 1444

地理真機十五卷

　明正德十五年(1520)建陽刻本

　　十二行二十一字　　四周單邊　　白口

　　17.2×11.8 釐米

天一閣

子 1445

地理樞要四卷

　題明惺惺叟輯

　明嘉靖十二年(1533)陶諧刻藍印本

　　楊筠松畫筴圖一卷

　　金函經二卷

　　記師口訣節文一卷

　　九行十九字　　四周雙邊　　白口

　　19.4×13.8 釐米

天一閣

子 1446

地理分合總論三卷

　明朱震撰

　明嘉靖三十五年(1556)刻本

　　十行二十字　　四周單邊　　白口

　　19.4×13.6 釐米

天一閣

子 1447

新刊地理統會大成二十七卷

　明柯珮輯

　明隆慶三年(1569)書林王雙泉刻本

　　十四行二十六字二十八字不一　　四周單邊　　白口

　　18.5×12.9 釐米

天一閣

子 1448

地理七書七卷

　明彭好古輯

　明抄本　　佚名批校

　　楊公養老書一卷　　唐楊益撰

　　楊公口授書一卷　　唐楊益撰

　　楊公枕中書一卷　　唐楊益撰

　　吳公教子書一卷　　宋吳克誠撰

　　劉公石函書一卷　　元劉秉忠撰

　　賴公催官書一卷　　元賴文俊撰

　　彭公一家書一卷　　明彭好古撰

浙圖

子 1449

重刊人子須知資孝地理心學統宗三十九卷

　明徐善繼、徐善述撰

　明萬曆十一年(1583)曾璠刻本

存八卷　一至八

　　十行二十一字　左右雙邊　白口

　　19.5×14.6 釐米

浙圖*　天一閣*

子 1450

祝氏神龍天機人倫妙選一卷

　明陸士賢輯補

　清初抄本

浙圖

子 1451

地理參贊玄機僊婆集十三卷

　明張鳴鳳輯　明張希堯參補

　明萬曆(1573—1620)書林熊體忠刻本

　　十行二十二字　四周單邊　白口

　　20×13 釐米

天一閣

子 1452

新刊萬天官四世孫家傳平學洞微寶鏡五卷

　明萬育水撰

　明萬曆十六年(1588)余文台刻本

　　十四行二十八字　四周雙邊　白口

　　18.8×12.8 釐米

浙圖

子 1453

新刊地理綱目榮親入眼福地先知四卷

　明王崇德撰

　明萬曆二十九年(1601)喬山書堂劉玉田

　刻本

　　十行二十八字　四周單邊　白口

　　20.1×12.8 釐米

天一閣

子 1454

新刊羅經解三卷

　明熊汝嶽撰　明吳天洪批點

　明萬曆(1573—1620)刻本

　　九行二十四字　四周單邊　白口

　　21.5×14 釐米

紹圖

子 1455

新刊地理紫囊書八卷

　明趙祐撰　明鄭復初評

　明萬曆(1573—1620)龔堯惠刻本

缺二卷　七至八

　　九行二十字　四周單邊　白口

　　22.5×15 釐米

天一閣

子 1456

新刊地理紫囊書八卷

　明趙祐撰　明鄭復初評

　明萬曆(1573—1620)龔堯惠刻本　明山

　　陰祁承爍校

存四卷　一至三　五

紹圖

子 1457

新刊名家地理大全二十二卷

　明余延甫輯

　明建陽余氏雙榮精舍刻本

存八卷　一　五　十三至十四　十九至二

十二

　　十四行二十一字　四周雙邊　上下黑口

　　18.2×12.3 釐米

天一閣

子 1458

**新鐫徐氏家藏羅經頂門針二卷鄙言一卷簡
易圖解一卷**

　明徐之鏌撰

　明天啟(1621—1627)金陵書林集賢堂唐

錦池刻本

　　九行二十二字　　四周單邊　　白口

　　23×14.7 釐米

浙圖

子 1459

新鐫徐氏家藏羅經頂門針二卷鄙言一卷

　　明徐之鏌撰

　　明書林陳氏繼善堂刻本

　　九行二十二字　　四周單邊　　白口

　　23×14.7 釐米

浙圖

子 1460

地理啓玄訂誤粹裘編二卷

　　明會稽范有學輯

　　明萬曆十七年(1589)陳汝元得一齋刻本

　　十行二十四字　　四周單邊　　白口

　　18.8×12.3 釐米

浙圖

子 1461

新編秘傳堪輿類纂人天共寶十二卷

　　明黃慎輯

　　明崇禎六年(1633)刻本

　　九行二十四字　　四周單邊　　白口

　　21.8×14 釐米

浙圖　杭圖　天一閣

子 1462

葬經翼一卷附葬圖一卷難解一卷

　　明繆希雄撰

　　明綠君亭刻本

　　八行十八字　　四周單邊　　白口

　　20.1×14.2 釐米

天一閣

子 1463

賴僊心印一卷

　　明抄本

天一閣

子 1464

鈎伏論一卷

　　明郝鎔量撰

　　清抄本

浙圖

子 1465

地理辨正五卷

　　明蔣平階補注　　清會稽姜垚辨正

　　清康熙(1662—1722)刻本　　清佚名批校

存三卷　一至三

　　八行二十字　　四周單邊　　白口

　　19.5×12.3 釐米

浙圖

子 1466

地理辨正五卷圖一卷

　　清抄本

　　　青囊經一卷

　　　青囊經序一卷　唐曾求己撰

　　　青囊奧語一卷　唐楊益撰

　　　天玉經一卷　唐楊益撰

　　　都天寶照一卷　唐楊益撰

浙圖

子 1467

地理徹原經二卷

　　明林芳春撰

　　明末聚文樓刻本

　　九行二十三字　　四周單邊　　白口

　　19.5×11.7 釐米

溫圖

子 1468

地理全書解不分卷

　　明張畫撰　　清章攀柱解

　　清抄本

溫圖

子 1469

地理六法傳心二集六卷

　明許明輯

　清康熙十九年(1680)學愚齋刻本

　　九行二十二字　左右雙邊　白口

　　20.4×13.9 釐米

溫圖

子 1470

廖公秘傳泄天機不分卷

　題明海岱清撰

　清抄本

紹圖

子 1471

新刊重校秘傳四先生通天竅十卷

　明楊救貧等撰

　清初刻本

　　十行二十字　四周單邊　白口

　　20.4×13.2 釐米

浙圖

子 1472

堪輿一得不分卷

　明汪錦撰

　清抄本

浙圖

子 1473

堪輿經二卷

　明蕭克撰

　明萬曆三十九年(1611)刻本

　　八行十七字　四周單邊　白口

　　18.4×12.5 釐米

溫圖　上虞圖

子 1474

堪輿經二卷

　明蕭克撰

　清雍正(1723—1735)墨潤堂刻本

　　八行十七字　四周單邊　白口

　　18.2×12.7 釐米

溫圖

子 1475

新刊儒門理氣造葬正經□□卷監曆禽奇大
**　成通書□卷**

　明喻冕纂

　明陳氏刻本

　存三卷　十二至十四

　　十五行三十一字　四周單邊　白口

　　19.5×12.8 釐米

天一閣

子 1476

堪輿管見一卷

　明謝廷柱撰

堪輿續論一卷

　宋謝和卿撰

　明刻清修本

　　九行十八字　四周單邊　白口

　　19.2×14 釐米

天一閣

子 1477

重校堪輿管見不分卷

　明謝廷柱撰

　清抄本　佚名批注

溫圖

子 1478

堪輿淺注六卷

　清方智撰

　清雍正十一年(1733)刻本

　　八行二十二字　左右雙邊　白口

　　20.1×13.6 釐米

溫圖

子 1479

玉函真義不分卷

　清蔣大鴻撰

清乾隆（1736—1795）寫本

嘉圖

清乾隆四十九年（1784）二酉堂刻本

十行二十一字　左右雙邊　黑白

17.5×12.5 釐米

溫圖

子 1480

金玉二經圖傳三卷

清蕭洪治撰

清康熙三十一年（1692）刻本

九行二十二字　左右雙邊　白口

18.5×12.5 釐米

溫圖

子 1486

合纂真傳羅經消納正宗一卷

清儲孝則撰

清雍正十年（1732）朱世奇抄本

浙圖

子 1481

增補地理直指原真大全三卷首一卷

清四明釋如玉撰

清康熙三十五年（1696）刻本

十行二十五字　四周單邊　白口

17.3×11.9 釐米

浙圖

子 1487

地理一貫四卷

清程瑟撰

清雍正十二年（1734）稿本

　論龍一卷

　論穴一卷

　論砂一卷

　論水一卷

浙圖

子 1482

斗首論萃不分卷

清康熙三十三年（1694）史兆麟抄本　佚名批校

浙圖

子 1488

嚴陵張九儀地理穿山透地真傳不分卷

清張鳳藻撰

清康熙五十七年（1718）藩司公署刻本

　佚名批注

八行二十字　四周單邊　白口

19.9×12.5 釐米

溫圖

子 1483

六字玄機不分卷

清抄本

浙圖

子 1484

地學二卷

清沈鎬撰

清存誠齋影抄康熙五十二年（1713）文光堂刻本

溫圖

子 1489

地理簡能集十四卷

清山陰宣元仁撰

清康熙五十九年（1720）刻本

九行二十字　左右雙邊　白口

溫圖

子 1485

地學答問不分卷

題清青江子撰

子 1490

地理源本宗書四卷

清曹家甲撰

清康熙五十年至五十三年(1711—1714)
　稿本

　　九行二十二字

浙大

子 1491

地理源本成書四卷

　清曹家甲撰

　清康熙五十八年(1719)稿本

　　九行二十四字

浙大

子 1492

曹安峰地理説四卷

　清曹家甲撰

　清乾隆二十五年(1760)刻本

　　九行十九字　左右雙邊　白口

　　20.2×13.5 釐米

浙圖

子 1493

地理原本説四卷

　清曹家甲撰

　清乾隆二年(1737)文德堂刻本

　　十行十九字　左右雙邊　白口

　　17.6×13.2 釐米

溫圖

子 1494

地理啖蔗錄八卷

　清袁守定撰

　清乾隆二十年(1755)刻本

　　九行二十字　四周雙邊　白口

　　17.1×12.8 釐米

溫圖

子 1495

青囊解惑四卷

　清錢塘汪沆撰

　清乾隆二十九年(1764)刻本

　　十行二十一字　左右雙邊　白口

　　18×13.3 釐米

溫圖

子 1496

地理明簡錄三卷

　清蔡常雲撰

　清乾隆四十三年(1778)山語樓刻本

　　九行二十字　左右雙邊　白口

　　18.2×13.2 釐米

溫圖

子 1497

地理天玉經補注三卷

　清嘉興凌龍光撰

　清乾隆五十年(1785)刻本

　　九行二十字　四周雙邊　白口

　　19.2×13.4 釐米

溫圖

子 1498

地理薪傳四卷補編一卷

　清甘怡輯

　清乾隆五十四年(1789)三峰園刻本

缺一卷　二

　　八行二十字　四周雙邊　白口

　　20.4×14.3 釐米

溫圖 *

子 1499

郭景純天星水鉗圖一卷

　清山陰宣元仁撰

　清抄本

　　九行字數不等　四周單邊　白口

　　22×16 釐米

紹圖

子 1500

地理揭要五卷

　清葉泰輯

清孫鎬抄本

九行二十一字　四周雙邊　白口

19×14.4 釐米

天一閣

術數類

子 1501

地理彙覽六卷

清抄本

　　地理書句彙覽一卷穴情口義疑龍經一卷

　　地理點穴一卷九星五星一卷

　　尋水彙覽一卷

　　尋山彙覽一卷

浙圖

子 1502

青囊開皇寶照圖經不分卷

清抄本

浙圖

子 1503

理氣正宗龍水圖説一卷

清汪天根撰

清抄本

紹圖

子 1504

桐城地脈記不分卷

清左殷薦撰

清抄本

溫圖

子 1505

廣東興寧縣榮堂張伯葵全男玉奐手定豐城斗首不分卷

清抄本

溫圖

子 1506

黃帝周書秘奧十二卷

清抄本

浙圖

子 1507

地理元機妙訣不分卷

清胡昌撰

清抄本

浙圖

子 1508

董公地理秘書一卷

眠雲精舍抄本

浙圖

子 1509

理氣秘訣不分卷

清山陰孫麟祉輯

清抄本

浙圖

子 1510

易原不分卷

清乾隆三十八年(1773)抄本

浙圖

占卜

子 1511

新刊圖解玉靈聚義占卜龜經四卷

題宋王洙撰　元陸森輯

明刻本

十行十七字　上下雙邊　黑口

17×12 釐米

天一閣

子 1512

太咸龜書不分卷

明黃道周撰

清初唐維柄抄本

浙圖

子 1513

龜經集成四卷

清慎斾輯

清抄本

浙圖

子 1514

龜經纂要不分卷

清抄本

浙圖

子 1515

龜經大全六卷

清聞廷綸撰

清乾隆四十四年(1779)南潯恒元堂刻本

九行二十字　四周單邊　白口

20.8×12.8 釐米

浙圖

子 1516

靈棋經一卷

題晉顏幼明、宋何承天、元陳師凱、明青
田劉基注解

明成化十四年(1478)刻藍印本

十行二十字　四周雙邊　黑口

20.5×14 釐米

天一閣

子 1517

靈棋經一卷

題晉顏幼明、宋何承天、元陳師凱、明青
田劉基注解

明抄本

十行二十一字　四周雙邊　黑口

20.6×13.3 釐米

天一閣

子 1518

靈棋經一卷

題晉顏幼明、宋何承天、明青

田劉基注解

清抄本

浙圖

子 1519

靈棋經二卷

題晉顏幼明、宋何承天、元陳師凱、明青
田劉基注解

清抄本　清宣統三年(1911)高時顯跋

浙圖

子 1520

靈棋經解一卷

題晉顏幼明、宋何承天、元陳師凱、明青
田劉基注解

清抄本　韻齋跋

浙圖

子 1521

焦氏易林二卷

題漢焦延壽撰

明嘉靖四年(1525)姜恩刻本　佚名批校

十二行二十四字　左右雙邊　白口

19.2×14.8 釐米

杭圖

子 1522

焦氏易林十六卷

題漢焦延壽撰

明天啓六年(1626)唐瑜、唐琳刻本

九行二十字　四周單邊　白口

20×14.3 釐米

平湖圖

子 1523

焦氏易林十六卷

題漢焦延壽撰

清嘉慶十三年(1808)黃氏士禮居刻黃氏
叢書本　清王芑孫跋

十二行二十四字　左右雙邊　白口

18.7×14.3 釐米

浙圖

子 1524

焦氏易林十六卷

題漢焦延壽撰

清嘉慶十三年(1808)黃氏士禮居刻黃氏

　叢書本　孫祥熊批點

天一閣

子 1525

焦氏易林四卷

題漢焦延壽撰　明鍾惺評

筮儀一卷

清抄本　佚名批校並跋

浙圖

子 1526

易林四卷

題漢焦延壽撰

清抄本

浙圖

子 1527

易林十六卷

題漢焦延壽撰

張宗祥抄本

存八卷　三至四　七至十　十三至十四

浙圖

子 1528

易林十六卷

題漢焦延壽撰

張宗祥抄本　海寧張宗祥錄諸家批校並

　跋

浙圖

子 1529

易林十六卷

題漢焦延壽撰

張宗祥影抄元刻本　海寧張宗祥跋

浙圖

子 1530

易林釋文二卷

清丁晏撰

清光緒十六年(1890)廣州廣雅書局刻廣

　雅叢書本　清瑞安孫詒讓批

十一行二十四字　四周單邊　黑口

20.6×15.3 釐米

浙大

子 1531

管輅神書一卷

題魏管輅撰

清抄本

浙圖

子 1532

演卦詩斷不分卷

明抄本

十二行字數不一　四周單邊

23×17.5 釐米

天一閣

子 1533

易林補遺十二卷

明張世寶撰

明萬曆三十四年(1606)刻本　佚名朱墨

　批校

九行二十字　左右雙邊　白口

19×13.5 釐米

天一閣

子 1534

卜筮全書十四卷

明姚際隆刪補

明崇禎(1628—1644)金閶翁少麓刻本

九行二十字　四周單邊　白口

20.8×13.8 釐米

浙圖

子 1535
易占經緯四卷附錄一卷
　明韓邦奇輯
　明嘉靖（1522—1566）刻本
存一卷　一
　　十行字數不一　四周單邊　白口
　　20×15 釐米
天一閣

子 1536
易冒十卷
　清程良玉撰
　清康熙三年（1664）蟠溪草堂刻本
　　九行二十字　四周單邊　白口
　　19.9×14.5 釐米
浙圖　杭圖

子 1537
易冒十卷
　清程良玉撰
　清抄本
浙圖

子 1538
周易定命十二卷綱目一卷
　清抄本
浙圖

子 1539
鬼靈經二卷
　清抄本
浙圖

子 1540
雲山秘典不分卷
　清抄本
天一閣

子 1541
景祐大六壬神定經十卷
　宋楊維德撰
　清抄本
浙圖

子 1542
大六壬不分卷
　明河南懷慶府郭載騤刻本
　　十行二十四字　四周單邊　白口
　　23.5×15 釐米
天一閣

子 1543
大六壬大全十二卷
　明刻本
存六卷　七至十二
　　九行二十四字　四周單邊　白口
　　23.7×15 釐米
天一閣

子 1544
六壬集要四卷
　明抄本
浙圖

子 1545
六壬苗公鬼撮腳二卷
　清抄本　佚名校
浙圖

子 1546
大六壬鬼撮腳二卷
　清抄本
浙圖

子 1547
苗邵二先生六壬針見血十六卷
　清抄本
浙圖

子 1548

六壬畢法一卷

　　清抄本　清嘉慶十四年(1809)鄭振浩跋

浙圖

子 1549

大六壬彙纂十二課不分卷

　　清怡園抄本

浙圖

子 1550

六壬雜占一卷

　　清抄本　佚名批校

浙圖

子 1551

壬時後經一卷

　　清雙桂書屋抄本

　　十行二十四字　四周單邊　白口

　　18.8×10.9 釐米

天一閣

子 1552

六壬秘笈不分卷

　　清抄本

天一閣

子 1553

大六壬集成稿十卷

　　題小飲居士輯

　　清抄本

浙圖

子 1554

壬式兵詮解義一卷

　　清抄本

浙圖

子 1555

六壬經驗集一卷

　　清抄本

　　書名編者擬

浙圖

命書相書

子 1556

御定子平四卷

　　清抄本

浙圖

子 1557

音義評注淵海子平五卷

　　宋徐升撰

　　明崇禎七年(1634)崇德書院刻本

　　十三行二十五字　四周單邊　白口

　　21.5×14.6 釐米

天一閣

子 1558

鼎刊欽天監戈先生校訂子平淵海大全四卷

　　明戈豐年撰

　　明建陽刻本

　存二卷　三至四

　　行字不一　四周單邊　白口

　　20.5×12 釐米

天一閣

子 1559

御定子平四卷石田山人命理微言一卷

　　清抄本　佚名批校

浙圖

子 1560

星命總括三卷

　　遼耶律純撰

　　清顧氏藝海樓抄本

浙圖

子 1561

大定新編四卷

明楊向春撰

明嘉靖二十五年(1546)刻本

九行二十至二十八字不一　四周單邊　白口

21.5×15 釐米

杭圖

子 1562

三命通會十二卷

明萬民英撰

明萬曆(1573—1620)刻本

十行二十二字　四周雙邊　白口

21.5×14.5 釐米

浙圖

子 1563

新編分類當代名公文武星案六卷首一卷

明陸位撰

明萬曆四十四年(1616)書林余應虬刻本

（有圖）

十二行二十五字　四周單邊　白口

20.8×13.8 釐米

杭圖

子 1564

神相全編十二卷首一卷

題宋陳摶撰　明鄞縣袁忠徹訂

明文明閣刻本(有圖)

九行二十字　四周單邊　白口

21.5×14 釐米

浙圖

子 1565

袁柳莊先生神相全編三卷

明袁珙撰　明鄞縣袁忠徹訂正

明刻本(有圖)

十二行二十五字　四周單邊　白口

19×12 釐米

衢博

子 1566

新刻袁柳庄先生秘傳相法三卷

明袁珙撰

明刻本（有圖）

存一卷　上

九行二十一字　四周單邊　白口

22.2×12.5 釐米

嘉圖

子 1567

太黔六卷

明馬績華撰

明末刻本

八行二十二字　四周單邊　白口

21×13 釐米

浙圖

子 1568

乾元秘旨全集不分卷

清錢塘舒繼英撰

清抄本

浙圖

子 1569

望斗仙經不分卷

清抄本

天一閣

陰陽五行

子 1570

郭氏元經不分卷

晉郭璞撰

清抄本

浙圖

子 1571

九天明鑑神捷奇書一卷

題宋陳摶撰

明抄本　杭州鄭道乾跋

術數類

浙圖

子 1572

丙丁龜鑑五卷

　宋江山柴望輯

續二卷

　清抄本

浙圖

子 1573

太乙統宗寶鑑二十卷

　題元曉山老人撰

　明抄本

存八卷　十至十五　十九至二十

　十二行二十字　四周雙邊　白口

　20×15.2 釐米

紹圖

子 1574

太乙統宗寶鑑二十卷

　題元曉山老人撰

　清康熙(1662—1722)鋤月軒抄本

浙圖

子 1575

太乙統宗寶鑑二十四卷

　題元曉山老人撰

　清抄本

　九行十六字　四周雙邊　白口

　19.5×14 釐米

浙大

子 1576

太乙總論不分卷

　明抄本

　十一行字數不一　四周雙邊　黑口

　21×14.7 釐米

天一閣

子 1577

太乙真數二卷

　明成諧撰

　清抄本

浙圖

子 1578

太乙命書八卷

　清抄本

浙圖

子 1579

太乙數統宗大全四十卷

　清李自明撰

　清乾隆四十五年(1780)刻本(卷三十二

　　至三十四紅藍套印本)

　七行十八字　四周單邊　黑口

　18.5×13.1 釐米

溫圖

子 1580

類編曆法通書大全三十卷

　元宋魯珍通書　元何士泰曆法　明熊宗

　　立類編

　明刻本

　十二行二十字　四周雙邊　黑口

　22.9×16 釐米

浙大　嘉圖*

子 1581

陰陽備用三元節要三卷

　□王履道撰

　明建陽刻本

　十八行字數不一　四周雙邊　黑口

　18.8×12.5 釐米

天一閣

子 1582

陰陽定論三卷

　明周視撰

明刻本

缺一卷　一

十行二十二字　四周單邊　白口

20.6×15 釐米

天一閣

子 1583

陰陽本秘文一卷

清抄本

天一閣

子 1584

大統皇曆經世三卷

明胡獻忠撰

明刻本

十二行二十字　四周雙邊　白口

浙圖

子 1585

新刊克擇便覽十卷

明刻本

存六卷　一至六

十五行三十字　四周雙邊　黑口

17.6×12.2 釐米

天一閣

子 1586

編集檢擇家傳秘訣不分卷

明抄本

九行二十二字　四周雙邊　上下黑口

20.5×15 釐米

天一閣

子 1587

修方涓吉符不分卷

明鄞縣屠本畯輯

明屠氏刻本

十行字數不等　四周單邊　白口

22.5×14.5 釐米

天一閣

子 1588

諏擇秘典二卷諏擇曆眼十二卷

明黃汝和撰

明天啓三年(1623)醉畊堂刻本

十行二十字　左右雙邊　白口

20.9×14.2 釐米

浙圖

子 1589

重訂選擇集要七卷

明黃一鳳撰

明刻本

九行十八字　四周單邊　白口

21.9×14.7 釐米

浙圖

子 1590

欽定選擇曆書十卷

清安泰等撰

清康熙(1662—1722)內府刻本

十二行字數不一　四周雙邊　白口

26.9×17 釐米

浙圖

子 1591

選擇天鏡三卷

清任端書輯

清乾隆十三年(1748)刻朱墨套印本

十二行字數不一　左右雙邊　白口

21.5×16.2 釐米

浙圖

子 1592

昊書八卷

清揭暄撰

清乾隆十九年(1754)濠塘刻本

八行二十字　四周雙邊　白口

17.9×11.7 釐米

浙圖

子 1593

通德類情十三卷

　清沈重華輯

　清乾隆三十六年(1771)事守堂刻本

　　十行二十五字　四周單邊　白口

　　18.8×12.5 釐米

　浙圖　溫圖　嘉圖

子 1594

道之大源一卷

　清山陰朱鎬撰

　清乾隆五十四年(1789)刻本

　　九行十六字　四周單邊　白口

　　19.8×13.6 釐米

　浙圖

子 1595

燃犀集十卷

　清王醇業輯

　清康熙五十九年(1720)白溪草廬刻本

　　九行二十一字　四周單邊　黑口

　　18.4×14.2 釐米

　浙圖

子 1596

石室金匱陰符陽契玄澍經三卷

　唐李荃撰

　明萬曆四十年(1612)抄本

　浙圖

子 1597

青錢書一卷

　宋趙清夫撰

　清抄本

　浙圖

子 1598

重刻黃元奇門遁甲句解煙波釣叟歌一卷

　題宋趙普撰　明羅通通法　明池紀解

　明刻本

　　十行二十字　四周單邊　白口

　　21.2×14.7 釐米

　浙圖

子 1599

奇門遁甲符應經八卷

　宋楊維德撰

　清抄本(有圖)

　　九行二十字　四周雙邊　白口

　　15×11.1 釐米

　天一閣

子 1600

劉青田奇門八式歌附二十二種

　清抄本

　天一閣

子 1601

奇門六壬太乙淘金歌一卷

　明丘濬撰

　清敦本堂抄本

　　九行二十一字　四周雙邊　白口

　　15.5×12.1 釐米

　天一閣

子 1602

遁甲日用涓吉奇門五總龜二卷

　明郭子晟輯

　明刻本

　存一卷　下

　　十二行二十二字　四周雙邊　黑口

　　25.8×20 釐米

　天一閣

子 1603

遁甲演義不分卷

　明海昌程道生輯

　清抄本

　天一閣

子 1604

甘氏奇門一得二卷

　明甘霖撰

　明崇禎元年（1628）刻本

　　九行十九字　四周單邊　白口

　　19.5×13.5 釐米

浙圖

子 1605

甘時望奇門一得不分卷

　明甘霖撰

　清抄本

　　天一閣

子 1606

甘氏奇門秘竅不分卷

　明甘霖撰

　清抄本

　　天一閣

子 1607

雲莊程先生易學要語五卷

　明程智撰

　清朱榦等抄本

浙圖

子 1608

布奇儀歌訣一卷遁甲發明集一卷

　清江永撰

　稿本（有圖）

紹圖

子 1609

奇門涓吉秘函一卷

　清抄本

浙圖

子 1610

奇門大全十二卷

　清抄本　王準跋

浙圖

子 1611

奇門遁甲秘要不分卷

　清初抄本

　　上欄彩繪圖　下欄藍格文

浙圖

子 1612

奇門統宗大全十二卷

　題清廣陵連曾輯

　清玉笥山房抄本

浙圖

子 1613

奇門遁甲聚玄經不分卷

　清抄本

浙圖

子 1614

五行雜占一卷

　清抄本

溫圖

雜術

子 1615

推背圖説不分卷

　題唐李淳風、袁天罡撰

　清五彩繪抄本

　　九行二十二字　四周雙邊　白口

　　19.3×14 釐米

杭圖

子 1616

禽書大成五卷

　清抄本　佚名校

浙圖

子 1617

新刻萬法歸宗五卷

　清抄本

缺二卷　二　四

浙圖

藝術類

書畫

子 1618

古今書繪寶鑑六卷補遺一卷

　元復文彥輯　明韓昂續

　明王守中刻本

存二卷　一至二

　十行二十字　四周雙邊　白口

　21.6×15 釐米

天一閣

子 1619

珊瑚木難八卷

　明朱存理輯

　清經鉏堂抄本

浙圖

子 1620

珊瑚木難八卷附錄一卷

　明朱存理輯

　清抄本

　十一行二十一字　左右雙邊　白口

　14.5×20.1 釐米

天一閣

子 1621

鐵網珊瑚書品十卷畫品六卷

　明朱存理輯

　清雍正六年(1728)年希堯澄鑒堂刻本

　十行二十一字　左右雙邊　白口

　20.8×14.6 釐米

浙圖

子 1622

鐵網珊瑚書品十卷畫品六卷

　明朱存理輯

　清抄本

浙圖

子 1623

鐵網珊瑚二十卷

　明都穆撰

　清初抄本

　十行二十字

浙大

子 1624

鐵網珊瑚二十卷

　明都穆撰

　清乾隆二十三年(1758)刻本

　十行二十二字　左右雙邊　白口

　17×13.5 釐米

浙圖　溫圖　嘉圖　紹圖

子 1625

鐵網珊瑚二十卷

　明都穆撰

　清乾隆二十三年(1758)刻本　清道光二
　　年(1822)任□跋

浙圖

子 1626

鐵網珊瑚二十卷

　明都穆撰

　清抄本

浙圖

子 1627

書畫跋跋三卷續三卷

　明餘姚孫鑛撰

　清乾隆五年(1740)孫氏居業堂刻本

　十一行二十一字　左右雙邊　白口

　18.4×13.6 釐米

浙圖　溫圖

子 1628
書畫跋跋續三卷
　明餘姚孫鑛撰
　清抄本
海寧圖

子 1629
畫禪室隨筆四卷
　明董其昌撰　清楊補輯
　清康熙（1662—1722）刻本
八行十八字　左右雙邊　白口
16.5×11.2 釐米
浙圖　寧圖　溫圖　嘉圖　嵊州圖　天一閣

子 1630
董太史畫禪室隨筆二卷
　明董其昌撰
　清初抄本　清仲藝校並跋　清孫從添跋
　　清儀克中題款
浙圖

子 1631
容臺題跋二卷
　明董其昌撰
　清抄本
天一閣

子 1632
戲鴻堂隨筆一卷
　明董其昌撰
　稿本
六行十四至十七字不一　左右雙邊　白口
22×16 釐米
紹圖

子 1633
清河書畫舫十二卷
　明張丑輯

清乾隆二十八年（1763）池北草堂刻本
九行二十二字　左右雙邊　黑口
13.5×10 釐米
浙圖

子 1634
清河書畫舫十二卷
　明張丑輯
　清抄本　清陸僎跋
浙圖

子 1635
真蹟日錄一卷二集一卷三集一卷
　明張丑撰
　清抄本　瑞安楊紹廉跋
溫圖

子 1636
書畫逸譜一卷
　明張丑撰
　清抄本
浙圖

子 1637
清秘藏二卷圖錄四卷
　明張應文撰　明張德謙輯
附錄一卷
　清抄本
浙圖

子 1638
汪氏珊瑚網名畫題跋二十四卷
　明汪砢玉撰
　清抄本
浙圖

子 1639
汪氏珊瑚網法書題跋二十四卷
　明汪砢玉輯
　清抄本

浙圖

子 1640

書畫題跋記十二卷續十二卷

　明嬌李郁逢慶輯

　清抄本　仁和王存善校並跋

浙圖

子 1641

書畫題跋記十二卷續十二卷

　明嬌李郁逢慶輯

　清抄本

浙大

子 1642

書畫題跋記十二卷

　明嬌李郁逢慶輯

　清初抄本　清趙宗建題款　黃裳跋

浙圖

子 1643

書畫題跋記十二卷

　明嬌李郁逢慶輯

　清葉氏抄本

浙圖

子 1644

庚子銷夏記八卷附閑者軒帖考一卷

　清孫承澤撰

　清乾隆二十五年至二十六年（1760—

　　1761）鮑廷博、鄭竺刻本

　十行二十字　左右雙邊　黑口

　18.6×13.5 釐米

浙圖　嘉圖　杭博*

子 1645

庚子銷夏記八卷

　清孫承澤撰

　清乾隆二十五年至二十六年（1760—

　　1761）鮑廷博、鄭竺刻本　清海寧陳鱸

跋　清朱建劻題籤

浙圖

子 1646

臨諸名家法書不分卷

　清康熙十二年（1673）查士標抄本

　26.5×14.8 釐米

西泠印社

子 1647

江邨銷夏錄三卷

　　清錢塘高士奇輯

　　清康熙三十二年（1693）刻本

　九行十八字　左右雙邊　黑口

　18.2×14.4 釐米

浙圖　溫圖*　嘉圖　平湖圖　天一閣　玉海
樓*　浙大

子 1648

銷夏錄六卷

　　清錢塘高士奇撰　清劉堅編

　　清乾隆四年（1739）刻本

　十行二十一字　左右雙邊　白口

　18.5×13.8 釐米

紹圖　天一閣

子 1649

元書畫考二卷

　　清錢塘高士奇撰

　　清嘉慶四年（1799）戴光曾抄本　清嘉興

　　戴光曾跋　清錢塘羅以智校並跋

浙圖

子 1650

高江村書畫目一卷

　　清錢塘高士奇撰

　　小螺山館抄本　周大輔跋

浙圖

子 1651

佩文齋書畫譜一百卷

清孫岳頒、宋駿業等纂輯

清康熙四十七年（1708）內府刻本

十一行二十一字　左右雙邊　白口

16.8×11.7 釐米

浙圖　紹圖

子 1652

佩文齋書畫譜一百卷

清孫岳頒等撰

清康熙（1662—1722）靜永堂刻本

十一行二十一字　左右雙邊　白口

16.8×11.6 釐米

浙圖　寧圖 *　溫圖　天一閣

子 1653

式古堂書畫彙攷三十卷

清卞永譽輯　清林一璘考訂

清魯氏精抄本

十行字數不一　四周雙邊　白口

17.6×12.8 釐米

天一閣

子 1654

吳越所見書畫錄六卷

清陸時化輯

清懷煙閣抄本

天一閣

子 1655

吳越所見書畫錄六卷

清陸時化輯

清抄本

浙圖

子 1656

所見書畫錄摘要不分卷

清陸時化撰　清頌南輯

清抄本

浙圖

子 1657

秘殿珠林二十四卷

清張照等輯

清抄本

浙圖

子 1658

玉幾山人書畫涉記一卷

清鄞縣陳撰撰

手稿本

天一閣

子 1659

梁巘雜記不分卷

清梁巘撰

稿本

浙圖

子 1660

湘管齋寓賞編六卷

清歸安陳焯撰

清乾隆四十七年（1782）陳氏聽香讀書樓
　刻本

九行二十字　左右雙邊　黑口

12.9×9.8 釐米

浙圖

子 1661

滄海遺珠不分卷

清會稽周師濂撰

稿本　清同治四年（1865）沈文濤識

十二行字數不一　四周雙邊　白口

18×15.5 釐米

紹圖

子 1662

西畇寓目編不分卷

清陳塏撰

清抄本

浙圖

子 1663

別下齋書畫錄七卷補闕一卷

　清海寧蔣光煦輯

南屏行篋錄一卷

　清海寧釋達受輯

　清管氏抄本　清管氏錄清海寧管庭芬跋

浙圖

子 1664

別下齋書畫錄七卷

　清海寧蔣光煦撰

　清末抄本　清許光治校

浙圖

子 1665

桐陰論畫三卷二編二卷三編三卷書訣一卷

　清秦祖永撰

　清同治三年(1864)刻朱墨套印本

　八行十八字　左右雙邊　黑口

　12.9×10.8 釐米

浙圖

子 1666

書畫見聞錄不分卷

　清山陰平步青撰

　稿本

浙圖

子 1667

楹聯新話不分卷

　清會稽朱應鎬輯

　稿本

　九行二十字　四周雙邊　細藍口

　13.5×10.5 釐米

紹圖

子 1668

墨池編六卷

　宋朱長文輯

　明萬曆八年(1580)虞德燁等刻本

　十行二十二字　四周雙邊　白口

　20.6×14.2 釐米

浙圖＊　溫圖＊

子 1669

墨池編二十卷印典八卷

　宋朱長文撰　清朱象賢輯

　清雍正十一年(1733)朱氏就閒堂刻本

　十一行二十一字　左右雙邊　細黑口

　墨池編 16.9×11.7 釐米

　印典 16.5×11.6 釐米

浙圖　嘉圖

子 1670

墨池編二十卷印典八卷

　宋朱長文撰

　清乾隆(1736—1795)就閒堂刻本

　十一行二十一字　左右雙邊　黑口

　18.6×11.7 釐米

天一閣

子 1671

二王帖目錄評釋三卷

　宋許開撰

　清康熙十八年(1679)刻本

　十行二十三字　四周單邊　白口

　22.5×12.7 釐米

浙圖

子 1672

蘭亭考十二卷附群公帖跋一卷

　宋桑世昌輯

　明萬曆(1573—1620)項德弘刻本

　十行二十字　左右雙邊　白口

　20.6×14.3 釐米

浙圖

子 1673

蘭亭廣義三卷

　　清抄本

浙圖

子 1674

蘇米齋蘭亭考八卷

　　清翁方綱撰

　　清羊城西湖街六書齋刻本

　　十行二十四字　四周雙邊　白口

　　24.7×15.5 釐米

溫圖

子 1675

金壺記三卷

　　宋釋適之撰

　　清抄本

浙圖

子 1676

御覽書苑菁華二十卷

　　宋臨安陳思輯

　　清乾隆十九年(1754)刻本

　　十行二十一字　左右雙邊　細黑口

　　18.4×13.3 釐米

溫圖

子 1677

書苑菁華二十卷

　　宋臨安陳思輯

　　清抄本

天一閣

子 1678

筆則二卷

　　元趙鱥輯

　　清沈氏鳴野山房抄本　冬左跋

　　十行十九字　四周單邊　白口

　　19×14 釐米

天一閣

子 1679

書法鈎玄四卷

　　元蘇霖撰

　　明嘉靖三十六年(1557)嚴嵩刻本

　　十行二十字　四周單邊　白口

　　17.3×14 釐米

紹圖＊　杭博＊

子 1680

書史會要九卷補遺一卷

　　明黃巖陶宗儀撰

續編一卷

　　明朱謀垔撰

　　明崇禎二年(1629)朱氏寒玉館刻清初朱

　　　統鉥重修本

　　十行二十字　左右雙邊　黑口

　　19.4×13.7 釐米

浙圖

子 1681

墨池璘錄四卷

　　明楊慎撰

　　清乾隆五十四年(1789)李祖江刻本　清

　　　秀水沈叔埏批校

　　八行十七字　左右雙邊　黑口

　　23.7×14.1 釐米

浙博

子 1682

寒山帚談二卷附錄二卷

　　明趙宧光撰

　　清抄本

浙圖

子 1683

陳眉公先生手評書法離鉤十卷

　　明錢塘潘之淙撰　明陳繼儒評

附歷代帝王法帖釋文十卷

　　宋劉次莊撰

　　明天啓七年(1627)刻本

九行二十字　四周單邊　白口

20.5×14.4 釐米

杭博

子 1684

明潘無聲書法離鈎摘錄不分卷

　明錢塘潘之淙撰

　清抄本

天一閣

子 1685

書法正傳十卷

　清馮武撰

　清乾隆五十年(1785)世㸦堂刻本

　　十行二十字　左右雙邊　白口

　　19.2×13.7 釐米

浙圖　溫圖

子 1686

書學彙編十卷

　清鄞縣萬斯同輯

　清抄本

天一閣

子 1687

大瓢偶筆八卷

　清山陰楊賓撰

　清抄本

　　十行二十字　四周雙邊　白口

浙圖

子 1688

大瓢偶筆八卷

　清山陰楊賓撰

　清抄本

　　十行二十字　四周雙邊　白口

　　18.9×12.4 釐米

浙大

子 1689

鐵函齋書跋六卷

　清山陰楊賓撰

　清孫沂抄本　清孫沂跋

浙圖

子 1690

分隸偶存二卷

　清鄞縣萬經輯

　清乾隆三十七年(1772)刻本

　　十一行二十一字　左右雙邊　大黑口

　　20.5×13 釐米

浙圖

子 1691

竹雲題跋四卷

　清王澍撰

附金粟逸人逸事一卷

　清海鹽朱琰撰

　清乾隆三十二年(1767)錢人龍莟上畫雲
　　閣刻本

　　八行十八字　左右雙邊　白口

　　19.3×11.1 釐米

浙圖　平湖圖＊　天一閣＊

子 1692

虛舟題跋十卷

　清王澍撰

　清乾隆三十六年(1771)楊建聞川易鶴軒
　　刻本

　　八行十八字　左右雙邊　白口

　　18.2×11.1 釐米

浙圖

子 1693

書法集要四卷

　清武林皇甫鯤、金大鐘輯

　清乾隆九年(1744)颺錦齋刻本

　　九行二十字　四周單邊　下黑口

　　16.7×11.9 釐米

浙圖

子 1694

書法集要不分卷

　清完顏偉撰

　清乾隆十年（1745）研精齋刻本

　　八行十六字　四周雙邊　白口

　　17.7×12.4 釐米

海寧圖

子 1695

漢溪書法通解八卷

　清平湖戈守智撰

　清乾隆（1736—1795）霽雲閣刻本

　　九行二十一字　四周單邊

　　16.2×10.8 釐米

浙圖　溫圖＊　嘉圖＊

子 1696

書學捷要二卷

　清秀水朱履貞撰

　清同治十年（1871）會稽陶濬宣抄本

補一卷

　清會稽陶濬宣撰

　稿本

浙圖

子 1697

稷山論書詩不分卷

　清會稽陶濬宣撰

　稿本

　　九行二十一字　四周雙邊　白口

　　17.8×12.7 釐米

紹圖

子 1698

集帖目三卷

　清惠兆壬撰　清趙烈文增補

　清光緒十七年至清末（1891—1911）費氏

　　抄本　高時顯校補並跋

　　十行二十字　左右雙邊　紅口

　　12×15.2 釐米

浙大

子 1699

名迹雜錄不分卷

　清抄本

浙圖

子 1700

兩論書家二卷

　清抄本

浙圖

子 1701

歷代書家小傳不分卷

　清抄本

　書名編者擬

浙圖

子 1702

廣藝舟雙楫六卷

　康有爲撰

　清光緒十九年（1893）康氏萬木草堂刻本

　　清瑞安黃紹箕批

存三卷　一至三

　　十行二十字　左右雙邊　黑口

　　17.9×13.2 釐米

溫圖

子 1703

草韻辨體五卷

　明郭謙輯

　明崇禎六年（1633）閔齊伋刻三色套印本

　　六行十二字　四周雙邊　白口

　　21.2×14.4 釐米

浙圖

子 1704

草韻辨體五卷

　明郭謙輯

明萬曆（1573—1620）刻本

七行十二字　四周雙邊　白口

23×16.8 釐米

紹圖

子 1705

草聖彙辯四卷

清朱宗文摹辯　清白芬、張能鱗輯

清順治（1644—1661）嘉禾問業堂刻本

行字不一　四周單邊

21.7×14.2 釐米

浙圖

子 1706

草聖彙辯不分卷

清朱宗文摹辯　清白芬輯

清乾隆四十八年（1783）刻本

行字不一　四周單邊　白口

溫圖

子 1707

草字彙不分卷

清石梁輯

清乾隆五十二年（1787）敬義齋刻本

行字不一　四周單邊　白口

19.3×13.7 釐米

浙圖　溫圖　諸暨圖

子 1708

歷代帝王法帖釋文十卷

宋劉次莊撰　清羅森、孫際昌訂

清康熙八年（1669）戴時選、胡獻瑤刻本

八行二十字　四周雙邊　白口

18.3×12.5 釐米

浙圖　紹圖

子 1709

歷代帝王法帖釋文考異十卷

明顧從義輯

清抄本

浙圖

子 1710

絳帖平六卷

宋姜夔撰

清光緒（1875—1908）福建刻武英殿聚珍

　　版書本　趙萬里、海寧張宗祥校

九行二十一字　四周雙邊　白口

19.2×12.8 釐米

浙圖

子 1711

淳化帖釋文十卷

明黃道周撰　清羅森、孫際昌訂

清康熙八年（1669）刻本

八行二十字　四周雙邊　白口

18.2×12.5 釐米

溫圖

子 1712

淳化閣帖釋文十卷

清羅森、孫際昌訂

清康熙八年（1669）刻清重修本

浙圖

子 1713

淳化帖釋文十卷

明黃道周撰

清嘉慶十年（1805）任以治家抄本　清蕭

　　山任以治跋

浙圖

子 1714

淳化閣帖釋文十卷

清朱家標撰

清康熙二十二年（1683）龍潭朱家標絧錦

　　堂刻本

九行二十字　四周雙邊　白口

溫圖

子 1715

淳化祕閣法帖考正十卷附二卷

　清王澍撰

　清雍正八年(1730)詩鼎齋刻本

　十行十八字　四周雙邊　白口

　20×12.8 釐米

浙圖　溫圖

子 1716

淳化祕閣法帖考正十卷附二卷

　清王澍撰

　清天都秋水藕花居刻本

　十行十八字　左右雙邊　白口

　19.8×13 釐米

嘉圖

子 1717

淳化閣帖考釋十卷十七帖考釋一卷書譜考
**　釋一卷聖母帖考釋一卷自敘帖考釋一卷**

　清程穆衡撰

　清周氏鳩峰草堂抄本

浙圖

子 1718

欽定重刻淳化閣帖不分卷

　清吳省蘭輯

　清乾隆三十八年(1773)刻本

　十行二十一字　左右雙邊　白口

　16.5×12.3 釐米

浙圖

子 1719

抱經樓淳化祖帖考一卷

　清鄞縣盧登焯撰

　清乾隆五十二年(1787)盧氏抱經樓刻本

　十行十八字　左右雙邊　白口

　19.1×12.5 釐米

浙圖

子 1720

御刻三希堂石渠寶笈法帖釋文十六卷

　清錢塘梁詩正輯　清烏程陳焯釋

　清乾隆六十年(1795)刻本

　十行二十一字　左右雙邊　白口

　18.6×12.9 釐米

浙圖

子 1721

天際烏雲帖玫二卷

　清翁方綱撰

　清抄本　清光緒元年(1875)佚名跋

浙圖

子 1722

聖朝名畫評三卷

　宋劉道醇撰

　明刻本

　十一行二十字　左右雙邊　白口

　19.8×14.9 釐米

杭博

子 1723

聖朝名畫評三卷

　宋劉道醇撰

　明刻本　瑞安楊紹廉跋

溫圖

子 1724

益州名畫錄三卷

　宋黃休復撰

　明刻本

　十行二十字　左右雙邊　白口

　20×13.4 釐米

天一閣

子 1725

圖畫見聞誌六卷

　宋郭若虛撰

　清抄本

十一行二十一字　左右雙邊　白口

19.7×13.6釐米

天一閣

子1726

宣和畫譜二十卷

明刻本

九行十九字　四周雙邊　白口

20.6×14.6釐米

浙圖

子1727

廣川畫跋六卷

宋董逌撰

明刻本

存一卷　三

十行二十字　左右雙邊　白口

20.4×14釐米

浙圖

子1728

圖繪寶鑑五卷補遺一卷續補一卷

元吳興夏文彥撰

續一卷

明韓昂撰

明正德十四年(1519)苗增刻本

十行二十字　四周雙邊　黑口

20.6×14.3釐米

浙圖

子1729

圖繪寶鑑八卷

元吳興夏文彥撰　明毛大倫增補　清錢

塘藍瑛、錢塘謝彬重訂

清借綠草堂刻本

九行二十字　左右雙邊　白口

20.4×14.3釐米

溫圖　杭博

子1730

圖繪寶鑑八卷

元吳興夏文彥撰　明毛大倫增補　清錢

塘藍瑛、錢塘謝彬重訂

清借綠草堂刻本　雨山亭長跋

天一閣

子1731

王氏畫苑十卷

明王世貞編

明萬曆十八年(1590)王元貞刻本

卷一

古畫品錄　南齊謝赫撰

續畫品錄　唐李嗣真撰

後畫錄　唐釋彥悰撰

續畫品卷　陳姚最撰

貞觀公私畫史　唐裴孝源撰

沈存中圖畫歌　宋錢塘沈括撰

筆法記　五代荊浩撰

王維山水論　唐王維撰

卷二至卷四

歷代名畫記　唐張彥遠撰

卷五

聖朝名畫評三卷　宋劉道醇撰

卷六

唐朝名畫錄　唐朱景玄撰

五代名畫補遺　宋劉道醇撰

卷七至卷八

畫繼　宋鄧椿撰

卷九

益州名畫錄三卷　宋黃休復撰

卷十

米海嶽畫史一卷　宋米芾撰

十行二十字　左右雙邊　白口

20.1×13.9釐米

浙圖

子1732

王氏畫苑補益八卷

明王世貞編　明詹景鳳補

明萬曆十九年(1591)刻本

十行二十字　左右雙邊　白口

19.7×13.8 釐米

天一閣

子 1733

畫苑補益二卷

　明詹景鳳編

　明萬曆(1573—1620)刻本

　　卷一

　　　梁元帝山水松石格　梁元帝蕭繹撰

　　　畫學秘訣　唐王維撰

　　　豫章先生論畫山水賦　五代荆浩撰

　　　李成山水訣　宋李成撰

　　　林泉高致　宋郭熙撰

　　　郭若虛畫論　宋郭思撰

　　　紀藝　宋郭思撰

　　卷二

　　　宣和論畫雜評　宋徽宗趙佶撰

　　　山水純全論　宋韓拙撰

　　　畫山水訣　宋李澄叟撰

　　　畫山水歌

　　　李廌畫品　宋李廌撰

　　　華光梅譜　宋釋仲仁撰

　　　竹譜詳錄　元李衎撰

　　　張退公墨竹記

　十行二十字　左右雙邊　白口

　19.9×14 釐米

浙圖

子 1734

繪事微言四卷

　明唐志契撰

　明抄本

浙圖

子 1735

繪事微言二卷

　明唐志契撰

　清抄本

　十行二十字　左右雙邊　白口

　20.8×15.4 釐米

杭圖

子 1736

繪事微言一卷

　明唐志契撰

　清抄本

浙圖

子 1737

畫媵一卷畫眼一卷

　明嘉興李日華撰

　清康熙五十六年(1717)傅森刻本

　八行十八字　左右雙邊　黑口

　16.8×11 釐米

浙圖

子 1738

續畫媵二卷

　明嘉興李日華撰

　明刻本

　八行十九字　四周單邊　白口

　20.5×13.7 釐米

天一閣

子 1739

畫史會要五卷

　明朱謀垔撰

　明崇禎(1628—1644)刻清初朱統鉷重修

　本

存二卷　三至四

　十行二十字　左右雙邊　黑口

　20×13.5 釐米

紹圖

子 1740

家傳藝學一卷

　清笪重光撰　清笪世基輯

　清抄本　題清曉山跋

浙圖

子 1741

笪江上畫筌一卷

　清笪重光撰　清海昌查人漢注

　清抄本

浙圖

子 1742

無聲詩史七卷

　清姜紹書撰

　清康熙五十九年(1720)李光暎觀妙齋刻

　本

　八行十七字　左右雙邊　黑口

　14.2×10.2釐米

浙圖　溫圖　嘉圖　海寧圖　杭博　天一閣

子 1743

繪事備考八卷

　清王毓賢撰

　清康熙三十年(1691)刻本

　八行十八字　四周雙邊　白口

　19.2×13.9釐米

浙圖

子 1744

國朝畫徵錄三卷續錄二卷

　清秀水張庚撰

　清乾隆四年(1739)蔣泰、湯之昱刻本

　十行二十一字　四周單邊　黑口

　18.4×13.2釐米

溫圖　嘉圖　玉海樓*

子 1745

國朝畫徵錄三卷續錄二卷首一卷

　清秀水張庚撰

　清乾隆四年(1739)蔣泰、湯之昱刻二十

　　年(1755)增刻本　清傅以禮跋

浙圖

子 1746

歷代畫家姓氏考四卷續錄一卷附一卷

　清秀水張庚撰

　清有容堂抄本

　八行二十二字　四周雙邊　白口

　17.3×10.3釐米

天一閣

子 1747

冬心先生畫竹題記一卷冬心齋研銘一卷

　清錢塘金農撰

　清乾隆(1736—1795)刻本

　畫竹題記　十行十八字　左右雙邊　白口

　研銘　十行二十字　左右雙邊　黑口

　18×10.7釐米

浙圖*　天一閣*

子 1748

冬心先生雜著不分卷

　清錢塘金農撰

　清雍正(1723—1735)陳鴻壽種榆仙館刻

　　本

　十行二十字　左右雙邊　黑口

　17.8×11.5釐米

天一閣

子 1749

冬心先生雜著不分卷

　清錢塘金農撰

　清雍正(1723—1735)陳鴻壽種榆仙館刻

　　本　清傅以禮跋

浙圖

子 1750

芥舟學畫編四卷

　清沈宗騫撰

　清乾隆四十六年(1781)冰壺閣刻本

　八行十七字　白口

　26.8×14釐米

杭博

子 1751

樂閑先生題畫詩跋一卷

　清秀水董棨撰

枯菀題畫詩一卷

　清董耀撰

　稿本　海寧張元濟跋　董壽慈跋

浙圖

子 1752

宋元以來畫人姓氏續錄二十卷首一卷

　清山陰何澂輯

　稿本　清山陰魯燮光跋

浙圖

子 1753

畫苑集成不分卷

　清吳曾淳輯

　清嘉慶二十四年(1819)稿本

浙圖

子 1754

鹿床畫絮一卷

　清錢塘戴熙撰

　稿本

浙圖

子 1755

學畫捷法一卷

　清錢塘戴以恒撰

　稿本　清王維鋆、錢塘吳淦等跋

浙圖

子 1756

味梅室題畫隨錄不分卷

　清秀水朱熊輯

　稿本

浙圖

子 1757

靜怡齋藏畫目一卷書目一卷

　稿本

海寧圖

畫譜

子 1758

西廂記版畫一卷

　明唐寅繪

　明刻本

　書名編者擬

四周單邊　白口

天一閣

子 1759

劉雪湖梅譜二卷

　明劉世儒撰

　明萬曆六年(1578)徐時行刻本　焯翁跋

存一卷　下

　十一行二十字　四周雙邊　白口

　24×16.4釐米

天一閣

子 1760

劉雪湖梅譜二卷

　明劉世儒撰

像讚評林贈言二卷

　明山陰王思任輯

　明萬曆二十三年(1595)刻清初墨妙山房

　　印本

　十一行二十字　四周雙邊　白口

　23.5×16.5釐米

浙圖　杭博

子 1761

詩餘畫譜不分卷

　明汪□輯

　明萬曆四十年(1612)刻本

缺前二十五葉

四周單邊　白口

23×17釐米

紹圖

子1762

黃氏畫譜八卷

明黃鳳池輯

明萬曆天啓間(1573—1627)集雅齋清繪

齋刻本

存一卷　新鐫七言唐詩畫譜

26.3×18釐米

杭圖

子1763

博古葉子一卷

明諸暨陳洪綬繪

清初黃子立刻本

浙圖

子1764

芥子園畫傳五卷

清秀水王槩輯

清刻彩色套印本

缺一卷　四

九行二十字　四周單邊　白口

23×15.1釐米

杭圖

子1765

芥子園畫傳二集八卷首一卷

清秀水王槩、秀水王蓍、秀水王臬輯

清刻本

存三卷　首　蘭譜二卷

九行二十字　四周單邊　白口

22×14.6釐米

衢博

子1766

芥子園畫傳二集八卷

清秀水王槩、王蓍、王臬輯

清嘉慶五年(1800)文光堂刻彩色套印本

存蘭譜　竹譜　梅譜

九行二十字　四周單邊　白口

21.7×14.8釐米

嘉圖

子1767

芥子園畫傳三集四卷

清秀水王槩、王蓍、王臬輯

清刻彩色套印本

九行二十字　四周單邊　白口

21.4×14.2釐米

天一閣

子1768

芥子園畫傳初集五卷二集八卷三集四卷

清秀水王槩、王蓍、王臬輯

清乾隆四十七年(1782)金閶書業堂刻彩

色套印本

九行二十字　四周單邊　白口

21.4×14.2釐米

浙圖　天一閣*

子1769

無雙譜一卷

清金古良撰並繪

清康熙(1662—1722)刻本

行字不一　四周單邊　無口

19×12.2釐米

浙圖　天一閣　衢博

子1770

耕織圖一卷

清焦秉貞繪

清康熙三十五年(1696)內府刻本

24.4×24.2釐米

浙圖　嘉圖　海寧圖*　杭博　天一閣

子1771

晚笑堂畫傳不分卷明太祖功臣圖不分卷

清上官周撰並繪

清乾隆八年(1743)刻本

左右雙邊　白口

22.4×15.6 釐米

浙圖　紹圖　杭博*　天一閣*

子 1772

天下有山堂畫藝二卷

　清汪之元撰

　清四明樵石山房刻本

八行十八字　四周雙邊　白口

35.3×23 釐米

寧圖

子 1773

古歙山川圖一卷

　清吳逸撰

　清乾隆(1736—1795)古歙阮溪水香園刻

　本

十行二十二字　四周單邊　白口

20×14.7 釐米

浙圖

子 1774

凌煙閣圖敘一卷

　清劉源繪　清王時敏等撰

　清康熙(1662—1722)刻本

天一閣

子 1775

列仙酒牌一卷

　清蕭山任熊繪

　清咸豐四年(1854)蕭山蔡照初刻本

17.5×7.4 釐米

浙圖　溫圖

子 1776

百美新詠不分卷

　題清山陰樵叟撰

　清光緒十四年(1888)稿本

浙圖

子 1777

百美圖二卷

　清李若蘭繪

　稿本

存一卷　下

浙圖

子 1778

大觀名畫錄不分卷

　清吳升輯

　清抄本

杭博

篆刻

子 1779

陽明先生宗印錄不分卷

　明餘姚王守仁撰

　清抄本

天一閣

子 1780

正韻篆不分卷

　明沈延銓撰

　清康熙四十一年(1702)抄本

浙圖

子 1781

五合曲印譜不分卷

　明陸儀篆　明周士德輯

　明萬曆三十六年(1608)刻鈐印本

二行二印　四周單邊　白口

21.2×12.8 釐米

天一閣

子 1782

印雋四卷

　明梁袠篆刻並輯

　明萬曆三十八年(1610)刻鈐印本

四周單邊　白口

20.7×13.5 釐米

西泠印社

子 1783

印雋四卷

　　明梁袠篆刻並輯

　　明萬曆三十八年(1610)刻鈐印本　清山
　　　陰周星詒跋　李薰題款

浙圖

子 1784

古今印選二卷續一卷

　　明吳可賀輯

　　明萬曆(1573—1620)刻鈐藍印本

　　20.3×14.4 釐米

浙圖

子 1785

古今印選一卷

　　明四明張夢錫輯

　　明刻朱印本

　　19.5×12.9 釐米

浙圖

子 1786

珍善齋印印四卷

　　明吳迥篆刻並輯

　　明萬曆四十六年(1618)鈐印本　清光緒
　　　二十六年疝人跋

　　24×13.4 釐米

西泠印社

子 1787

曉采居印印四卷

　　明吳迥篆刻並輯

　　明萬曆(1573—1620)刻鈐印本

存二冊

　　四周花邊　白口

　　20×12.8 釐米

西泠印社

子 1788

曉采居印印二卷

　　明吳迥篆刻並輯

　　明萬曆(1573—1620)刻鈐印本

美院

子 1789

叢珠館印譜一卷

　　明曹一鯤篆刻

　　明萬曆(1573—1620)刻鈐印本

　　19.8×14.2 釐米

浙圖

子 1790

印選一卷

　　明金光先撰

印章論一卷

　　明萬曆(1573—1620)刻鈐印本

　　四周單邊　白口

　　20.6×14.5 釐米

西泠印社

子 1791

承清館印譜一卷續集一卷

　　明張灝輯

　　明刻鈐印本

　　四周單邊　白口

　　17×11.2 釐米

西泠印社

子 1792

承清館印譜一卷續集一卷

　　明張灝輯

　　明刻鈐印本　清傅以禮跋　楊浚題款

浙圖

子 1793

蘇氏印略三卷

　　明蘇宣篆刻

　　明萬曆四十五年(1617)刻鈐印本

四周單邊　白口

20×13 釐米

西泠印社

子 1794

鴻棲館印選一卷

　　明吳忠篆刻

　　明萬曆四十三年(1615)刻鈐印本

　　四周單邊　白口

　　21.2×14.6 釐米

西泠印社

子 1795

印史五卷

　　明何通撰

　　明天啓(1621—1627)刻鈐印本

　　四周單邊　白口

　　23.7×13.4 釐米

浙圖　西泠印社

子 1796

印可不分卷

　　明吳正暘篆刻並輯

　　明天啓五年(1625)刻鈐印本

　　20.3×13.8 釐米

浙圖

子 1797

忍草堂印選二卷

　　明何震篆刻　明程原輯

　　明天啓六年(1626)刻鈐印本

　　四周單邊　白口

　　20.1×13.5 釐米

西泠印社

子 1798

學山堂印譜五卷

　　明張灝輯

　　明崇禎四年(1631)刻鈐印本

　　四周單邊　白口

24.9×14 釐米

西泠印社

子 1799

學山堂印譜八卷附學山記一卷學山紀遊一
**　　卷學山題詠一卷**

　　明張灝輯

　　明崇禎(1628—1644)刻鈐印本

　　四周單邊　黑口

　　25.8×13.8 釐米

浙圖　西泠印社

子 1800

印商一卷

　　明程雲衢篆刻

　　明崇禎七年(1634)刻鈐印本　清鄭文焯
　　　　跋

　　四周單邊　白口

　　22×13.2 釐米

西泠印社

子 1801

韻齋印品不分卷

　　明范孟嘉篆刻

　　明崇禎九年(1636)刻鈐印本

　　四周單邊

　　19.4×13 釐米

西泠印社

子 1802

文三橋先生印譜一卷

　　明文彭篆刻　清榮譽輯

　　清榮譽得月簃鈐印本

美院

子 1803

趙凡夫先生印譜不分卷

　　明趙宧光摹刻　清章宗閎藏輯

　　清乾隆十年(1745)刻鈐印本

　　四周雙邊　白口

21. 3 × 14. 3 釐米

西泠印社

子 1804

印存初集四卷

明胡正言篆刻

清順治四年(1647)胡氏十竹齋鈐印本

四周單邊

20. 2 × 13. 5 釐米

浙圖　西泠印社

子 1805

賴古堂印譜四卷

清周在浚等輯

清康熙六年(1667)周氏賴古堂鈐印本

四周單邊

19. 9 × 13. 6 釐米

西泠印社

子 1806

紅術軒山水篆冊一卷

清汪鎬京篆刻

清康熙二十二年(1683)刻鈐印本

四周單邊　白口

19 × 12. 2 釐米

西泠印社

子 1807

谷園印譜四卷

清許容篆刻　清胡介祉輯

清康熙二十五年(1686)鈐印本

四周雙邊　白口

22. 7 × 13. 5 釐米

浙圖　西泠印社　美院

子 1808

韞光樓印譜二卷

清許容篆刻

清康熙二十八年(1689)鈐印本

20 × 14. 5 釐米

浙圖

子 1809

長嘯齋摹古小技二卷

清姚江孫拔篆刻

清康熙三十六年(1697)刻鈐朱印本

四周雙邊　白口

16. 8 × 10. 8 釐米

西泠印社

子 1810

金石紅文六卷

清吳熙篆刻　清李繼烈輯

清康熙四十年(1701)李繼烈刻鈐印本

四周單邊　白口

19. 4 × 14. 3 釐米

西泠印社

子 1811

立雪齋印譜四卷

清程大年篆刻

清康熙四十一年(1702)刻鈐印本

四周雙邊　白口

15. 7 × 10. 2 釐米

西泠印社

子 1812

相印軒印譜不分卷

清張在辛等輯

清康熙四十三年(1704)刻鈐藍印本

四周單邊　白口

17 × 11. 6 釐米

西泠印社

子 1813

文雄堂印譜不分卷

清周廷佐篆刻　清周夢髟輯

清康熙四十五年(1706)刻鈐印本

四周單邊　白口

20. 7 × 13. 7 釐米

海寧圖　西泠印社

子 1814
韻言篆略一卷
　　清童昌齡刻
　　清康熙四十七年（1708）刻鈐印本
　　四周單邊　白口
　　15.3×10.3 釐米
西泠印社

子 1815
鳳凰邨印譜一卷
　　清徐易篆刻
　　清康熙（1662—1722）鈐印本　清道光二
　　　十八年（1848）婁姚椿跋　清道光三十
　　　年（1850）張定跋
　　左右雙邊　白口
　　17.5×11.3 釐米
西泠印社

子 1816
謙齋印譜一卷
　　清沈鳳篆刻
　　清乾隆十八年（1753）刻鈐印本
　　四周單邊　白口
　　17.5×13.2 釐米
西泠印社

子 1817
六印山房記一卷
　　清高鳳翰輯
　　清康熙五十三年（1714）鈐印本　清田霽
　　　題詩
西泠印社

子 1818
西亭十二客印紀一卷
　　清高鳳翰輯
　　清乾隆二年（1737）刻鈐印本
西泠印社

子 1819
修汲堂印譜一卷
　　清曾景鳳篆刻
　　清雍正元年（1723）刻鈐印本
　　四周雙邊　黑口
　　18.7×12.5 釐米
西泠印社

子 1820
觀妙齋集印一卷
　　清秀水徐寅、徐貞木篆刻
　　清雍正七年（1729）鈐印本
　　四周雙邊　黑口
　　16.3×11.6 釐米
西泠印社

子 1821
珍珠船印譜二集
　　清桐鄉金一疇輯
　　清雍正八年（1730）刻鈐印本
　　四周雙邊　白口
　　20.4×14.7 釐米
西泠印社

子 1822
靜觀樓印言二卷
　　清王睿章篆刻
　　清乾隆（1736—1795）刻鈐印本
美院

子 1823
醉愛居印賞二卷
　　清王睿章篆刻
　　清乾隆十四年（1749）刻鈐印本
　　四周雙邊　白口
　　22.3×13.8 釐米
西泠印社

子 1824
強易窗印稿一卷
　　清強行健篆刻

清乾隆(1736—1795)稿本　清蕭山來謙
　　鳴、陳祖范、胡鼎、丁斌、朱星渚、張希
　　賢、郎丕勳、吳璟侯等跋

西泠印社

子 1825
澄懷堂印譜四卷
清王玉如篆刻　清葉錦輯
清乾隆十一年(1746)刻鈐印本
左右雙邊　白口
24.3×14.2 釐米
西泠印社　天一閣

子 1826
墨雨堂印餘二卷
清釋湛福篆刻
清乾隆十一年(1746)鈐印本(有手繪
　　圖)　清乾隆十一年(1746)張若靄跋
　　吳志恭跋　民國五年(1916)伊世勳題
　　記　素菊主人題
西泠印社

子 1827
飛鴻堂印譜初集八卷二集八卷三集八卷四集八卷五集八卷
清錢塘汪啓淑輯
清乾隆(1736—1795)刻鈐印本
四周雙邊　白口
23.2×14 釐米
西泠印社　寧檔*

子 1828
錦囊印林四卷
清錢塘汪啓淑輯
清乾隆十九年(1754)汪氏香雪亭鈐印本
四周花邊　白口
5.3×4 釐米
西泠印社

子 1829
袖珍印賞四卷
清錢塘汪啓淑輯
清乾隆二十一年(1756)刻鈐印本
四周雙邊　白口
12.6×8.8 釐米
西泠印社

子 1830
退齋印類十卷
清錢塘汪啓淑輯
清乾隆三十二年(1767)刻鈐印本
四周雙邊　白口
16.6×9.7 釐米
西泠印社

子 1831
臨學山堂印譜六卷
清錢塘汪啓淑輯
清乾隆二十四年(1759)刻鈐印本
四周雙邊　白口
20.3×14.6 釐米
西泠印社

子 1832
靜樂居印娛四卷
清錢塘汪啓淑輯
清乾隆四十三年(1778)刻鈐印本　清嘉
　　慶十五(1810)王藝孫跋
四周雙邊　白口
16.9×10.3 釐米
西泠印社

子 1833
悔堂印外八卷
清錢塘汪啓淑輯
清乾隆五十三年(1788)鈐印本
四周花邊　白口
23.2×15.8 釐米
西泠印社

子 1834

安拙窩印寄八卷

　　清錢塘汪啓淑輯

　　清乾隆五十四年(1789)刻鈐印本

　　四周雙邊　白口

　　16.6×10.2 釐米

西泠印社

子 1835

就懦齋言印一卷

　　清管希寧撰

　　清李家駒抄本

浙圖

子 1836

印籍一卷

　　清山陰胡志仁篆刻

　　清乾隆十三年(1748)刻鈐印本　清杭縣
　　　丁仁跋

　　上下雙邊　黑口

　　17.8×11.9 釐米

西泠印社

子 1837

春暉堂印始八卷

　　清檇李吳蒼雷摹刻　清錢塘汪啓淑輯

　　清乾隆十四年(1749)鈐印本　清乾隆十
　　　四年(1749)邵大業題序　乾隆十五年
　　　(1750)張容臣跋

　　四周雙邊　白口

　　18×11.6 釐米

西泠印社

子 1838

朱子家訓印譜一卷

　　清邢德厚篆刻

　　清乾隆十五年(1750)刻鈐印本

　　四周單邊　白口

　　19.9×13 釐米

西泠印社

子 1839

陰隲文印譜一卷

　　清邢德厚篆刻

　　清乾隆十六年(1751)刻鈐印本

　　四周單邊　白口

　　20×13 釐米

西泠印社

子 1840

坤皋鐵筆二卷餘集一卷

　　清鞠履厚篆刻

　　清乾隆二十年(1755)刻鈐印本

　　四周雙邊　白口

　　20×11.8 釐米

平湖圖＊　西泠印社

子 1841

研山印草一卷

　　清王玉如篆刻　清鞠履厚輯

　　清乾隆二十二年(1757)刻鈐印本

　　四周雙邊　白口

　　19.7×11.7 釐米

西泠印社

子 1842

閑中弄筆不分卷

　　清平湖沈策銘篆刻

　　清乾隆十七年(1752)鈐印本

　　四周雙邊　白口

　　19.9×12.6 釐米

西泠印社

子 1843

古今印譜一卷

　　清趙璧篆刻

　　清乾隆十九年(1754)刻鈐印本

　　四周單邊　白口

　　22.2×14.1 釐米

西泠印社

子 1844

雙松閣百壽印一卷

　清宋圣衛、李其焜篆刻

　清乾隆二十四年（1759）刻鈐印本

　　四周單邊　白口

　　19.7×12.4 釐米

西泠印社

子 1845

瑤草堂圖章印譜一卷

　清陸秉乾篆刻

　清乾隆二十七年（1762）刻本

　　四周單邊　白口

　　19.9×13.4 釐米

西泠印社

子 1846

友石軒印譜不分卷

　清錢浦云輯

　清乾隆二十七年（1762）刻鈐印本

　　四周雙邊　白口

　　17.6×13.5 釐米

西泠印社

子 1847

遠邨印譜不分卷

　清施象堃篆刻

　清乾隆二十八年（1763）刻鈐印本

　　四周雙邊　白口

　　9.8×7.9 釐米

西泠印社

子 1848

地山印稿五卷

　清山陰金鏐篆刻

　清乾隆二十八年（1763）刻鈐印本

　　四周單邊　白口

　　18×11 釐米

西泠印社

子 1849

芸齋印譜不分卷

　清刁峻巖篆刻

　清乾隆三十年（1765）忠恕堂刻鈐印本

　　四周單邊

　　17.5×11.1 釐米

西泠印社

子 1850

屬雲樓印譜一卷

　清陳鍊篆刻

　清乾隆三十年（1765）刻鈐印本

　　四周雙邊　白口

　　19.4×12.2 釐米

西泠印社

子 1851

保陽篆草不分卷

　清聶際茂篆刻

　清乾隆三十二年（1767）鈐印本

西泠印社

子 1852

墨花禪印稿五卷附餘集一卷

　清釋續行篆刻

　清乾隆三十年（1765）鈐印本

　　四周雙邊　白口

　　18.3×12.2 釐米

西泠印社

子 1853

秋水園印譜正集一卷續集一卷

　清陳在專篆刻　清張維霱輯

　清乾隆三十五年（1770）刻鈐印本

　　四周單邊　白口

　　17.2×10.9 釐米

西泠印社

子 1854

琴鶴堂藏印不分卷

　清會稽趙冠儒輯

清乾隆三十六年（1771）刻鈐印本

四周單邊　白口

19 × 13.5 釐米

西泠印社

子 1855

夏氏半閣拾古印遺不分卷

清夏一駒輯

清乾隆三十八年（1773）刻鈐印本

四周雙邊　白口

14.2 × 10.5 釐米

西泠印社

子 1856

汪樵石印譜不分卷

清汪汝升篆刻

清乾隆三十九年（1774）刻鈐印本

四周單邊

20.6 × 12.4 釐米

西泠印社

子 1857

存幾希齋印存不分卷

清陳克恕篆刻

清乾隆四十三年（1778）刻鈐印本

四周雙邊　白口

14.2 × 9.3 釐米

西泠印社

子 1858

抱經樓日課編四卷

清鄞縣盧登焯篆刻

清乾隆四十五年（1780）刻鈐印本　一九
五一年鄞縣沙孟海題簽

左右雙邊　白口

20.6 × 14.5 釐米

西泠印社

子 1859

書學印譜不分卷

清王綍篆刻

清乾隆四十九年（1784）刻鈐印本

四周花邊　白口

21 × 12.7 釐米

西泠印社

子 1860

秋聲館印譜不分卷

清沈元苞撰

清乾隆五十一年（1786）刻鈐印本

四周雙邊　白口

10 × 7.8 釐米

西泠印社

子 1861

畊先印譜一卷

清李荣曾篆刻

清乾隆五十三年（1788）大拜堂鈐印本

四周雙邊　白口

16.2 × 12.5 釐米

西泠印社

子 1862

四本堂印譜

清陳森年篆刻

清乾隆四十七年（1782）刻鈐印本

四周單邊　白口

15 × 9.3 釐米

西泠印社

子 1863

師古堂印譜五卷附説印一卷

清李宜開篆刻

清乾隆四十六年（1781）刻鈐印本

四周單邊　白口

14.4 × 20.8 釐米

西泠印社

子 1864

松園印譜不分卷

清賈永篆刻

清乾隆四十八年（1783）福壽堂鈐印本

四周雙邊　白口

19.1×12.6釐米

西泠印社

子1865

松雪堂印萃不分卷

清郭啟翼篆刻

清乾隆五十年（1785）刻鈐印本

四周雙邊　白口

21.1×12.2釐米

西泠印社

子1866

含翠軒印存四卷

清錢世徵篆刻

清乾隆五十三年（1788）刻鈐印本

四周雙邊　白口

13.4×9.6釐米

西泠印社

子1867

古巢印學不分卷

清仁和湯燧刻

清乾隆五十五年（1790）刻鈐印本

四周雙邊　白口

12.9×8.2釐米

西泠印社

子1868

陶峰小課印譜不分卷

清朱陶峰集

清乾隆五十九年（1794）刻鈐印本

四周雙邊

17.6×11釐米

西泠印社

子1869

詠薴樓印帙不分卷

清張載篆刻

清乾隆（1736—1795）刻鈐印本

四周雙邊　白口

18×11.6釐米

天一閣

子1870

歷朝史印十卷

清黃學圯篆刻　清吳叔元釋

清嘉慶二年（1797）楚橋書屋刻鈐印本

四周雙邊　白口

16×10.3釐米

天一閣　西泠印社

子1871

師古堂印譜二卷

清劉紹藜篆刻

印文輯略二卷

清劉紹藜輯

清嘉慶二十四年（1819）劉氏萬花閣刻鈐
　　印本

20×12.4釐米

浙圖

子1872

種榆仙館印譜八卷

清錢塘陳鴻壽刻　清郭宗泰輯

清道光六年（1826）刻鈐印本

四周雙邊　白口

13.9×10.5釐米

西泠印社

子1873

翠竹紅榴僊館印譜不分卷

清潘丹辰輯

清道光二十二年（1842）稿本

四周花邊

11.7×8釐米

西泠印社

子 1874

黃濟叔印譜一卷

　清黃濟叔篆刻

　清道光（1821—1850）稿本　清道光二十
　　五年（1845）沈裕本、吳壽民、沈志善跋
　　民國五年（1916）吳隱、餘杭高野侯跋

西泠印社

子 1875

宜軒印存一卷

　清蕭緝輯

　清道光二十六年（1846）稿本　清道光二
　　十六年（1846）徐渭仁跋

　四周雙邊　白口

　12.4×7.4 釐米

西泠印社

子 1876

小石山房名印傳真六卷

　清顧湘輯

　清道光三十年（1850）刻鈐印本　民國三
　　十年（1941）葉豐跋

西泠印社

子 1877

何子萬印譜不分卷

　清何嶼篆刻

　清咸豐七年（1857）鈐印本　清咸豐七年
　　（1857）徐康、黃鞠、黃壽齡等跋

　四周花邊

　15.8×10.5 釐米

西泠印社

子 1878

讀未見書室集印一卷

　清錢塘黃世本輯

　清咸豐八年（1858）鈐印剪貼本　清黃世
　　本題簽

　左右雙邊　白口

　12.6×9.6 釐米

西泠印社

子 1879

吳讓之印存不分卷

　清吳熙載篆刻　清魏錫曾集

　清同治三年（1864）鈐印本　清會稽趙之
　　謙題序　清方嚴、張嘉保、唐雲、高式
　　熊、錢君匋題簽　清同治三年（1864）
　　魏錫曾錄清吳讓之跋並跋　清同治六
　　年（1867）安吉吳昌碩、錢塘丁輔之、鄞
　　縣趙叔孺、餘杭褚德彝、曾熙、任薰跋
　　清同治九年（1870）王禹襄、仁和王禔、
　　上虞羅振玉、黃賓虹、餘杭高野侯跋
　　清同治十年（1871）葉潞淵跋

　15×9.1 釐米

西泠印社

子 1880

觀自得齋印集不分卷

　清徐士愷輯

　清光緒二十年（1894）刻鈐印本　逖先跋

　四周單邊　白口

　19.3×13.5 釐米

西泠印社

子 1881

二金蝶堂癸亥以後印稿一卷

　清會稽趙之謙篆刻　清朱志復輯

　清同治四年（1865）鈐印本

　12.1×9.2 釐米

浙圖

子 1882

二金蝶堂印譜不分卷

　清會稽趙之謙篆刻　清傅栻輯

　清光緒三年（1877）傅氏有萬憙齋鈐印本

　四周單邊　白口

　13×8.2 釐米

浙圖　西泠印社

子 1883

西泠八家印選不分卷

　清錢塘丁丙輯

　清同治六年（1867）刻鈐印本

　　四周單邊　白口

　　17×11.2 釐米

西泠印社

子 1884

西泠六家印存六卷

　清傅栻輯

　清光緒十一年（1885）刻鈐印本

　　四周單邊　白口

　　13×9.3 釐米

西泠印社

子 1885

印則不分卷

　清孫光祖撰

　清刻本

　　八行十六字　左右雙邊　黑口

　　13.5×11.4 釐米

天一閣

子 1886

續三十五舉一卷

　清于守緒撰

　稿本

浙圖

子 1887

飛鴻堂印人傳八卷

　清錢塘汪啓淑撰

　清乾隆五十四年（1789）刻本

　　八行十四字　四周雙邊　白口

　　22.7×14.3 釐米

嘉圖

樂譜

子 1888

浙音釋字琴譜不分卷

　明朱權輯

明刻本

存一百四十九葉　第五葉至一百五十三葉

　　字數不一　左右雙邊　白口

　　22×16 釐米

天一閣

子 1889

新刊正文對音捷要琴譜真傳六卷

　明楊表正撰

　明萬曆元年（1573）唐富春刻本

　　十行二十四字　四周雙邊　白口

　　21×14.3 釐米

浙圖

子 1890

琴譜十卷

　明楊表正撰

　明萬曆十三年（1585）唐富春金陵三街書

　　肆刻本

存四卷　三至六

　　十行十二字　四周單邊　白口

嘉圖

子 1891

重修正文對音捷要真傳琴譜大全十卷

　明楊表正撰

　明萬曆十三年（1585）金陵富春堂刻本

　　十行二十四字　四周雙邊　白口

　　20.4×14.3 釐米

浙大　衢博

子 1892

重修正文對音捷要真傳琴譜大全十卷

　明楊表正撰

　明萬曆十三年（1585）金陵富春堂刻翼聖

　　堂印本

浙圖

子 1893

琴譜不分卷

　明楊表正撰

清初抄本

浙圖

子 1894

三教同聲三卷

　明張德新輯

　明萬曆二十年（1592）刻本

　　九行字數不一　四周單邊　白口

　　17.8×13 釐米

天一閣

子 1895

琴譜合璧二種三卷

　明楊掄輯

　明萬曆三十七年（1609）自刻本

　　太古遺音二卷

　　伯牙心法一卷

　　八行十六字　小字雙行二十八字　四周雙邊

　　白口

　　23×15.1 釐米

衢博

子 1896

太古遺音四卷

　明楊掄輯

　明萬曆（1573—1620）桐梓軒刻本

　　八行十六字　小字雙行三十二字　四周雙邊

　　白口

　　23.5×15 釐米

浙圖

子 1897

太古遺音一卷

　清抄本

浙圖

子 1898

松絃館琴譜二卷

　明嚴澂撰

　明萬曆（1573—1620）刻本

　　六行　四周單邊　白口

衢博

子 1899

新傳理性元雅四卷

　明張廷玉輯

　明刻本

　　八行十六字　四周單邊　白口

　　20.6×14 釐米

浙圖＊　衢博

子 1900

太音希聲四卷

　明陳大斌輯

　明末刻本

　　九行十八字　四周雙邊　白口

　　21.4×14.5 釐米

衢博

子 1901

徽言秘旨不分卷

　明尹曄輯

　清順治九年（1652）聽月樓刻本

存一冊

　　六行字數不一　四周單邊　白口

　　21×13.9 釐米

浙大

子 1902

九宮譜定十二卷

　清海寧查繼佐等輯

　清初刻本

　　七行十八字　四周單邊　白口

　　19.9×12.3 釐米

衢博

子 1903

琴學心聲二卷

　清莊臻鳳撰

　清康熙六年（1667）刻本

存一卷　下
八行十六字　四周單邊　白口
20.8×14.3釐米
衢博

子1904
五知齋琴譜八卷
清徐祺輯
清乾隆十一年(1746)懷德堂刻本
八行十八字　左右雙邊　白口
18.8×14.8釐米
浙圖　溫圖　嘉圖

子1905
五知齋琴譜八卷
清徐祺撰
清抄本
浙圖

子1906
擬瑟譜一卷
清邵嗣堯等訂
清初刻本
八行十七字　四周雙邊　白口
18.7×14.6釐米
浙圖

子1907
大還閣琴譜六卷谿山琴況一卷萬峰閣指法
闓箋一卷
清徐祺撰
清康熙十二年(1673)刻本
行字不一　四周雙邊　白口
16×10.4釐米
浙圖　溫圖＊　衢博＊

子1908
松風閣琴譜二卷附抒懷操一卷
清程雄撰
清康熙(1662—1722)刻本

六行十二字　小字雙行二十二字　四周單邊
黑口
16×13釐米
溫圖　衢博

子1909
琴譜指法二卷
清徐常遇撰
清康熙四十一年(1702)響山堂刻本
八行十八字　四周雙邊　白口
15.3×10.7釐米
浙圖

子1910
德音堂琴譜十卷
清汪天榮輯
清康熙三十年(1691)刻本
八行十八字　左右雙邊　白口
19.9×14.9釐米
浙圖＊　衢博　浙大

子1911
德音堂琴譜十卷
清汪天榮輯
清康熙六十年(1721)有文堂刻本
八行十八字　左右雙邊　白口
19.7×15釐米
浙圖

子1912
琴譜析微六卷指法二卷
清魯鼎撰
清康熙三十一年(1692)魯氏自適軒刻本
缺三卷　四至六
九行十八字　四周雙邊
18.7×13.2釐米
浙圖

子1913
誠一堂琴譜六卷琴談二卷
清程允基輯

清康熙四十四年(1705)程允基誠一堂刻
本

　琴譜八行十三字　　四周雙邊　　白口

　18×14 釐米

浙圖　溫圖　衢博

子 1914

琴學正聲六卷

　清沈琯輯

　清康熙五十四年(1715)香度樓刻本

　　九行二十字　　四周單邊　　白口

　　19.5×13.5 釐米

衢博

子 1915

樂律表微八卷

　清德清胡彥昇撰

　清乾隆(1736—1795)刻本

　　十行二十四字　　左右雙邊　　白口

溫圖

子 1916

琴旨二卷

　清王坦撰

　清抄本

浙圖

子 1917

治心齋琴學練要五卷

　清王善撰

　清乾隆九年(1744)治心齋刻本

　　九行二十字　　四周單邊　　白口

　　19.2×13.2 釐米

衢博

子 1918

太古傳宗四卷絃索調時劇新譜二卷

　清湯彬穌等撰

　清乾隆十四年(1749)刻本

　　七行十六字　　四周雙邊　　白口

21.8×15.6 釐米

衢博

子 1919

潁陽琴譜四卷

　清李郊撰

　清乾隆十八年(1753)述德堂刻本

　　十行十九字或六行十二字　　四周雙邊　　白口

　　20.5×14.2 釐米

衢博

子 1920

琴香堂琴譜不分卷

　清馬任、馬債撰

　清乾隆二十五年(1760)琴香堂刻本

　　六行十八字　　四周雙邊　　白口

　　17.7×12.4 釐米

衢博

子 1921

研露樓琴譜四卷首一卷

　清崔應階撰

　清乾隆三十一年(1766)張松孤刻本

　　七行十二字　　四周雙邊　　白口

　　18.9×13.9 釐米

衢博

子 1922

**碧鮮山房指法字母滙參确解一卷指法附考
一卷琴牕隨筆一卷直指審音法一卷古樂
譜俗字考一卷外調和弦法一卷琴譜一卷**

　清會稽王仲舒撰

　清抄本

浙圖

子 1923

琴巘不分卷

　清黃文玉撰

　清道光二十二年(1842)稿本

浙大

藝術類

子 1924

望山堂琴學存書二卷

　清泰順林鶚撰

　清同治十年(1871)孫鏘鳴抄本　清瑞安
　　孫鏘鳴校並跋

　十二行二十一字　四周雙邊　藍口

　17.6×12.9釐米

浙大

子 1925

虞山琴譜二卷

　清抄本

浙圖

棋譜

子 1926

玄玄棋經三卷

　宋張擬撰

　明嘉靖七年(1528)汪德敬刻本

　十二行二十四字　左右雙邊　黑口

　19.6×13.7釐米

浙圖

子 1927

玄玄碁經不分卷

　宋張擬撰

　明刻本

　六行十八字　四周雙邊　白口

　25.3×12釐米

浙圖

子 1928

適情錄二十卷

　明林應龍撰

　明刻本

存四卷　三至六

　字數不一　四周單邊　白口

　21.5×18釐米

天一閣

子 1929

碁經二卷

　明永嘉鮑一朋撰

　明亮明齋刻本　佚名批點

　十行二十五字　四周單邊　白口

　18.8×13.5釐米

溫圖

子 1930

過伯齡四子譜二卷

　清過伯齡撰

　清乾隆五十一年(1786)金閶書業堂刻本

　上文下圖　四周單邊　白口

　24.5×18.1釐米

溫圖　嘉圖

子 1931

石室仙機五卷諸家集說一卷

　清許穀輯

　清康熙(1662—1722)暎旭齋刻朱墨套印
　　本

　十八行十八字　四周雙邊　白口

　22.3×23.2釐米

溫圖

子 1932

官子譜三卷

　清會稽陶式玉評輯

　清康熙(1662—1722)惠直堂刻本

　十行十八字　四周單邊　白口

　23.3×19.3釐米

溫圖

子 1933

弈學會海四卷

　清童耀輯

　清康熙三十七年(1698)刻本

存二卷　一至二

　兩欄　上欄十二行十一字　下欄九行十七字

　　四周單邊　白口

22.5×15.4 釐米

溫圖

子 1934

圍棋近譜四卷

　清錢塘徐星友、黃月天等撰　清金楸志
　　輯

　清康熙五十五年(1716)刻本

　　四周單邊　白口

　　21.7×18 釐米

玉海樓

子 1935

兼山堂弈譜一卷

　清錢塘徐星友撰

　清康熙五十八年(1719)刻本

　　十八行三十字　四周單邊　白口

　　22.5×20.2 釐米

溫圖

子 1936

弈妙一卷二編一卷

　清吳峻輯

　清乾隆二十九年(1764)崇雅堂刻本

　　八行十八字　四周單邊　白口

　　16×16.2 釐米

溫圖

子 1937

桃花泉弈譜二卷

　清海寧范世勳撰

　清乾隆三十年(1765)刻本

　　兩欄　上欄三行八字　下欄棋譜　四周單邊
　　　白口

　　22.5×18 釐米

浙圖　溫圖　海寧圖　玉海樓

子 1938

殘局類選二卷

　清錢長澤輯

清乾隆三十五年(1770)暗香書屋刻笙雅
　堂印本

　　兩欄　上文下圖　四周雙邊　白口

　　22.5×15.8 釐米

浙圖　溫圖

子 1939

弈理指歸圖二卷

　清錢長澤繪圖

　清乾隆三十六年(1771)刻本

　　兩欄　上文下圖　四周單邊　白口

　　24×18.6 釐米

嘉圖

子 1940

弈理指歸續編不分卷

　清海寧施紹闇撰

　清乾隆四十三年(1778)秋蘭書屋刻本

　　十九行三十二字　四周單邊　白口

　　22.6×18 釐米

溫圖　海寧圖　玉海樓

子 1941

三張弈譜三卷

　清張永年等撰

　清乾隆四十二年(1777)刻本

　　九行十八字　四周雙邊　白口

　　22.8×17.7 釐米

溫圖

子 1942

竹香齋象戲譜初集一卷二集一卷三集二卷

　題橘洲散人撰

　清刻本

　　十一行字數不一　四周單邊　白口

　　21.4×15.4 釐米

浙圖

子 1943

仙機纂要四卷

　清抄本

浙圖

子 1944
尊天爵齋弈譜一卷
　清李湛源等撰
　清抄本
溫圖

雜技

子 1945
漢官儀三卷
　宋劉攽撰
　清影宋抄本
　十行十七字　小字雙行二十二至二十六字
浙大

子 1946
漢官儀三卷
　宋劉攽撰
　清抄本
　十行十七字
浙圖

子 1947
丸經二卷
　明抄本　題清樂跋
浙圖

子 1948
射義新書二卷雜記一卷
　明海昌程道生撰
　明崇禎(1628—1644)刻本
　十行二十七字　四周單邊　白口
　21.2×12.4 釐米
浙圖

子 1949
馬吊譜不分卷
　清抄本
　九行二十六字

浙圖

子 1950
唐詩酒底二卷附酒律一卷
　清張山來輯
　清初自刻本
　七行十六字　四周單邊　白口
　14.3×10.5 釐米
杭圖

子 1951
燈謎二卷
　清文苑閣抄本
浙圖

子 1952
繪影集謎語一卷
　清抄本
浙圖

子 1953
類聯集古二編十二卷
　清劉慶觀輯
　清乾隆(1736—1795)九如堂刻本
　十二行二十九字　左右雙邊　白口
　21.5×14.7 釐米
浙圖

子 1954
鬥弄大全不分卷
　題監灘遊藝生輯
　清嘉慶十六年(1811)吳楷吟翠居抄本
　　清秀水吳楷跋
浙圖

子 1955
新鐫分門定類綺筵雅樂令謎昭華四卷
　明丘齊山輯

明書林劉氏喬山堂刻本

　三欄　上下欄十二行中欄十一行　字數不一
　　四周單邊　白口

　19.6×11.6 釐米

浙圖

子 1956

春燈隱語不分卷

　清鳳在元輯

　稿本

浙圖

子 1957

睫巢鏡影二卷

　清童叶庚撰

　稿本

　　卷上

　　　靜觀自得錄

　　　説快又續筆

　　　雕玉雙聯

　　　醉月隱語

　　卷下

　　　回文片錦

　　　蝸角棋譜

　　　五星聯珠

　　　月夜鐘聲

　　　六十四卦令

　　　七十二候令

　　　合歡爐齡籌譜

　　　鬥花籌譜

浙圖

子 1958

七巧八分圖不分卷

　清錢蕓吉撰

　清咸豐十一年(1861)刻朱墨套印本

　　七行十七字　朱色花邊　白口

　　15×10.9 釐米

浙圖

譜錄類

叢編

子 1959

山居雜志四十一卷

　明汪士賢輯

　明萬曆(1573—1620)汪氏刻本

存十五卷

　　南方草木狀三卷　晉嵇含撰

　　筍譜一卷　宋釋贊寧撰

　　茶經三卷　唐陸羽撰　附茶具圖贊一卷水

　　　辨一卷

　　茶經外集一卷　明孫大綬撰

　　茶譜一卷　明顧元慶撰

　　茶譜外集一卷　明孫大綬撰

　　酒譜一卷　明徐炬撰

　　疏食譜一卷　宋陳達叟撰

　　菌譜一卷　宋陳仁玉撰

　九行二十字　左右雙邊　白口

　19.6×14.2 釐米

浙圖

器物

子 1960

文房肆攷圖説八卷

　清唐秉鈞撰　清康愷繪圖

　清乾隆四十三年(1778)刻本

　　九行二十字　左右雙邊　黑口

　　18.2×12.6 釐米

浙圖

子 1961

硯箋四卷

　宋鄞縣高似孫撰

　清影宋抄本　海寧張宗祥跋

浙圖

譜錄類

子 1962

硯林小品一卷

　清張崇鈞撰

　清乾隆四十年(1775)留春堂刻本

　　九行字數不一　左右雙邊　白口

　　16.3×11 釐米

浙圖

子 1963

端溪研志三卷首一卷

　清吳繩年輯

　清乾隆(1736—1795)刻本

　　九行十九字　左右雙邊　白口

　　18.7×14.4 釐米

溫圖　嘉圖

子 1964

端溪硯譜考證辨説一卷

　清陳符清撰

　清抄本

浙圖

子 1965

謝氏硯攷四卷首一卷

　清謝慎修撰

　清乾隆(1736—1795)刻本

　　九行二十字　四周單邊　白口

　　23.4×14 釐米

天一閣

子 1966

寶硯堂硯辨一卷

　清何傳瑶撰

　清抄本

浙圖

子 1967

醉盦硯銘不分卷

　清會稽王繼香撰

　稿本

浙圖

子 1968

程氏墨苑十四卷

　明程大約撰

人文爵里九卷

　明萬曆(1573—1620)程氏滋蘭堂刻本

存十二卷　一至十二

　　六至九行十五至二十字不一　四周單邊　白口

　　版心下鐫"滋蘭堂"

　　24×15 釐米

浙圖*　天一閣*

子 1969

方氏墨譜六卷

　明方于魯撰

　明萬曆(1573—1620)方氏美蔭堂刻本

　　行款字數不一　四周單邊　白口

　　24×15.3 釐米

浙圖　溫圖　杭博　天一閣*

子 1970

汪氏鑒古齋墨藪不分卷

　清乾隆五十三年(1788)刻本

　　四至六行七至十九字不一　四周單邊　白口

　　20×13.5 釐米

浙圖

子 1971

紙書不分卷

　清抄本

　　十一行二十四字　四周單邊　白口

　　18.2×14 釐米

天一閣

子 1972

名劍記二卷

　明李承勛撰

　明萬曆四十二年(1614)刻本

　　十行二十二字　四周雙邊　白口

22.2×15 釐米

天一閣

子 1973

宣德彝器譜三卷

　　明呂棠等撰

　　清馬山甫貯古閣抄本　清張青選題簽

浙圖

子 1974

宣德彝器譜三卷

　　明呂棠等撰

　　清沈氏萬卷樓抄本

浙圖

子 1975

宋淳熙敕編古玉圖譜一百卷

　　宋龍大淵等纂

　　清乾隆四十四年(1779)江春康山草堂刻
　　本

　　八行十七字　四周單邊　白口

　　23.8×15.6 釐米

浙圖　紹圖

子 1976

古玉圖譜三十二卷

　　宋龍大淵等撰

　　清影抄彩繪乾隆三十六年至三十七年
　　　(1771—1772)余文儀刻本

浙圖

子 1977

雲林石譜一卷

　　宋山陰杜綰撰

　　清畫名山館抄本　佚名批校

浙圖

子 1978

窯考摘錄一卷玉紀一卷茶紀一卷

　　題學餘居士撰

清抄本

浙圖

子 1979

雲根石天然圖書譜一卷

　　清天台齊召南撰

　　清乾隆(1736—1795)台山書屋刻本

臨海博

子 1980

辨銀一卷

　　題文苑堂主人輯

　　清乾隆(1736—1795)杭城文苑堂刻本

　　八行二十字　四周單邊　白口

　　17.6×11.2 釐米

溫圖

子 1981

辨銀一卷

　　清抄本

浙圖

子 1982

鏡錄十卷

　　清慈谿鄭勛輯

　　稿本

天一閣

子 1983

古器辨譌一卷

　　清抄本　題錦仁跋

浙圖

子 1984

曼殊沙盒三十六壺盧銘一卷

　　清慈谿葉金壽撰

　　稿本

　　八行字數不一　四周雙邊　白口

　　20.4×12.4 釐米

天一閣

子 1985

七十三壺圖一卷

　清釋普荷繪圖

　清康熙二年(1663)稿本

天一閣

子 1986

七十三壺圖一卷

　清釋普荷繪圖並題銘

　清雍正二年(1724)稿本

天一閣

子 1987

陽羨名陶錄二卷

　清海寧吳騫撰

　清乾隆五十一年(1786)刻本

　十行二十字　左右雙邊　黑口

　17.9×13.5 釐米

海寧圖

子 1988

陶說六卷

　清海鹽朱琰撰

　清抄本

存二卷　四至五

黃巖圖

子 1989

燕几圖一卷

　宋黃伯恩撰

　清嘉慶十四年(1809)姚椿抄本

浙圖

子 1990

裝潢志一卷

　明周嘉胄撰

　清沈氏萬卷樓抄本

浙圖

子 1991

遠西奇器圖說錄最三卷

　瑞士鄧玉函口授　明王徵譯繪

新製諸器圖說一卷

　明王徵撰

　明汪應魁刻本

　九行二十字　四周雙邊　白口

臨海博

子 1992

遠西奇器圖說錄最三卷

　瑞士鄧玉函口授　明王徵譯繪

　明崇禎元年(1628)武位中刻清嘉慶二十
　　一年(1816)王企夢重修本

　九行二十字　四周雙邊　白口

　20.6×14.2 釐米

紹圖

子 1993

開成紀要不分卷

　意大利利瑪竇口譯　明徐光啓校

　清咸豐七年(1857)韓應陛抄本　清韓應
　　陛校跋

浙圖

食譜

子 1994

宋氏養生部六卷

　明宋詡等撰

　明刻竹嶼山房雜部本

存三卷

　十行二十字　左右雙邊　白口

　20×14.6 釐米

杭圖

子 1995

隨園食單一卷

　清錢塘袁枚撰

　清乾隆五十一年(1786)自刻本

十行二十一字　左右雙邊　黑口

13×10.3 釐米

浙圖

子1996

茶董二卷

　　明夏樹芳輯

　　明萬曆(1573—1620)夏氏清遠樓刻本

　　七行十六字　四周單邊　白口

　　18.9×12.5 釐米

浙圖

子1997

酒經三卷

　　宋朱翼中撰

　　張宗祥影宋抄本　海寧張宗祥跋

浙圖

子1998

酒史二卷

　　明馮時化撰

　　明萬曆(1573—1620)刻本

　　八行十九字　四周單邊　白口

　　20.3×13.2 釐米

浙圖

子1999

觴政一卷

　　明袁宏道撰

　　明萬曆三十八年(1610)刻本

　　十行二十字　四周單邊　白口

　　21.6×14.6 釐米

浙圖

子2000

酒顛二卷

　　明夏樹芳輯

　　明萬曆(1573—1620)夏氏清遠樓刻本

　　七行十六字　四周單邊　白口

　　18.8×12.5 釐米

浙圖

子2001

麯志七卷

　　明蘇化雨撰

　　明萬曆三十八年(1610)刻本　長興王修
　　　跋

　　十行二十字　四周單邊　白口

　　21.8×14.6 釐米

浙圖

子2002

醼略四卷

　　清仁和趙信撰

　　清抄本

浙圖

子2003

烟草譜八卷首一卷末一卷

　　清陳琮輯

　　清嘉慶二十年(1815)刻本

　　九行十九字　左右雙邊　白口

　　16×12 釐米

餘杭圖

子2004

洋煙敂述八卷

　　清鎮海姚燮撰

　　稿本

　　十一行二十三字　左右雙邊　黑口

　　18×13 釐米

天一閣

花草樹木

子2005

玉蕊辯證一卷

　　宋周必大撰

　　明抄本

天一閣

子 2006
華夷花木鳥獸珍玩考十二卷
　明吳興慎懋官撰
　明刻本
存五卷　三至七
　　十行二十字　　左右雙邊　　白口
　　19×13.8 釐米
杭圖

子 2007
華夷花木鳥獸珍玩考十二卷
　明吳興慎懋官撰
　清抄本
浙圖

子 2008
花史十卷
　明永嘉吳彥匡撰
　清抄本
浙圖

子 2009
花史十卷
　明永嘉吳彥匡撰
　清抄本
　　十行二十字　　四周單邊　　白口
　　18.2×13.3 釐米
中醫研院

子 2010
灌園史三卷
　明秀水陳詩教撰
　明萬曆(1573—1620)刻本
　　七行十六字　　四周單邊　　白口
　　18.5×12.2 釐米
天一閣

子 2011
二如亭群芳譜二十九卷
　明王象晉撰

明末刻本
　　八行十八字　　左右雙邊　　白口
　　21.5×15 釐米
溫圖*　紹圖　中醫大

子 2012
二如亭群芳譜二十八卷
　明王象晉撰
　明末刻清修本
　　八行十八字　　四周單邊　　白口
　　21.3×14.5 釐米
溫圖　天一閣

子 2013
佩文齋廣群芳譜一百卷目錄二卷
　清汪灝等撰
　清康熙四十七年(1708)內府刻本
　　十一行二十一字　　左右雙邊　　白口
　　16.5×11.7 釐米
浙圖　寧圖*　天一閣

子 2014
采芳隨筆二十四卷
　清查彬撰
　清嘉慶十九年(1814)刻本
缺一卷　三
　　十行二十二字　　左右雙邊　　白口
　　20.4×14.8 釐米
天一閣

子 2015
九華新譜一卷
　清錢塘吳昇撰
　稿本
浙圖

子 2016
百花評一卷
　清山陰傅元愷撰
　清抄本

浙圖

子 2017

蘭易二卷附蘭史一卷

　　明馮京第輯

　　清蔣氏別下齋抄本

浙圖

子 2018

羅鍾齋蘭譜一卷

　　明張應文撰　明莊繼光、毛晉校

　　明崇禎二年(1629)汲古閣刻本

　　八行十八字　左右雙邊　白口

　　20.1×12.2 釐米

玉海樓

子 2019

蘭言述略四卷蘭蕙真傳一卷

　　清袁世俊撰

　　清抄本

浙圖

子 2020

藝菊志八卷

　　清陸廷燦輯

　　清康熙五十七年(1718)棣華書屋刻本

　　十行二十字　左右雙邊　黑口

　　17.9×13.2 釐米

天一閣

子 2021

菊譜一卷

　　清錢塘吳昇撰

　　稿本　海寧張宗祥跋

浙圖

鳥獸蟲魚

子 2022

見物五卷

　　明李蘇撰

　明刻本

　　十行二十字　四周雙邊　白口

　　21×14.4 釐米

天一閣

子 2023

禽經一卷

　　題晉師曠撰　晉張華注

獸經一卷

　　明黃省曾撰

　　明天啓六年(1626)呂茂良刻本

　　九行二十字　四周單邊　白口

　　20.6×14.6 釐米

杭圖

子 2024

鴿經一卷

　　清張萬鐘撰

　　王氏詒莊樓抄本　長興王修跋

浙圖

子 2025

鷹論二卷附鶻子論一卷

　　意大利利類思撰

　　張宗祥抄本　海寧張宗祥跋

浙圖

子 2026

名馬記二卷

　　明郭子章撰

續二卷

　　明李承勛撰

　　明萬曆(1573—1620)刻本

　　十行二十二字　四周雙邊　白口

　　22.5×15.2 釐米

天一閣

子 2027

衛蟬小錄八卷

　　清孫葓意撰

清嘉慶二十四年（1819）高榮等刻本

十一行二十字　左右雙邊　白口

18×13 釐米

浙圖　天一閣

子 2028

貓苑二卷

清永嘉黃漢輯

清咸豐二年（1852）甕雲草堂刻本

九行二十一字　左右雙邊　白口

18×12.5 釐米

溫圖　紹圖

子 2029

重刊訂正秋蟲譜二卷

題宋賈似道撰

明嘉靖（1522—1566）刻本

八行二十字　四周雙邊　白口

19.2×12.6 釐米

天一閣

子 2030

秋蟲譜二卷

題宋賈似道撰

清抄本

天一閣

子 2031

鼎新像圖蟲經二卷

題宋賈似道輯

清抄本　長興王修跋

浙圖

子 2032

鼎新圖一卷

題宋賈似道撰

清抄本

浙圖

子 2033

新刊蟲異賦二卷

明林朝儀撰

明刻本

十行二十字　四周雙邊　白口

19.5×13.4 釐米

浙圖

子 2034

蟲天志十卷

明沈弘正撰

明暢閣刻本

八行十六字　左右雙邊　黑口

16.8×12 釐米

浙圖

子 2035

蟲小志六卷

清錢塘莫栻撰

清乾隆三十四年（1769）稿本

19×14 釐米

紹圖

子 2036

異魚圖贊四卷

明楊慎撰

明萬曆三十六年（1608）范允臨刻本

八行十八字　四周單邊　白口

23.2×15.4 釐米

浙圖

子 2037

異魚圖贊箋四卷補三卷閏集一卷

清胡世安撰

明崇禎（1628—1644）刻本

九行二十一字　左右雙邊　白口

19.2×13.4 釐米

溫圖

雜家類

雜學雜説

子 2038
鬻子一卷
　唐逄行珪注
　清孫氏玉海樓抄本
　　十行二十二字　左右雙邊
　　19.3×11.9 釐米
　浙大

子 2039
墨子十五卷
　明李贄輯　明仁和郎兆玉評
　明天啓(1621—1627)郎氏堂策檻刻本
　　九行二十字　四周單邊　白口
　　21.1×13.7 釐米
　浙圖　天一閣

子 2040
墨子十五卷
　清同治六年(1867)孫詒讓家抄本　清德
　　清戴望、瑞安孫詒讓校並跋
　　十行二十四字　四周雙邊
　　19.6×11.6 釐米
　玉海樓

子 2041
墨子閒詁十五卷
　清瑞安孫詒讓撰
　稿本
　存一卷　十
　　十二行　左右雙邊　白口
　　17.1×11.7 釐米
　玉海樓

子 2042
墨子閒詁十五卷後語二卷
　清瑞安孫詒讓撰

附錄一卷
　清畢沅校注　清瑞安孫詒讓校補
　清光緒二十一年(1895)蘇州毛上珍活字
　　印本　象山陳漢章批校
　　十一行二十三字　左右雙邊　黑口
　　19.5×14.9 釐米
　浙圖

子 2043
墨子校注十六卷
　清畢沅校注
　清乾隆四十九年(1784)畢氏靈巖山館刻
　　經訓堂叢書本　清顧廣圻校並跋
　　十一行二十二字　四周單邊　黑口
　　19.5×14.9 釐米
　杭圖

子 2044
墨子十六卷篇目考一卷
　清畢沅校注
　清光緒二年(1876)浙江書局刻二十二子
　　本　清瑞安孫詒讓校
　　九行二十一字　左右雙邊　白口
　　18.3×13.2 釐米
　浙大

子 2045
墨子十六卷篇目考一卷
　清畢沅校注
　清光緒二年(1876)浙江書局刻二十二子
　　本　佚名錄清瑞安孫詒讓、德清俞樾
　　等諸家批校並跋
　浙圖

子 2046
墨子六卷
　明萬曆九年(1581)茅坤刻本
　　九行二十字　四周單邊　白口
　　19.3×13.1 釐米
　溫圖

子 2047

墨子經校注二卷

　清楊葆彝撰

　清抄本　清瑞安孫詒讓校

玉海樓

子 2048

子華子十卷

　明刻本

　九行二十字　左右雙邊　白口

　20×13.9 釐米

天一閣

子 2049

子華子二卷

　明仁和郎兆玉點評

　明天啓(1621—1627)郎氏堂策檻刻本

　九行二十字　四周單邊　白口

　20.8×13.8 釐米

浙圖

子 2050

尹文子一卷

　明刻本

　八行十七字　左右雙邊　白口

　19.8×13.5 釐米

天一閣

子 2051

尹文子一卷附逸文一卷

　清蕭山汪繼培校

校勘記一卷

　清瑞安孫詒讓撰

　清孫氏玉海樓抄本

　十二行二十字　左右雙邊　細藍口

　16.6×11.8 釐米

浙大

子 2052

尹文子一卷

　清抄本

浙圖

子 2053

鶡冠子三卷

　宋山陰陸佃注

　明刻本

　八行十七字　左右雙邊　細黑口

　20.3×13.8 釐米

杭圖

子 2054

鶡冠子三卷

　宋山陰陸佃注　明王宇等評

　明天啓五年(1625)朱氏花齋刻本

　九行二十字　四周雙邊　白口

　20.5×14.3 釐米

浙圖　天一閣

子 2055

鶡冠子三卷

　宋山陰陸佃注　明王宇等評

　明天啓五年(1625)朱氏花齋刻本　清瑞
　　安孫詒讓校注

溫圖

子 2056

鶡冠子三卷

　宋山陰陸佃注　明王宇等評

　明天啓五年(1625)朱氏花齋刻本　蕭山
　　單丕錄清瑞安孫詒讓、德清俞樾批校

浙圖

子 2057

公孫龍子三卷

　宋謝絳注　明梁傑訂

尹文子二卷

　明末沈調元刻本

　九行二十字　四周單邊　白口

　21.2×14.8 釐米

浙大

子 2058
鬼谷子三卷
　梁陶弘景注　清秦恩復校
篇目考一卷附錄一卷
　清秦恩復輯
　清嘉慶十年(1805)江都秦氏石研齋刻本
　　清瑞安孫詒讓批
　十行二十一字　左右雙邊　白口
　19.1×14.5 釐米
浙大

子 2059
鬼谷子三卷
　梁陶弘景注　清秦恩復校正
篇目考一卷附錄一卷
　清秦恩復輯
　清嘉慶十年(1805)江都秦氏石研齋刻本
　　清錢塘吳和甫批
溫圖

子 2060
呂氏春秋二十六卷
　漢高誘注
　元至正(1341—1368)嘉興路儒學刻本
缺五卷　十五至十六　二十四至二十六
　十行二十字　左右雙邊　白口
　22.5×15.7 釐米
浙圖

子 2061
呂氏春秋二十六卷
　漢高誘注
　元至正(1341—1368)嘉興路儒學刻明重
　　修本
浙大

子 2062
呂氏春秋二十六卷
　漢高誘注
　明嘉靖七年(1528)許宗魯刻本

　十行十八字　左右雙邊　白口
　17.8×13.5 釐米
浙圖

子 2063
呂氏春秋二十六卷
　漢高誘注
　明宋邦乂等刻本
　十行二十字　左右雙邊　白口
　19×14.5 釐米
浙圖　杭圖

子 2064
呂氏春秋二十六卷
　漢高誘注
　明萬曆七年(1579)虞德燁等刻本
　十行十八字　左右雙邊　白口
　20×14.2 釐米
溫圖　天一閣

子 2065
呂氏春秋二十六卷
　漢高誘注
　明萬曆三十三年(1605)汪一鸞刻本
　九行十八字　四周單邊　白口
　20.9×14.8 釐米
浙圖

子 2066
呂氏春秋二十六卷
　漢高誘注
　明刻本
　十行二十字　左右雙邊　白口
　21.3×13 釐米
浙圖

子 2067
呂氏春秋二十六卷
　漢高誘注
　明末朱夢龍刻本

九行十八字　四周單邊　白口
19.4×14.3 釐米
浙圖　溫圖　嘉圖　玉海樓

子 2068

呂氏春秋二十六卷
　漢高誘注　題宋山陰陸游評　明吳興凌
　稚隆批
　明萬曆四十八年(1620)凌毓枏刻朱墨套
　印本
　　九行十八字　四周單邊　白口
　　19.6×14.5 釐米
浙圖　天一閣

子 2069

呂氏春秋二十六卷
　明李鳴春評
　明天啓七年(1627)自刻本
　　十行二十字　四周單邊　白口
　　20.8×14.8 釐米
浙圖

子 2070

呂氏春秋二十六卷
　漢高誘注　清畢沅校
附攷一卷
　清畢沅輯
　清乾隆五十三年(1788)畢氏靈巖山館刻
　　經訓堂叢書本　清瑞安孫衣言批校
　　十一行二十二字　四周單邊　黑口
　　19.4×14.7 釐米
浙大

子 2071

呂氏春秋二十六卷
　漢高誘注　清畢沅校
附攷一卷
　清畢沅輯
　清乾隆五十三年(1788)畢氏靈巖山館刻
　　經訓堂叢書本　清呂齊批校　諸暨余

重耀錄清會稽陶方琦批校
浙圖

子 2072

呂氏春秋二十六卷
　漢高誘注　清畢沅校
附攷一卷
　清畢沅輯
　清光緒元年(1875)浙江書局刻二十二子
　　本　清瑞安孫詒讓批校
　　九行二十一字　左右雙邊　白口
　　18.3×13.2 釐米
浙大

子 2073

呂氏春秋注補正一卷
　清瑞安孫鏘鳴撰
　稿本　孫栻跋
溫圖

子 2074

淮南子二十八卷
　漢劉安撰
　明嘉靖九年(1530)王鎣刻萬曆十一年
　　(1583)黃克纘等重修本
　　九行十七字　四周單邊　白口
　　17.1×12 釐米
浙圖　天一閣

子 2075

淮南鴻烈解二十一卷
　漢劉安撰　漢高誘注
　明萬曆八年(1580)歸安茅一桂刻本
　　九行十九字　左右雙邊　白口
　　19.5×12.7 釐米
浙圖　天一閣 *

子 2076

淮南鴻烈解二十一卷
　漢劉安撰　漢高誘注

明萬曆八年(1580)歸安茅一桂刻本　清
瑞安孫詒讓批校

玉海樓

子 2077

淮南鴻烈解二十一卷

漢劉安撰　漢高誘注

明萬曆十八年(1590)汪一鸞刻本

九行十九字　四周雙邊　白口

21.5×13.7 釐米

浙圖　杭圖　嵊州圖

子 2078

淮南鴻烈解二十一卷

漢劉安撰　漢高誘注

明萬曆十八年(1590)汪一鸞刻本　清朱
駿聲校

浙圖

子 2079

淮南鴻烈解二十一卷

漢劉安撰　漢高誘注

明末刻本

九行二十字　左右雙邊　白口

19.9×14.4 釐米

杭圖

子 2080

淮南鴻烈解二十一卷

漢許慎注　漢高誘注

清嘉慶九年(1804)聚文堂刻本　清瑞安
孫詒讓錄陳奐校跋

17.7×14 釐米

溫圖

子 2081

淮南子二十一卷

漢劉安撰　漢高誘注

清乾隆五十三年(1788)莊逵吉刻本

九行二十一字　左右雙邊　白口

18.3×13 釐米

嵊州圖　玉海樓

子 2082

淮南子二十一卷

漢劉安撰　漢高誘注

清乾隆五十三年(1788)莊逵吉刻本　海
寧張宗祥錄清黃丕烈校並跋

浙圖

子 2083

淮南子二十一卷

漢劉安撰　漢高誘注

清乾隆五十三年(1788)莊逵吉刻本　佚
名錄清瑞安孫詒讓校

玉海樓

子 2084

淮南子二十一卷

漢劉安撰　漢高誘注

清乾隆五十三年(1788)莊逵吉刻本　清
仁和孫志祖校　清仁和龔橙跋

浙大

子 2085

淮南子二十一卷

漢劉安撰　漢高誘注

清乾隆五十三年(1788)莊逵吉刻本　清
陳奐批校並跋

杭圖

子 2086

淮南子二十一卷

漢劉安撰　漢高誘注

清乾隆五十三年(1788)莊逵吉刻本　清
會稽陶方琦校並跋

浙圖

子 2087

淮南子二十一卷

　漢劉安撰　漢高誘注

　清嘉慶九年(1804)姑蘇聚文堂刻十子全
　　書本　清瑞安孫詒讓批校並録清陳奐
　　校跋

　　十一行二十一字　四周單邊　大黑口

　　17.7×13.9釐米

浙大

子 2088

淮南子二十一卷

　漢劉安撰　漢高誘注

　清光緒二年(1876)浙江書局刻二十二子
　　本　蕭山單丕校

　　九行二十一字　左右雙邊　白口

　　18.3×13.3釐米

浙圖

子 2089

淮南鴻烈解二十一卷

　漢劉安撰　漢高誘注　明歸安茅坤等評

　明張斌如刻本

　　九行二十字　四周單邊　白口

　　20.6×14.6釐米

浙圖　天一閣

子 2090

淮南鴻烈解二十一卷

　漢劉安撰　明歸安茅坤等評

　明刻朱墨套印本　佚名批校

　　九行二十字　四周單邊　白口

　　20.9×14.6釐米

浙圖

子 2091

淮南鴻烈解二十八卷

　漢劉安撰　漢許慎、高誘注

　明萬曆七年(1579)朱東光刻中立四子集
　　本　清王念孫校　海寧張宗祥跋

　　十行二十一字　四周雙邊

　　21.6×14.8釐米

浙圖

子 2092

淮南鴻烈解二十八卷

　漢劉安撰　漢許慎、高誘注　明山陰劉
　　績補注

　明黃焯刻本

存十一卷　十八至二十八

　　十行十八字　四周單邊　白口

　　18.5×12.9釐米

天一閣

子 2093

淮南鴻烈解輯略二卷

　明張榜等輯

　明刻本

　　八行二十字　四周單邊　白口

　　21.2×14.6釐米

浙圖

子 2094

淮南鴻烈解閒詁二十一卷

　清□□輯

　清抄本

浙圖

子 2095

淮南許高二注異同考二卷

　清會稽陶方琦撰

　稿本

存一卷　上

浙圖

子 2096

淮南許註異同詁補遺一卷續補一卷

　清會稽陶方琦撰

　清光緒七年(1881)陶氏漢孳室刻本　清
　　會稽陶方琦批校並跋

存一卷　補遺
九行二十一字　左右雙邊　白口
18.2×11.5 釐米
浙圖

子 2097
白虎通德論二卷
　漢班固撰
　明嘉靖元年(1522)傅鑰刻本
十行十六字　左右雙邊　白口
17×13.2 釐米
浙圖　杭圖　天一閣

子 2098
白虎通德論二卷
　漢班固撰
　明俞元符刻本
八行十八字　四周單邊　白口
19×11.9 釐米
浙圖　溫圖

子 2099
白虎通德論二卷
　漢班固撰
　明刻本
十行十六字　左右雙邊　白口
16.7×13 釐米
浙大

子 2100
白虎通德論四卷
　漢班固撰
　明天啓六年(1626)郎氏堂策檻刻本
九行二十字　四周單邊　白口
20.8×13.8 釐米
浙圖

子 2101
白虎通四卷
　漢班固撰

白虎通義考一卷白虎通闕文一卷
　清莊述祖撰並輯
白虎通校勘補遺一卷
　清仁和盧文弨撰
　清乾隆四十九年(1784)盧文弨抱經堂刻
　　抱經堂叢書本　清瑞安孫詒讓校並跋
十行二十字　左右雙邊　白口
18×13.2 釐米
浙大

子 2102
論衡三十卷
　漢上虞王充撰
　明嘉靖十四年(1535)蘇獻可通津草堂刻
　　本
存十二卷　一至九　十四至十六
十行二十字　左右雙邊　白口
19.1×14.5 釐米
浙圖

子 2103
論衡三十卷
　漢上虞王充撰
　明末錢震瀧刻本
九行二十字　左右雙邊　白口
19.7×14.1 釐米
溫圖　紹圖

子 2104
論衡三十卷
　漢上虞王充撰
　清刻本　海寧張宗祥校跋並錄楊守敬校
九行二十字　左右雙邊　白口
19.4×14.5 釐米
浙圖

子 2105
論衡三十卷
　漢上虞王充撰
　清顧汝璉刻本　佚名批校

九行二十字　左右雙邊　白口
19.7×14.6 釐米
浙圖

雜家類

子 2106
論衡三十卷
　漢上虞王充撰
　清光緒元年(1875)湖北崇文書局刻子書
　百家本　象山陳漢章批校
　十二行二十四字　四周雙邊　黑口
　19.4×14.9 釐米
浙圖

子 2107
論衡三十卷
　漢上虞王充撰　明劉光斗評
　明天啓六年(1626)閣光表刻本
　九行二十字　四周單邊　白口
　20.9×14.5 釐米
浙圖　浙大　浙博

子 2108
論衡十卷
　漢上虞王充撰　明丁玄煥評
　明天啓六年(1626)自刻本
　九行二十字　四周單邊　白口
　20.5×14.1 釐米
杭博

子 2109
風俗通義十卷
　漢應劭撰
　元刻明重修本
　存五卷　一至五
　十行十六字　四周雙邊　白口
　17.1×13 釐米
天一閣

子 2110
風俗通義十卷
　漢應劭撰

明天啓六年(1626)郎氏堂策檻刻本
九行二十字　四周單邊　白口
21×13.9 釐米
浙圖

子 2111
風俗通義十卷
　漢應劭撰
　明刻本
　十行十六字　左右雙邊　白口
　17.3×13.3 釐米
浙圖

子 2112
風俗通義十卷
　漢應劭撰
　明刻本
　九行十七字　四周雙邊　白口
　20.5×13.7 釐米
天一閣

子 2113
風俗通義十卷
　清應劭撰
　清道光六年(1826)刻本　嘉興沈曾植批
　九行十七字　四周雙邊　白口
　28.5×15.3 釐米
浙博

子 2114
風俗通義佚文六卷
　漢應劭撰
　清抄本
浙圖

子 2115
秘傳天祿閣寓言外史八卷
　題漢黃憲撰
　明朱養純花齋刻本
　九行二十字　四周單邊　白口

20.3×14.3 釐米

浙圖

子 2116

秘傳天祿閣寓言外史八卷

題漢黄憲撰

明刻本

九行二十字　四周雙邊　白口

21×13 釐米

浙圖　天一閣＊

子 2117

天祿閣外史八卷

題漢黄憲撰

明刻本

九行二十字　左右雙邊　白口

19.7×14.4 釐米

浙圖

子 2118

秘傳天錄閣寓言外史八卷

題漢黄憲撰

清抄本

天一閣

子 2119

人物志三卷

魏劉邵撰　西涼劉昞注

明萬曆五年(1577)李尚刻本

八行十六字　四周雙邊　白口

18.4×13.1 釐米

溫圖

子 2120

人物志三卷

魏劉邵撰　西涼劉昞注

清乾隆九年(1744)刻本

十行二十字　左右雙邊　白口

18×11.2 釐米

嘉圖

子 2121

牟子一卷

漢牟融撰

清光緒元年(1875)湖北崇文書局刻子書

　百家本　象山陳漢章批校

十二行二十四字　四周雙邊　黑口

18.9×14.9 釐米

浙圖

子 2122

劉子二卷

北齊劉晝撰

清光緒元年(1875)湖北崇文書局刻子書

　百家本　象山陳漢章批校

19.1×14.9 釐米

浙圖

子 2123

新刊劉子書抄一卷

北齊劉晝撰

明刻本

21.1×13.3 釐米

浙圖

子 2124

顏氏家訓二卷

北齊顏之推撰

明萬曆三年(1575)顏嗣慎刻本

十行十九字　四周單邊　白口

20.8×13.4 釐米

浙圖

子 2125

顏氏家訓二卷

北齊顏之推撰

明末刻本

九行二十字　左右雙邊　白口

20.1×14.1 釐米

嘉圖

217

子 2126

顔氏家訓二卷

北齊顔之推撰

清光緒元年(1875)湖北崇文書局刻子書

百家本　象山陳漢章批校

十二行二十四字　四周雙邊　黑口

19.1×14.8 釐米

浙圖

子 2127

封氏聞見記十卷

唐封演撰

清初抄本　佚名錄明吳岫、清錢曾跋

浙圖

子 2128

封氏聞見記十卷

唐封演撰

清乾隆五十七年(1792)秦鑨刻本

十行二十一字　左右雙邊　白口

18×13.5 釐米

浙圖

子 2129

近事會元五卷

宋李上交撰

清陸氏抄本　清陸氏錄清黃丕烈跋　清

宣統三年(1911)沈兆熊跋

浙圖

子 2130

續墨客揮犀十卷拾遺三卷

宋彭乘撰

清初抄本

缺一卷　一

浙圖

子 2131

夢溪筆談二十六卷補筆談三卷續筆談一卷

宋錢塘沈括撰

明崇禎四年(1631)馬元調刻本

九行十八字　左右雙邊　白口

18.8×13 釐米

浙圖　溫圖　浙博　天一閣　浙大 *

子 2132

東坡先生志林五卷

宋蘇軾撰

明萬曆二十三年(1595)趙開美刻本

九行十八字　左右雙邊　白口

17.5×12.3 釐米

浙圖

子 2133

東坡先生志林五卷

宋蘇軾撰

明刻朱墨套印本

八行十八字　四周單邊　白口

20×14.6 釐米

浙圖　天一閣 *

子 2134

王氏談錄一卷

宋王欽臣撰

清抄本

天一閣

子 2135

侯鯖錄八卷

宋趙令畤撰

明刻本　清夏啟芬批校

十行二十字　無框

天一閣

子 2136

侯鯖錄八卷

宋趙令畤撰

明萬曆(1573—1620)商濬刻清康熙

(1662—1722)振鷺堂重編補刻稗海

本　清鮑廷博校

九行二十字　四周單邊　白口

21×14.2釐米

溫圖

子2137

張太史明道雜志一卷

宋張耒撰

明抄本

十行二十三字　四周雙邊　白口

20×15釐米

天一閣

子2138

松窗百説不分卷

宋李季可撰

清孫氏玉海樓抄本　清瑞安孫衣言朱墨

點校

溫圖

子2139

冷齋夜話十卷

宋釋惠洪撰

明萬曆（1573—1620）商濬刻清康熙

（1662—1722）振鷺堂重編補刻稗海

本　清海寧吳騫校

九行二十字　四周單邊　白口

21×14.2釐米

溫圖

子2140

石林燕語十卷

宋烏程葉夢得撰

明正德元年(1506)楊武刻本

九行十八字　四周單邊　雙對黑魚尾　上下黑口

21×14.8釐米

天一閣

子2141

石林燕語十卷

宋烏程葉夢得撰

明刻本（配抄補）

九行二十字　四周單邊　白口

21.5×14.1釐米

浙大

子2142

元城語錄三卷

宋馬永卿輯

行錄一卷

明崔銑輯

明萬曆十八年（1590）于文熙、徐成楚刻

本

九行十九字　四周單邊　白口

20.9×13.7釐米

浙圖

子2143

猗覺寮雜記二卷

宋朱翌撰

清抄本　蕭山單丕錄海寧張宗祥校

浙圖

子2144

猗覺寮襍記二卷

宋朱翌撰

單丕抄本　蕭山單丕校

浙圖

子2145

北窗炙輠錄二卷

宋海寧施德操撰

清抄本

浙圖

子2146

容齋隨筆十六卷續筆十六卷三筆十六卷四筆十六卷五筆十卷

宋洪邁撰

明弘治十一年(1498)李瀚刻本　清李浮

山、趙連城跋

缺十二卷　續筆七　十二至十六　四筆一
至六
　　十行二十一字　四周雙邊　黑口
　　20.5×15 釐米
天一閣

子 2147
**容齋隨筆十六卷續筆十六卷三筆十六卷四
筆十六卷五筆十卷**
　宋洪邁撰
　明刻本　清歸安嚴元照批校
存續筆三卷　一至三
　　九行十八字　左右雙邊　白口
　　19.3×14 釐米
天一閣

子 2148
**容齋一筆十六卷續筆十六卷三筆十六卷四
筆十六卷五筆十卷**
　宋洪邁撰
　明刻本　長興王修跋
存一筆十六卷
　　九行十八字　白口　左右雙邊
　　19.9×13.9 釐米
浙圖

子 2149
**容齋隨筆十六卷續筆十六卷三筆十六卷四
筆十六卷五筆十卷**
　宋洪邁撰
　明崇禎三年(1630)馬元調刻本
　　九行十八字　左右雙邊　白口
　　19.1×13.8 釐米
浙圖　溫圖　天一閣＊

子 2150
**容齋隨筆十六卷續筆十六卷三筆十六卷四
筆十六卷五筆十卷**
　宋洪邁撰
　清乾隆五十九年(1794)掃葉山房刻本

　　九行十八字　左右雙邊　黑口
　　19.1×13.9 釐米
浙圖　寧圖　上虞圖　玉海樓

子 2151
紫微雜說一卷
　宋呂本中撰
　清抄本
浙圖

子 2152
程氏續考古編十卷
　宋程大昌撰
　明抄本
存五卷　一至五
浙圖

子 2153
能改齋漫錄十八卷
　宋吳曾撰
　清初錢曾述古堂抄本　清陸芝榮跋
存八卷　一　三至九
浙圖

子 2154
能改齋漫錄十八卷
　宋吳曾撰
　清初抄本
　　十行二十字
浙大

子 2155
能改齋漫錄十八卷
　宋吳曾撰
　清臨嘯書屋活字印本
　　九行二十一字　左右雙邊　白口
　　20.3×14.1 釐米
嘉圖

子 2156

辯言一卷

　宋員興宗撰

　清抄本

浙圖

子 2157

西溪叢語二卷

　宋姚寬撰

　明嘉靖二十七年(1548)俞憲鴯鳴館刻本

存一卷　　上

　十行二十一字　四周單邊　白口

　18.7×12.9 釐米

浙圖

子 2158

密齋筆記五卷續記一卷

　宋謝采伯撰

　清抄四庫全書本

浙圖

子 2159

老學庵筆記十卷

　宋山陰陸游撰　　明商濬校

　明萬曆(1573—1620)商濬刻稗海本　　題

　　稚松錄清張山農校並跋

　九行二十字　四周單邊　白口

　20.3×14.2 釐米

浙圖

子 2160

老學庵筆記十卷

　宋山陰陸游輯

　明天啓三年(1623)周應儀、王志堅刻本

　九行十八字　左右雙邊　白口

　19.8×13.3 釐米

天一閣

子 2161

老學菴筆記十卷

　宋山陰陸游撰

　清嘉慶十年(1805)張氏照曠閣刻學津討

　　原本　佚名錄清顧廣圻校並跋

　九行二十一字　左右雙邊　黑口

　19.2×14 釐米

浙圖

子 2162

習學記言序目五十卷

　宋永嘉葉適撰

　明抄本　清餘姚黃宗羲校　題安伯跋

存八卷　五至八　四十七至五十

　20.2×14.8 釐米

浙圖

子 2163

習學記言序目五十卷

　宋永嘉葉適撰

　清抄本

浙圖

子 2164

經鉏堂雜誌八卷

　宋歸安倪思撰　　明金有華校

　明萬曆三十年(1602)金有華刻本

　九行二十字　四周單邊　白口

　21.4×13.8 釐米

嘉圖　玉海樓*

子 2165

經鉏堂雜志八卷

　宋歸安倪思撰

　明萬曆(1573—1620)張輅刻本

　九行二十字　四周單邊　白口

　21.1×13.8 釐米

天一閣

子 2166

雲麓漫抄十五卷

　　宋趙彦衛撰

　　清抄本　王玿等跋

天一閣

子 2167

冐緐錄一卷

　　宋趙叔問撰

　　清抄本

浙圖

子 2168

賓退錄十卷

　　宋趙與峕撰

　　清乾隆十七年（1752）存恕堂刻本

　　十行十八字　　左右雙邊　　白口

　　17.1×12.9 釐米

浙圖

子 2169

鶴林玉露十六卷

　　宋羅大經撰

　　明刻本〔卷五至十二配清抄本〕　佚名批
　　校

　　十行二十二字　　四周單邊　　白口

　　21.6×14 釐米

浙圖

子 2170

鶴林玉露十六卷

　　宋羅大經撰

　　明刻本　清海鹽張載華批校

　　十行二十二字　　左右雙邊　　白口

　　21.4×14 釐米

杭圖

子 2171

鶴林玉露十六卷

　　宋羅大經撰

明刻本

缺六卷　八至十　十四至十六

　　九行二十字　　四周單邊　　白口

　　20.3×14.2 釐米

嘉圖

子 2172

鶴林玉露十六卷補遺一卷

　　宋羅大經撰

　　明萬曆三十六年（1608）刻本

　　十行二十字　　四周單邊　　白口

　　21.5×13.7 釐米

天一閣

子 2173

張荃翁貴耳集三卷

　　宋張端義撰

　　明抄本

　　十一行二十四字　　四周單邊　　白口

　　21.5×15 釐米

天一閣

子 2174

齊東野語二十卷

　　宋周密撰

　　明刻本

存八卷　七至九　十三至十五　十九至二
十

　　九行二十字　　四周單邊　　白口

　　20.8×14 釐米

嘉圖

子 2175

志雅堂雜鈔二卷

　　宋周密撰

　　清嘉慶十四年（1809）余集刻本

　　十行二十字　　左右雙邊　　綫黑口

　　19×13.7 釐米

天一閣　玉海樓

子 2176

隱居通議三十一卷

　元劉壎撰

　清嘉慶六年(1801)受餘堂刻本　清項傅

　　霖校

　十行二十二字　左右雙邊　白口

　18.2×13.3 釐米

溫圖

子 2177

庶齋老學叢談三卷

　元盛如梓撰

　清抄本

　九行二十字

天一閣

子 2178

研北雜志不分卷

　元陸友撰

　清乾隆(1736—1795)刻本

　十行二十五字　左右雙邊　白口

　18.8×12.3 釐米

衢博

子 2179

陳眉公訂正研北雜誌二卷

　元陸友撰

　清抄本

天一閣

子 2180

南村輟耕錄三十卷

　明黃巖陶宗儀撰

　明玉蘭草堂刻本

　十行二十一字　左右雙邊　白口

　19.9×13.5 釐米

浙圖　天一閣＊　寧海文

子 2181

南村輟耕錄三十卷

　明黃巖陶宗儀撰

明玉蘭草堂刻萬曆六年(1578)徐球重修

　本

浙大

子 2182

南村輟耕錄三十卷

　明黃巖陶宗儀撰

　明刻重修本　佚名校

　存六卷　五至十

　十行二十三字　四周雙邊　黑口

　22.3×14.3 釐米

浙圖

子 2183

輟耕錄三十卷

　明黃巖陶宗儀撰

　清初刻本

　十行二十一字　左右雙邊　白口

　20×13.5 釐米

黃巖圖

子 2184

草木子四卷

　明葉子奇撰

　明嘉靖二十二年(1543)王宏刻本

　十行二十字　四周單邊　白口

　20×14.5 釐米

天一閣

子 2185

草木子四卷

　明葉子奇撰

　明萬曆八年(1580)林有麟刻本

　九行二十一字　四周單邊　白口

　20.6×13.8 釐米

天一閣

子 2186

重刊草木子四卷

　明葉子奇撰

明楊瑞刻括蒼二子本
存二卷　三至四
十行二十一字　四周雙邊　白口
20.6×13.2 釐米
天一閣

子2187
草木子四卷
明葉子奇撰
清乾隆二十七年(1762)蘇遇龍刻本
七行二十二字　四周雙邊　白口
19.6×14.8 釐米
浙圖　溫圖

子2188
草木子四卷
明葉子奇撰
清抄本　清蕭山江繼濠校並跋
溫圖

子2189
震澤長語二卷
明王鏊撰
明刻本
十一行二十字　左右雙邊　白口
16.8×14.4 釐米
浙圖

子2190
震澤長語二卷
明王鏊撰
明萬曆(1573—1620)刻震澤先生別集四
　種本
十一行二十字　左右雙邊　白口
16.5×14.5 釐米
天一閣

子2191
立齋先生語錄一卷
明楊傑口述　明馬森輯

明萬曆四年(1576)陳吾德刻本
十行十九字　四周雙邊　黑口
21.6×15.6 釐米
天一閣

子2192
餘冬序錄六十五卷
明何孟春撰
明嘉靖七年(1528)郴州家塾刻本
十一行二十一字　左右雙邊　白口
20.8×14 釐米
杭圖 ＊　天一閣

子2193
餘冬序錄六十五卷
明何孟春撰
明嘉靖七年(1528)郴州家塾刻萬曆
　(1573—1620)黃齊賢、張汝賢重修本
浙圖

子2194
何燕泉先生餘冬序錄內篇二十五卷外篇三
　十五卷閏五卷
明何孟春撰
清乾隆二十三年(1758)何逵廷刻本
兩欄　下欄十行二十一字　四周雙邊　白口
21×13.3 釐米
浙圖　嘉圖

子2195
餘冬序錄二卷
明何孟春撰　明楊慎輯
明刻本
九行十六字　四周雙邊　白口
23×16 釐米
浙圖

子2196
兩山墨談十八卷
明德清陳霆撰

明嘉靖十八年(1539)李檗刻本

九行十八字　四周雙邊　黑口

17.6×12.2釐米

浙圖*　天一閣*

子2197

楊子卮言閏集三卷

明楊慎撰　明方沆校

清初抄本　佚名校

浙大

子2198

約言一卷

明薛蕙撰

明嘉靖十四年(1535)刻本

九行十九字　四周單邊　白口

19.2×13.6釐米

天一閣

子2199

七修類稿五十一卷續稿七卷

明仁和郎瑛撰

清乾隆四十年(1775)耕煙草堂刻本

九行二十字　左右雙邊　黑口

13.4×9.9釐米

溫圖　嘉圖

子2200

古言二卷

明海鹽鄭曉撰

明嘉靖四十四年(1565)項篤壽刻本

八行十六字　四周雙邊　白口

21×13.6釐米

浙圖　天一閣

子2201

芝園外集二十四卷

明鄞縣張時徹撰

明嘉靖(1522—1566)刻本

十行十九字　四周雙邊　白口

18.6×14.3釐米

杭圖

子2202

存愚一卷

明永嘉張純撰

清同治十年(1871)孫詒讓影明抄本　清
　　瑞安孫詒讓校並跋

浙大

子2203

覺山先生緒言二卷

明洪垣撰

明萬曆三十六年(1608)刻本

九行二十字　左右雙邊　白口

20.9×13.5釐米

浙圖

子2204

林氏雜記一卷

明林烴撰

明抄本　清高兆、林侗、仁和王存善跋

浙圖

子2205

金罍子上篇二十卷中篇十二卷下篇十二卷

明上虞陳絳撰

明萬曆三十四年(1606)陳昱刻本

九行二十字　四周單邊　白口

20.6×14釐米

浙圖　紹圖*

子2206

本語六卷

明高拱撰

清康熙二十五年(1686)刻本

九行十八字　四周雙邊　白口

18.9×14.7釐米

嘉圖

子 2207

篷底浮談十五卷

明張元諭撰

明隆慶四年(1570)董原道刻本

存十二卷　一至八　十二至十五

十行二十字　四周雙邊　白口

19×14 釐米

杭圖

子 2208

學道紀言五卷補遺一卷

明周思兼撰

附錄一卷

明萬曆二十三年(1595)徐汝晉刻本

九行十七字　左右雙邊　白口

19.7×13.2 釐米

浙圖

子 2209

群賢要語二卷

明李佑輯

明萬曆五年(1577)刻本

八行十七字　四周雙邊　黑口

20.8×13.3 釐米

天一閣

子 2210

岐海璅譚十六卷

明永嘉姜準撰

清同治(1862—1874)孫鏘鳴抄本　清瑞
　安孫鏘鳴校並跋

浙大

子 2211

認字測三卷

明周宇撰

明萬曆三十九年(1611)周傳誦刻本

九行二十字　四周單邊　白口

20×13.8 釐米

浙圖

子 2212

林子全集不分卷

明林兆恩撰

明崇禎四年(1631)刻本

九行十九字　四周單邊　白口

20×14 釐米

浙圖

子 2213

林子不分卷

明林兆恩撰

明刻本

九行十七字　四周雙邊　白口

19.3×14.2 釐米

浙圖

子 2214

大雅堂訂正枕中書一卷

明李贄撰

明博極堂刻本

八行十八字　四周單邊　白口

20.4×13.5 釐米

溫圖

子 2215

文雅社約二卷

明沈鯉撰

明萬曆三十年(1602)李三才刻本

九行二十字　四周單邊　白口

20.8×15.4 釐米

浙圖

子 2216

穀山筆麈十八卷

明于慎行撰

明萬曆四十一年(1613)于緯刻本

九行十八字　四周單邊　白口

18.7×14.3 釐米

浙圖

子 2217

穀山筆麈十八卷

明于慎行撰

明天啓五年(1625)于緯刻本

八行十八字　四周單邊　白口

20.8×13.7 釐米

天一閣　浙博*

子 2218

見聞雜紀九卷續二卷

明李樂撰

明萬曆(1573—1620)刻清乾隆四十一年
(1776)章氏尊行堂重修本

十行十八字　四周單邊　白口

17.3×12.5 釐米

浙圖

子 2219

詹氏性理小辨三卷

明詹景鳳撰

明刻本

十行二十字　左右雙邊　白口

20×14.1 釐米

玉海樓

子 2220

宙合編一卷

明林兆珂撰

明末刻泰真測徽崇字集本

八行二十字　四周單邊　白口

19.7×14.2 釐米

浙圖

子 2221

鴻苞四十八卷

明鄞縣屠隆撰

明萬曆三十八年(1610)茅元儀刻本

八行十九字　左右雙邊　白口

21.3×13.2 釐米

浙圖*　天一閣

子 2222

筆叢正集三十二卷續集十六卷

明蘭溪胡應麟撰

明萬曆三十四年(1606)吳勉學刻本

十行二十字　左右雙邊　細黑口

19.7×14.2 釐米

浙大

子 2223

菜根譚前集一卷後集一卷

明洪自誠撰

明萬曆(1573—1620)刻本

八行十八字　四周單邊　白口

浙圖

子 2224

焦氏筆乘六卷

明焦竑撰

明萬曆(1573—1620)刻本

十行二十字　左右雙邊　白口

20.5×13.5 釐米

紹圖

子 2225

焦氏筆乘六卷續集八卷

明焦竑撰

明萬曆三十四年(1606)謝與棟刻本

九行十九字　四周單邊　白口

21.1×13.4 釐米

浙圖　杭圖　紹圖　天一閣

子 2226

祝子小言不分卷

明祝世祿撰

明萬曆二十一年(1593)刻環碧齋集本
佚名評

八行十八字　四周單邊　白口

21.3×13.7 釐米

浙圖

雜家類

子 2227

鬱岡齋筆塵四卷

　明王肯堂撰

　明萬曆（1573—1620）刻本

　九行十八字　四周單邊　白口

　19×13 釐米

紹圖

子 2228

彙附百名公帷中纂論書經講義會編十二卷

　明蔣方馨輯

　明萬曆三十四年（1606）三衢書林刻本

　十二行二十四字　四周單邊　白口

　22.8×12.8 釐米

溫圖

子 2229

塵餘四卷

　明謝肇淛輯

　明萬曆三十五年（1607）刻本

　九行十八字　左右雙邊　白口

　19.8×13.7 釐米

浙圖

子 2230

五雜俎十六卷

　明謝肇淛撰

　明刻本

　九行十八字　左右雙邊　白口

　19×13.5 釐米

浙圖

子 2231

五雜俎十六卷

　明謝肇淛撰

　清康熙（1662—1722）刻本

　九行十八字　左右雙邊　白口

　19.2×13.4 釐米

浙圖

子 2232

說儲八卷二集八卷

　明陳禹謨撰

　明萬曆三十七年（1609）徐騰芳刻本

　九行二十字　左右雙邊　白口

　20.3×13.1 釐米

浙圖

子 2233

小柴桑喃喃錄二卷

　明會稽陶奭齡撰

　明崇禎八年（1635）李爲芝刻本

　九行二十字　四周單邊　白口

　20.3×15 釐米

杭圖　紹圖　天一閣

子 2234

剡溪漫筆六卷

　明鄞縣孫能傳撰

　明萬曆四十一年（1613）孫能正刻本

　十行二十一字　四周單邊　白口

　22.1×13.9 釐米

天一閣

子 2235

槎菴小乘四十一卷

　明蕭山來斯行撰

　明崇禎四年（1631）刻本

　九行二十字　左右雙邊　白口

　20.8×14.3 釐米

浙圖

子 2236

閒署日抄二十二卷

　明舒榮都輯

　明天啓二年（1622）刻本

存二十一卷　一至七　九至二十二

　十行二十字　左右雙邊　白口

　21.4×14.7 釐米

浙圖

子 2237

孤竹賓談四卷

明陳德文撰

明嘉靖二十八年(1549)蘇繼、白以道刻
本

九行二十字　四周雙邊　白口

15×11.2 釐米

天一閣

子 2238

隰言十八卷

明徐日久撰

明天啓三年(1623)刻本

存四卷　一至四

九行十八字　四周雙邊　白口

21.3×13.5 釐米

衢博

子 2239

留青日札三十九卷

明錢塘田藝蘅撰

明萬曆三十七年(1609)徐懋升刻本

九行二十字　左右雙邊　白口

20.3×14.4 釐米

浙圖

子 2240

讀書拙言一卷

明陳第撰

清抄本

浙圖

子 2241

梅花渡異林十卷

明支允堅撰

明崇禎(1628—1644)刻本

八行二十字　左右雙邊　白口

21×13.9 釐米

浙圖　天一閣 *

子 2242

豐草庵雜著五種五卷

明吳興董説撰

清初抄本

昭陽夢史一卷

非烟香法一卷

柳谷編一卷

文字障一卷

河圖卦版一卷

浙圖

子 2243

續問奇類林三十卷

明郭良翰撰

明萬曆(1573—1620)黃吉士刻本

存十三卷　七至十九

九行二十字　四周單邊　白口

21×14.5 釐米

紹圖

子 2244

沈氏弋説六卷

明錢塘沈長卿撰　明蕭山黃可師等評

明萬曆(1573—1620)刻本

八行十八字　四周單邊　白口

21.6×13.5 釐米

浙圖　紹圖

子 2245

吹景集十四卷

明烏程董斯張撰

清抄本　清鎮海姚燮跋

存八卷　二至九

浙圖

子 2246

物理小識十二卷

清方以智撰

清潭陽天瑞堂刻本

十一行二十三字　左右雙邊　白口

20×12.6 釐米

天一閣

子 2247

物理小識十二卷首一卷

　清方以智撰

　清康熙三年(1664)于藻刻本

　九行二十二字　左右雙邊　白口

　19.7×12.8 釐米

浙圖　溫圖　浙大

子 2248

棗林雜俎六卷

　清海寧談遷撰

　清抄本

浙圖

子 2249

棗林外索二卷

　清海寧談遷撰

　清抄本

浙圖

子 2250

夜航船二十卷

　明山陰張岱撰

　清觀術齋抄本

　十一行二十一字　四周單邊　白口

　18×12.5 釐米

天一閣

子 2251

因樹屋書影十卷

　清周亮工撰

　清康熙(1662—1722)周氏賴古堂刻本

　九行十八字　四周單邊　白口

　17.1×13.1 釐米

嘉圖

子 2252

因樹屋書影十卷

　清周亮工撰

　清雍正三年(1725)懷德堂刻本

　九行十八字　四周單邊　白口

　17.6×13.5 釐米

嘉圖　天一閣

子 2253

三山論學紀一卷

　意大利艾儒略撰

　清康熙三十三年(1694)京都天主堂刻本

　九行二十一字　左右雙邊　白口

　19×12.1 釐米

浙圖

子 2254

雕丘雜錄十八卷

　清梁清遠撰

　清康熙十七年(1678)太平園刻本

　九行十九字　左右雙邊　白口

　17.7×13.1 釐米

嘉圖

子 2255

筧園雜說二卷

　清仁和沈起潛撰

　清抄本

浙圖

子 2256

聽潮居存業十卷

　清原良撰

　清初刻本

　九行二十字　四周單邊　白口

　21.6×13.4 釐米

浙圖

子 2257

容膝居雜錄六卷

　清葛芝撰

清康熙(1662—1722)葛氏東籬別業刻本

十行二十二字　左右雙邊　黑口

19.7×14.1 釐米

浙圖　浙大

子 2258

廣東新語二十六卷

清屈大均撰

清康熙三十九年(1700)木天閣刻本

十一行十九字　四周單邊　白口

19.4×13.4 釐米

浙大

子 2259

池北偶談二十六卷

清王士禎撰

清康熙三十九年(1700)王廷掄福建臨汀

郡署刻本

十一行二十三字　左右雙邊　大黑口

19×14.9 釐米

浙圖　寧圖　嘉圖　嵊州圖＊　義烏圖

子 2260

三岡識略十卷

清董含撰

清抄本

浙圖

子 2261

山志十卷

清王弘撰撰

清乾隆五十三年(1788)紹衣堂刻本

卷七卷八原注嗣刻

十行十九字　左右雙邊　白口

18.2×13.6 釐米

浙圖

子 2262

山志六卷

清王弘撰撰

清抄本

紹圖

子 2263

蓉槎蠡説十二卷

清程哲撰

清康熙五十年(1711)程氏七略書堂刻本

十一行二十一字　左右雙邊　白口

17.7×13.1 釐米

浙圖　天一閣＊

子 2264

在園雜志四卷

清劉廷璣撰

清康熙五十四年(1715)自刻本

九行十九字　左右雙邊　黑口

18×12.6 釐米

天一閣

子 2265

經史慧解六卷

清蔡含生撰

清康熙二十六年(1687)刻本

九行二十二字　四周單邊　白口

20.5×14.1 釐米

浙圖

子 2266

受宜堂宦遊筆記四十六卷

清納蘭常安撰

清乾隆十一年(1746)受宜堂刻本

九行二十字　左右雙邊　白口

18.3×14 釐米

溫圖

子 2267

昌江性學述筆貫珠十二卷

清鄧逢光撰

清學睡齋抄本

浙圖

子 2268

柳南隨筆六卷

清王應奎撰

清乾隆五年(1740)顧氏親仁堂刻本

十行十九字　四周單邊　黑口

17.8×13.5 釐米

浙圖

子 2269

研北猶存錄不分卷

清田肇麗撰

清康熙(1662—1722)稿本　清封銘遠批

清盧中倫跋

十行字數不一　左右雙邊　粗黑口

19×13 釐米

浙大

子 2270

權衡一書四十一卷

清王植輯

清乾隆(1736—1795)刻本　佚名批

存一卷　三十一

十行二十一字　四周單邊　白口

18.6×13 釐米

浙大

子 2271

片刻餘閒集二卷

清劉埥撰

清乾隆十九年(1754)自刻本

九行二十字　四周雙邊　白口

18.5×13.2 釐米

浙圖

子 2272

黃嬭餘話八卷

清陳錫路撰

清乾隆三十七年(1772)芸香窗刻本

九行二十字　左右雙邊　黑口

16.8×12 釐米

浙圖

子 2273

韓門綴學五卷續編一卷

清汪師韓撰

清乾隆(1736—1795)刻本

十三行二十六字　四周單邊　白口

20.4×14.1 釐米

天一閣

子 2274

柚堂筆談四卷

清秀水盛百二撰

清乾隆三十四年(1769)刻本

十行二十字　左右雙邊　白口

19.5×13.8 釐米

浙圖

子 2275

棻堂節錄二十卷

清徐時作輯

清乾隆三十年(1765)崇本堂刻本

十行二十字　四周雙邊　白口

15.9×12.8 釐米

浙圖　中醫研院

子 2276

諤崖脞説五卷

清章楹撰

清乾隆三十六年(1771)浣雪堂刻本

十行二十一字　左右雙邊　白口

17.9×13.6 釐米

浙圖

子 2277

茶餘客話十二卷

清阮葵生撰

清乾隆(1736—1795)刻本

九行二十字　四周單邊　白口

13.5×10 釐米

浙圖

子 2278
書隱叢説十九卷
　清袁棟撰
　清乾隆(1736—1795)鋤經樓自刻本
　十行二十字　左右雙邊　白口
　18×13.1 釐米
浙圖

子 2279
蘭舫筆記一卷
　清常輝撰
　清乾隆三十四年(1769)稿本
浙大

子 2280
綠溪語二卷
　清靳榮藩撰
　清乾隆四十二年(1777)刻綠溪全集本
　九行二十一字　四周雙邊　黑口
　17.5×13.5 釐米
浙圖

子 2281
南圃筆談四卷
　清高晙撰
　清抄本
浙圖

子 2282
塔影軒筆談十二卷
　清吳士堅撰
　清抄本
浙圖

子 2283
水窗雜説六卷
　清海寧高鉞撰
　稿本　鄭功耀跋

浙圖

子 2284
今白華堂筆記四卷
　清童槐撰
　清白華堂稿本　童華校錄
　十行二十二字　四周雙邊　白口
　19.8×13.9 釐米
天一閣

子 2285
暨陽答問四卷
　清蔣彤撰
　清道光二十二年(1842)洗心玩易之室木
　　活字本
　九行二十字　四周單邊　白口
　20.8×13.9 釐米
溫圖

子 2286
嬰啼記六卷
　清錢塘戴以恒撰
　稿本
存二卷　二至三
浙圖

子 2287
知非樓雜綴不分卷
　清嘉興祝廷錫纂輯
　清稿本
嘉圖

子 2288
訥翁隨筆不分卷
　清嘉興祝廷錫纂輯
　清稿本
嘉圖

子 2289

蕉廊脞錄八卷

　錢塘吳慶坻撰

　稿本

浙圖

子 2290

竹邨見聞偶誌一卷

　清趙學昌撰

　稿本

嘉圖

子 2291

異屑一卷

　清平陽祝堯之撰

　稿本

溫圖

子 2292

墨商三卷

　清瑞安王景義撰

　稿本

溫圖

子 2293

求放心齋叢鈔不分卷

　清會稽陳祖望撰

　稿本

　　讀史識餘

　　硯譜集錄

　　青琅玕館叢錄

　　求放心齋讀書叢說

　　古今法帖鑒藏

　九行字數不一　左右雙邊　細黑口

　24.8×13.5 釐米

天一閣

子 2294

訄書一卷

　餘杭章炳麟撰

清光緒二十六年(1900)上海刻本　清瑞

　安孫詒讓批

十行二十五字　左右雙邊　黑口

17.9×13.1 釐米

浙大

雜考

子 2295

古今注三卷

　題晉崔豹撰

　清光緒元年(1875)湖北崇文書局刻子書

　　百家本　象山陳漢章批校

十二行二十四字　四周雙邊　黑口

19.5×14.9 釐米

浙圖

子 2296

資暇集三卷

　唐李匡乂撰

　清嘉慶(1796—1820)謝氏授經圖屋抄本

　　長興王修跋

浙圖

子 2297

東觀餘論二卷

　宋黃伯思撰

　明萬曆十二年(1584)項篤壽萬卷堂刻本

　　清鄞縣蔡鴻鑑跋

九行十八字　左右雙邊　白口

22.9×16.4 釐米

浙圖

子 2298

東觀餘論二卷附錄一卷

　宋黃伯思撰

　清嘉慶十年(1805)張海鵬照曠閣刻學津

　　討原本　嘉興沈曾植校並跋

九行二十字　左右雙邊　白口

31.5×18.6 釐米

浙博

子 2299

程氏演繁露十六卷續集六卷

　宋程大昌撰

　清抄本

缺六卷　演繁露七至十二

　　九行二十三字　四周雙邊　白口

　　19.3×14 釐米

天一閣

子 2300

緯略十二卷

　宋鄞縣高似孫撰

　清白鹿山房活字本

　　十行二十字　四周單邊　黑口

　　19.3×14.5 釐米

玉海樓

子 2301

緯略十二卷

　宋鄞縣高似孫撰

　清抄本

　　十行二十字　白口

紹圖

子 2302

野客叢書三十卷附錄野老記聞一卷

　宋王楙撰

　明嘉靖四十一年(1562)王穀祥刻本

　　十行二十二字　左右雙邊　白口

　　18.6×13.8 釐米

杭圖　玉海樓＊

子 2303

野客叢書三十卷附錄野老紀聞一卷

　宋王楙撰

　明刻本

　　九行二十字　四周單邊　白口

　　21.3×14.5 釐米

溫圖

子 2304

履齋示兒編二十三卷

　宋孫奕撰

　清王宗炎十萬卷樓抄本

存七卷　十二至十八

　　十一行十八字　左右雙邊　上黑口

　　19.9×14 釐米

天一閣

子 2305

古今攷三十八卷

　宋魏了翁撰　元方回續

　明崇禎九年(1636)謝三賓刻本

　　九行二十字　四周單邊　白口

　　20.3×14 釐米

浙大

子 2306

古今攷三十八卷

　宋魏了翁撰　元方回續

　明抄本

存十二卷　一至四　十三至二十

　　九行二十字　白口

　　20.3×14.7 釐米

天一閣

子 2307

困學紀聞二十卷

　宋鄞縣王應麟撰

　明刻本

　　十行二十字　四周雙邊　白口

　　21.3×15 釐米

天一閣

子 2308

困學紀聞二十卷

　宋鄞縣王應麟撰　清何焯評　清閻若璩
　　箋

　清乾隆(1736—1795)汪垕桐華書塾刻本

　　十一行二十五字　左右雙邊　白口

18.7×13.9 釐米

溫圖　浙大

子 2309

困學紀聞二十卷

宋鄞縣王應麟撰　清閻若璩箋

清乾隆三年(1738)馬氏叢書樓刻本

十一行二十字　小字雙行三十字　左右雙邊

白口

19×14.8 釐米

嵊州圖＊　義烏圖　浙大

子 2310

校訂困學紀聞三箋二十卷

宋鄞縣王應麟撰　清何焯、閻若璩、鄞縣

全祖望箋　清鄞縣屠繼序輯

清嘉慶九年(1804)刻本　清陳奐校

十一行二十五字　左右雙邊　黑口

18.8×13.8 釐米

杭圖

子 2311

困學紀聞補注二十卷

清鄞縣張嘉祿撰

張氏約園刻四明叢書本　象山陳漢章批

校

九行二十一字　左右雙邊　黑口

12.6×9.8 釐米

浙圖

子 2312

識遺十卷

宋羅璧撰

清抄本

浙圖

子 2313

經史問答不分卷

明劉定之撰

清抄本

浙圖

子 2314

丹鉛總錄二十七卷

明楊慎撰

明嘉靖三十三年(1554)梁佐刻藍印本

十一行二十四字　四周雙邊　白口

21.9×16.3 釐米

浙圖　杭圖　天一閣＊

子 2315

丹鉛總錄二十七卷

明楊慎撰

明嘉靖三十三年(1554)梁佐刻本

十一行二十四字　四周雙邊　白口

22.1×16.4 釐米

杭圖　天一閣＊　浙大

子 2316

丹鉛總錄二十七卷

明楊慎撰

明嘉靖三十三年(1554)梁佐刻重修本

明鄧以讚批校並跋

浙圖

子 2317

丹鉛總錄二十七卷

明楊慎撰

明萬曆(1573—1620)刻本

十行二十字　左右雙邊　白口

20.9×14 釐米

浙圖

子 2318

丹鉛總錄二十七卷

明楊慎撰

清乾隆(1736—1795)教忠堂刻本

十行二十字　左右雙邊　黑口

12.7×8.7 釐米

浙大　嘉圖＊

子 2319

丹鉛總錄二十七卷

明楊慎撰

清乾隆五十九年(1794)芸暉閣刻本

十行二十字　左右雙邊　黑口

12.6×8.7 釐米

浙圖

子 2320

丹鉛餘錄十七卷

明楊慎撰

明刻本

九行二十字　左右雙邊　白口

19.8×14.1 釐米

浙圖

子 2321

丹鉛餘錄十七卷

明楊慎撰

明刻本

存五卷　十三至十七

九行二十字　四周雙邊　白口

19.8×14 釐米

天一閣

子 2322

丹鉛續錄十二卷

明楊慎撰

明嘉靖(1522—1566)刻本

十行十八字　四周單邊　黑口

18.5×13.7 釐米

浙圖

子 2323

秇林伐山二十卷

明楊慎撰

明萬曆元年(1573)邵夢麟刻本

九行二十二字　四周雙邊　白口

21.8×15.5 釐米

浙圖　天一閣

子 2324

秇林伐山二十卷

明楊慎撰

明萬曆三年(1575)許嶽刻本

九行二十一字　四周雙邊　白口

20.3×15.2 釐米

杭圖

子 2325

秇林伐山二十卷

明楊慎撰

明萬曆三十五年(1607)孫居相刻本

九行十九字　四周雙邊　白口

20.5×15.7 釐米

浙圖

子 2326

譚菀醍醐九卷

明楊慎撰

明嘉靖二十一年(1542)刻藍印本

十行二十字　四周單邊　白口

19×13.6 釐米

天一閣

子 2327

正楊四卷

明陳耀文撰

明隆慶三年(1569)刻本

十行二十字　四周雙邊　白口

17.9×13.6 釐米

天一閣

子 2328

古今原始十四卷

明趙釴撰

明嘉靖四十一年(1562)自刻本

九行十八字　左右雙邊　白口

18.8×13.6 釐米

浙圖

子 2329

丹浦欸言四卷

　明李襄撰

　清抄本

天一閣

子 2330

青藤山人路史二卷

　明山陰徐渭撰

　明刻本

　　九行二十字　四周單邊　白口

　　21×14 釐米

浙圖　紹圖　天一閣

子 2331

徐氏筆精八卷

　明徐𤊹撰

　明崇禎五年（1632）邵捷春刻本

　　九行十八字　左右雙邊　白口

　　19.2×14 釐米

浙圖　天一閣*

子 2332

增定雅俗稽言十七卷

　明張存紳撰

　清初抄本

浙圖

子 2333

彙考策林□卷

　明何應彪輯

　明刻本

　存二卷　五至六

　　八行二十一字　四周單邊　下黑口

　　21.2×12.6 釐米

天一閣

子 2334

通雅五十二卷首三卷

　清方以智撰

清康熙五年（1666）姚文燮浮山此藏軒刻
本

　　十行二十四字　四周單邊　白口

　　21.3×23.6 釐米

浙圖　溫圖　上虞圖*

子 2335

古今類傳四卷

　清吳興董穀士、董炳文撰

　清康熙三十一年（1692）未學齋刻本

　　十一行二十八字　左右雙邊　白口

　　21×14.5 釐米

溫圖

子 2336

日知錄三十二卷

　清顧炎武撰

　清康熙三十四年（1695）潘耒遂初堂刻本

　　十一行二十二字　左右雙邊　白口

　　19.9×15 釐米

浙圖　寧圖　嘉圖

子 2337

日知錄三十二卷

　清顧炎武撰

　清康熙三十四年（1695）潘耒遂初堂刻本
　　清忻寶華批校

浙圖

子 2338

日知錄三十二卷

　清顧炎武撰

　清康熙三十四年（1695）潘耒遂初堂刻本
　　清沈維鐈批校

浙博

子 2339

日知錄三十二卷

　清顧炎武撰

　清康熙三十四年（1695）潘耒遂初堂刻本

清觀河居士批並跋　清楊沂孫批

杭圖

子2340

日知錄三十二卷

清顧炎武撰

清康熙三十四年(1695)潘末遂初堂刻本

清會稽李慈銘批校並跋

上虞圖

子2341

日知錄三十二卷

清顧炎武撰

清康熙(1662—1722)刻本

九行二十二字　左右雙邊　白口

14×9.6釐米

嵊州圖　衢博*

子2342

日知錄三十二卷

清顧炎武撰

清乾隆五十八年(1793)刻本

十一行二十二字　左右雙邊　白口

20.2×15.2釐米

嘉圖

子2343

日知錄三十二卷

清顧炎武撰

清乾隆六十年(1795)刻本

九行二十二字　左右雙邊　白口

14.1×9.6釐米

寧圖

子2344

日知錄之餘四卷

清顧炎武撰

清康熙(1662—1722)刻本

存二卷　一至二

九行二十二字　左右雙邊　白口

13.6×9.4釐米

衢博

子2345

菰中隨筆三卷

清顧炎武撰

清嘉慶十六年(1811)抄本

浙圖

子2346

古今釋疑十八卷

清方中履撰

清康熙(1662—1722)汗青閣刻本

八行二十字　左右雙邊　綫黑口

19.7×13.1釐米

浙圖　嘉圖　浙大

子2347

群書疑辨六卷

清鄞縣萬斯同撰

清乾隆(1736—1795)倪象占抄本　清象

山倪象占校

十行字數不一　左右雙邊　白口

19.5×14.5釐米

天一閣

子2348

潛邱劄記六卷

清閻若璩撰

左汾近稾一卷

清閻詠撰

清乾隆九年(1744)閻學林眷西堂刻本

十一行二十字　左右雙邊　白口

19.3×15釐米

浙圖　上虞圖　玉海樓

子2349

潛邱劄記六卷

清閻若璩撰

左汾近稾一卷

清閻詠撰

清乾隆九年（1744）闍學林眷西堂刻本
　　錢恂、蕭山單丕校

浙圖

子 2350

義門讀書記五十八卷
　清何焯撰
　清乾隆三十四年（1769）刻本
　十行二十三字　　左右雙邊　　細黑口
　14.7×12 釐米
浙圖

子 2351

義門讀書記五十八卷
　清何焯撰
附行狀一卷
　清沈彤撰
　清乾隆三十四年（1769）蔣維鈞刻本
　十四行二十二字　　左右雙邊　　黑口
　14.6×12.2 釐米
浙圖　上虞圖　浙大

子 2352

畏壘筆記四卷
　清徐昂發撰
　清刻桂風堂印本
　九行十九字　　左右雙邊　　白口
　17.3×12.5 釐米
浙圖

子 2353

燕在閣知新錄三十二卷
　清王棠撰
　清康熙五十六年（1717）刻本
　十行二十一字　　四周單邊　　白口
　18.2×13.5 釐米
浙圖

子 2354

松塵賸言二卷目錄二卷
　清樵李鄒天嘉輯

清乾隆（1736—1795）刻本
　九行二十三字　　左右雙邊　　黑口
　18.7×12.9 釐米
海寧圖

子 2355

修潔齋閑筆八卷
　清劉堅撰
　清乾隆六年（1741）自刻十八年（1753）
　　增刻本
　十行二十一字　　左右雙邊　　白口
　18.7×13.6 釐米
杭圖

子 2356

西圃叢辨三十二卷
　清田同之撰
　清乾隆十九年（1754）李世垣刻本
　十行十九字　　左右雙邊　　黑口
　15.5×13.3 釐米
浙圖

子 2357

管城碩記三十卷
　清徐文靖撰
　清乾隆九年（1744）志寧堂刻本
　九行二十字　　左右雙邊　　白口
　18.5×12.8 釐米
浙圖　嘉圖　浙大

子 2358

訂譌雜錄十卷
　清胡鳴玉撰
　清乾隆二十三年（1758）刻戩箴書屋印本
　十行二十字　　四周單邊　　黑口
　18.3×13 釐米
浙圖

子 2359

松崖筆記三卷
　清惠棟撰

清道光二年(1822)玉照堂刻本

十行二十一字　四周單邊　白口

19.2×13.9釐米

浙圖

子2360

識小編二卷

　清吳興董豐垣撰

　清乾隆(1736—1795)壽俊堂刻本

十一行二十一字　左右雙邊　白口

17.6×13.9釐米

浙圖

子2361

焠掌錄二卷

　清錢塘汪啓淑撰

　清汪氏開萬樓刻本

八行十七字　左右雙邊　白口

18.6×12.8釐米

浙圖

子2362

全謝山先生經史問答十卷

　清鄞縣全祖望撰

　清乾隆三十年(1765)刻本

十一行二十一字　左右雙邊　黑口

17.9×12.4釐米

平湖圖

子2363

南江札記四卷

　清餘姚邵晉涵撰

　清戴穗孫抄本　清錢塘戴穗孫跋

浙圖

子2364

香墅漫鈔四卷

　清曾廷枚輯

　清乾隆五十二年(1787)曾氏刻本

存二卷　一　三

十行二十字　左右雙邊　白口

17×12釐米

嘉圖

子2365

香墅漫鈔四卷續四卷

　清曾廷枚輯

　清乾隆五十二年(1787)曾氏刻五十九年
　　(1794)續刻本

浙圖

子2366

香墅漫鈔四卷續四卷又續六卷

　清曾廷枚撰

　清乾隆五十二年(1787)曾氏刻五十九年
　　(1794)嘉慶十七年(1812)續刻本

浙圖

子2367

經史答問四卷

　清朱駿聲撰

　手稿本　朱師轍跋

浙圖

子2368

經史答問四卷

　清朱駿聲撰

　稿本　朱師轍校並跋

浙圖

子2369

十駕齋養新錄二十卷

　清錢大昕撰

　清嘉慶(1796—1820)刻本　清海寧吳
　　騫、海寧周春校　清瑞安孫詒讓校並
　　跋

十行二十三字　四周單邊　白口

17.5×12.7釐米

浙大

子 2370

十駕齋養新錄二十卷餘錄三卷

　清錢大昕撰

　清嘉慶（1796—1820）刻本

浙圖

子 2371

灤源問答十二卷

　清嘉興沈可培撰

　清乾隆（1736—1795）稿本

嘉圖

子 2372

信摭不分卷

　清會稽章學誠撰

　清道光八年（1828）沈復燦抄本　清山陰

　　沈復燦跋

紹圖

子 2373

信摭一卷

　清會稽章學誠撰

　清沈復粲抄本

天一閣

子 2374

二初齋讀書記十卷

　清倪思寬撰

　清涵和堂刻本

缺四卷　一至四

　十行十九字　左右雙邊　白口

　17×13.5 釐米

溫圖

子 2375

南陔雜記□卷

　清蕭山王紹蘭撰

　稿本

存一卷　四

浙圖

子 2376

過夏雜錄六卷續錄一卷

　清海寧周廣業撰

　清抄本

浙圖

子 2377

經史避名彙考四十六卷

　清海寧周廣業撰

　清光緒二十三年（1897）周紹基抄本

浙圖

子 2378

讀書證疑六卷

　清陳詩庭撰

　清抄本

浙大

子 2379

樸學齋筆記八卷

　清盛大士撰

　清抄本　清沈端批校並跋

浙圖

子 2380

平津筆記八卷

　清臨海洪頤煊撰

　稿本

浙圖

子 2381

養吉齋叢錄二十六卷餘錄十卷

　清錢塘吳振棫撰

　稿本

浙圖

子 2382

課餘札記二卷

　清錢塘戴穗孫撰

稿本

浙圖

子 2383

斠補隅錄不分卷

清海寧蔣光煦撰

清同治八年至九年(1869—1870)孫詒讓

抄本　清瑞安孫詒讓跋

十一行二十字　左右雙邊　藍格

18.2×13.2 釐米

浙大

子 2384

小匏庵雜錄八卷雜著一卷

清吳仰賢撰

稿本

缺一卷　四

浙圖

子 2385

籀廎述林不分卷

清瑞安孫詒讓撰

稿本　清瑞安孫詒讓校

十行或十二行二十二至二十四字　左右雙邊

細藍口

19.3×11.8 釐米

浙大

子 2386

籀廎述林十卷

清瑞安孫詒讓撰

稿本　瑞安孫延釗校

十二行二十三字至二十四字　左右雙邊　細藍

口

17×11.8 釐米

浙大

子 2387

山海經錯簡一卷

清瑞安孫詒讓撰

稿本

十行二十字　左右雙邊　細藍口

14.8×10.5 釐米

浙大

子 2388

越縵堂筆記不分卷

清會稽李慈銘撰

稿本

九行字數不一　四周雙邊　白口

12.2×16.9 釐米

天一閣

子 2389

悟樓讀書偶識二十卷

清永嘉樊延英撰

稿本

20.2×12.8 釐米

溫圖

子 2390

漱芳齋卮言四卷

清永嘉金璋撰

清瑞安玉海樓抄本

溫圖

子 2391

漱芳齋卮言四卷

清永嘉金璋撰

清抄本

溫圖

雜記

子 2392

世說新語三卷

劉宋劉義慶撰　梁劉孝標注

明嘉靖四十五年(1566)曹氏刻本

十行二十字　左右雙邊　白口

19.5×15 釐米

浙圖

子 2393

世説新語三卷

　劉宋劉義慶撰　梁劉孝標注

　明萬曆三十七年(1609)周氏博古堂刻本

　　十行二十字　　左右雙邊　　白口

　　19.8×15.2 釐米

　浙圖　嘉圖　浙大

子 2394

世説新語三卷

　劉宋劉義慶撰　梁劉孝標注

引用書目一卷佚文一卷校勘小識二卷考證一卷釋名一卷

　清光緒十七年(1891)王先謙思賢講舍刻本　平湖屈彊批校並錄李詳、劉盼遂等校跋

　　十一行二十四字　　左右雙邊　　黑口

　　17.9×13.7 釐米

　浙圖

子 2395

世説新語三卷

　劉宋劉義慶撰　梁劉孝標注

　張宗祥影宋抄本　海寧張宗祥錄上虞羅振玉、田潛山跋

　浙圖

子 2396

世説新語三卷

　劉宋劉義慶撰　梁劉孝標注

人名譜一卷考異一卷所引書目一卷輯逸一卷

　張宗祥抄本

　浙圖

子 2397

世説新語三卷

　劉宋劉義慶撰　梁劉孝標注　宋劉辰翁評

　明刻本

　　九行二十字　　四周單邊　　白口

　　20.6×13.5 釐米

　浙圖　天一閣

子 2398

世説新語三卷

　劉宋劉義慶撰　梁劉孝標注　宋劉辰翁評

　明刻本　清乾隆二十四年(1759)馬學乾錄　清理寒石、秀水張庚批校並跋

　浙圖

子 2399

世説新語三卷

　劉宋劉義慶撰　梁劉孝標注　明王世懋批點

　明萬曆九年(1581)喬懋敬刻本

　缺一卷　上之上

　　九行二十字　　左右雙邊　　綫黑口

　　20.5×13.1 釐米

　浙圖

子 2400

世説新語注六卷

　劉宋劉義慶撰　梁劉孝標注

　明吳勉學刻本

　　九行十八字　　四周雙邊　　白口

　　20.1×14.1 釐米

　浙圖

子 2401

世説新語六卷

　劉宋劉義慶撰　梁劉孝標注

　明吳中珩刻本

　　九行十八字　　四周雙邊　　白口

　　19.8×14 釐米

　杭圖

子 2402

世説新語六卷

　劉宋劉義慶撰

世説新語補一卷

　明何良俊增補　梁劉孝標注

　明刻本〔補配清抄本〕

　　九行十八字　左右雙邊或四周雙邊　白口

　　19.7×14 釐米

　嘉圖

子 2403

世説新語六卷

　劉宋劉義慶撰　梁劉孝標注　宋劉辰
　　翁、宋劉應登、明王世懋評

　明凌瀛初刻四色套印本

　　八行十八字　四周單邊　白口

　　21.1×14.5 釐米

　溫圖

子 2404

世説新語八卷

　劉宋劉義慶撰　梁劉孝標注　明王世貞
　　批點

　明萬曆十四年(1586)余碧泉刻本

　　九行二十字　左右雙邊　白口

　　19.6×12.4 釐米

　天一閣

子 2405

世説新語八卷

　劉宋劉義慶撰　梁劉孝標注　明張懋辰
　　訂

世説新語補四卷

　明何良俊撰　明王世貞删定

　明萬曆(1573—1620)刻本

　　九行十九字　四周單邊　白口

　　21.5×15 釐米

　浙圖＊　杭圖＊　天一閣＊　浙大

子 2406

世説新語八卷

　劉宋劉義慶撰　梁劉孝標注　明王世懋
　　批點

明凌瀛初刻本

　　九行二十字　左右雙邊　白口

　　20×13.1 釐米

　天一閣

子 2407

世説新語八卷

　劉宋劉義慶撰　梁劉孝標注　宋劉辰
　　翁、宋劉應登、明王世懋評

　明凌瀛初刻四色套印本

　　八行十八字　四周單邊　白口

　　21×14.7 釐米

　紹圖　天一閣　玉海樓

子 2408

世説新語補二十卷

　劉宋劉義慶撰　梁劉孝標注　明何良俊
　　增補　明王世貞删定　明王世懋批釋
　　明張文柱校注

附釋名一卷

　明萬曆十三年(1585)張文柱刻本

　　九行十八字　左右雙邊　白口

　　19.3×13.1 釐米

　浙圖　溫圖＊　嘉圖＊　平湖圖　天一閣　浙大

子 2409

李卓吾批點世説新語補二十卷

　劉宋劉義慶撰　梁劉孝標注　明何良俊
　　增補　明王世貞删定　明王世懋批釋
　　明李贄批點　明張文柱校注

附釋名一卷

　明萬曆(1573—1620)刻本

　　九行十八字　四周單邊　白口

　　23.1×14.9 釐米

　浙圖　溫圖　天一閣　浙博＊

子 2410

世説新語補二十卷

　劉宋劉義慶撰　梁劉孝標注　宋劉應登
　　評　明何良俊增補　明王世貞删定

明王世懋批釋　明張文柱注
清乾隆二十七年(1762)江夏黃氏刻本
九行二十字　四周雙邊　黑口
12.4×9.3 釐米
寧圖　嵊州圖

子2411

世說新語補二十卷附一卷
劉宋劉義慶撰　梁劉孝標注　明何良俊
增補　明王世貞刪定　明張文柱注
清黃汝琳補訂
清乾隆二十七年(1762)茂清書屋刻本
九行十八字　左右雙邊　白口
17.6×12.7 釐米
寧圖　溫圖　玉海樓　浙大

子2412

世說補菁華四卷
明狄期進輯
明萬曆二十九年(1601)自刻本
九行十八字　四周單邊　白口
20.8×13.4 釐米
嘉圖

子2413

世說通語四卷
明狄期進輯
明萬曆三十五年(1607)自刻本
九行十八字　四周單邊　白口
20.8×13.4 釐米
嘉圖

子2414

唐世說新語十三卷
唐劉肅撰
明萬曆三十一年(1603)潘玄度刻本
八行二十字　四周單邊　白口
21.7×14.2 釐米
浙圖

子2415

唐世說新語十三卷
唐劉肅撰
明萬曆三十七年(1609)俞安期刻本
十行二十字　左右雙邊　白口
20.4×15 釐米
浙圖　天一閣

子2416

大唐新語十三卷
唐劉肅撰　明會稽諸葛元聲校
明刻本
九行二十字　四周單邊　白口
溫圖

子2417

開元天寶遺事二卷
五代王仁裕撰
清周氏鴿峰草堂抄本
浙圖

子2418

金華子二卷
南唐劉崇遠撰
清文珍樓抄本
浙圖

子2419

澠水燕談錄十卷
宋王闢之撰
明萬曆(1573—1620)商濬刻清康熙
(1662—1722)振鷺堂重編補刻稗海
本　清鮑廷博校並跋
九行二十字　四周單邊　白口
21×14.2 釐米
溫圖

子2420

澠水燕譚九卷
宋王闢之撰

清末周氏鴿峰草堂抄本　周大輔校跋並
　錄清黃丕烈跋
浙圖

子2421
蘇黃門龍川略志十卷
　宋蘇轍撰
　清抄本
浙大

子2422
蘇黃門龍川略志十卷
　宋蘇轍撰
　清抄本
杭圖

子2423
**揮塵前錄四卷後錄十一卷三錄三卷餘話二
卷**
　宋王明清撰
　宋龍山書堂刻本
存餘話二卷
　　十行字數不一　四周單邊　白口
　　19.5×14 釐米
天一閣

子2424
桯史十五卷
　宋岳珂撰
附錄一卷
　明嘉靖四年(1525)錢如京刻本
　　十行二十字　四周單邊　白口
　　19.1×12.5 釐米
浙圖　天一閣*

子2425
桯史十五卷
　宋岳珂撰
　明萬曆(1573—1620)刻本
存五卷　十一至十五

九行二十字　四周單邊　白口
天一閣

子2426
桯史十五卷
　宋岳珂撰
附錄一卷
　明末毛氏汲古閣刻津逮秘書本　佚名批
　　清湯溰題款
　　十行二十字　四周單邊　黑口
　　19.2×13.9 釐米
浙圖

子2427
桯史十五卷附錄一卷
　宋岳珂撰
　清抄本
天一閣

子2428
愧郯錄十五卷
　宋岳珂撰
　清抄本
浙圖

子2429
靜齋至正直記四卷
　元孔齊撰
　清抄本
浙圖

子2430
水東日記四十卷
　明葉盛撰
　明末葉重華賜書樓刻清康熙十九年
　　(1680)葉方蔚重修本
　　九行十九字　四周單邊　白口
　　20.5×14.5 釐米
浙圖　溫圖

子2431

水東日記四十卷

　明葉盛撰

　清刻本

　存五卷　二十四至二十八

　　十行二十字　四周單邊　黑口

　　20.8×14.8釐米

　天一閣

子2432

都公譚纂二卷

　明都穆撰

　清左處閣抄本

　　十行二十字　四周單邊　白口

　　20.4×14.4釐米

　天一閣

子2433

畜德錄二十卷

　明鄞縣陳沂撰

　清康熙(1662—1722)繩武堂刻本

　　八行十八字　左右雙邊　白口

　　21.1×14.7釐米

　嘉圖

子2434

何氏語林三十卷

　明何良俊撰

　明嘉靖(1522—1566)何氏清森閣刻本

　　十行二十字　左右雙邊　白口

　　20.5×15.2釐米

　浙圖　天一閣　杭圖

子2435

何氏語林三十卷

　明何良俊撰　明歸安茅坤評

　明天啓四年(1624)刻本

　　九行十九字　四周單邊　白口

　臨海博

子2436

先進遺風二卷

　明耿定向輯　明毛在、張濤增輯

　明末清初抄本　題瓶生者跋　佚名校

　　九行二十字　無格

　浙大

子2437

戒菴老人漫筆八卷

　明李詡撰

　清順治五年(1648)李成之世德堂刻本

　常山圖

子2438

西山日記二卷

　明吳興丁元薦撰

　清尊拙堂抄木　莫棠跋

　浙圖

子2439

玉堂叢語八卷

　明焦竑撰

　明萬曆四十六年(1618)徐象橒曼山館刻本

　　八行十八字　四周單邊　白口

　　20.3×14.2釐米

　浙圖　浙大

子2440

湧幢小品三十二卷

　明朱國禎撰

　明天啓二年(1622)清美堂刻本

　　九行二十字　左右雙邊　白口

　　20.5×15釐米

　浙圖　天一閣 *

子2441

客座贅語十卷

　明顧起元撰

　明萬曆四十六年(1618)自刻本

九行二十字　四周單邊　白口

21.5×14.4 釐米

浙圖　溫圖

子 2442

燕寓偶談六卷

明楊繼益撰　清楊禾書輯

清初刻本

八行十八字　左右雙邊　白口

18.1×12.7 釐米

杭圖

子 2443

耳譚一卷

明王同軌撰

清抄本

浙圖

子 2444

玉塵新譚三十四卷

明鄭仲夔撰

明刻本

存十八卷

清言十卷

雋區八卷

八行十八字　四周單邊　白口

19.9×13.8 釐米

浙圖 *

子 2445

萬曆野獲編三十卷補遺六卷

明秀水沈德符撰

清抄本

浙圖

子 2446

野獲編四十一卷

明秀水沈德符撰

清抄本　沈修誠跋

浙圖

子 2447

皇明世說新語八卷

明李紹文撰

明萬曆（1573—1620）刻本

八行二十字　四周單邊　白口

22.2×14.4 釐米

杭圖

子 2448

皇明世說新語八卷

明李紹文撰

金氏近花樓抄本　金濤跋

浙圖

子 2449

玉劍尊聞二卷

清梁維樞撰

清順治（1644—1661）賜麟堂刻本

八行二十字　四周單邊　白口

18.5×14 釐米

天一閣 *

子 2450

客舍偶聞一卷

清海鹽彭孫貽撰

清乾隆三十八年（1773）彭晫抄本

十二行三十一字　左右雙邊　白口

28.7×19.2 釐米

浙博

子 2451

仁恕堂筆記一卷

清黎士弘撰

清康熙二十年（1681）刻本

八行十八字　四周單邊　白口

18.4×13.6 釐米

浙圖

子2452

蕊亭隨筆摘要八卷

　　清王孫驂撰　清鮑鎔評

　　清王近思抄本

浙圖

子2453

東軒晚語一卷

　　清王孫驂輯

　　清抄本

浙圖

子2454

觚賸八卷續編四卷

　　清鈕琇輯

　　清康熙三十九年(1700)臨野堂刻本

　　十行十九字　　左右雙邊　　白口

　　17.4×13.5 釐米

上虞圖

子2455

篷窗蚓語一卷

　　清石杰撰

　　清乾隆五年(1740)刻本

　　十行二十字　　四周單邊　　白口

　　20.5×14.2 釐米

杭圖

子2456

松月堂目下舊見不分卷

　　清弘旺撰

　　清抄本

浙圖

子2457

蓬山清話十八卷

　　清象山倪象占撰

　　清抄本

浙圖

子2458

伊江筆錄二卷

　　清吳熊光撰

　　清周氏鴿峰草堂抄本

　　十行二十字　　左右雙邊　　黑口

　　17.8×12.1 釐米

天一閣

子2459

陶廬雜錄六卷

　　清法式善撰

　　清嘉慶二十二年(1817)陳預刻本

　　十行二十一字　　左右雙邊　　白口

　　17×13.3 釐米

浙圖

子2460

憶書三卷

　　清焦循撰

　　清抄本　海寧張宗祥、任銘善跋

浙圖

子2461

霞西過眼錄八卷

　　清山陰沈復粲輯

　　清抄本

　　存四卷　浙中　江右　南中　志事

　　十行二十二字　　左右雙邊　　白口

　　17×13 釐米

紹圖

子2462

聽雨軒雜記不分卷餘記不分卷

　　清清涼道人撰

　　清乾隆(1736—1795)刻本

　　九行二十一字　　左右雙邊　　黑口

　　16.9×13 釐米

玉海樓

雜家類

子 2463

守孔約齋雜記一卷

　清瑞安方咸珪撰

研經堂文集一卷

　清永嘉周灝撰

　清孫氏玉海樓抄本　　清瑞安孫衣言題簽

溫圖

子 2464

雜抄一卷

　清青田端木國瑚輯

　清道光（1821—1850）稿本

　21.6×14.5 釐米

溫圖

子 2465

錢警石先生筆記手稿一卷

　清吳興錢泰吉撰

　清咸豐（1851—1861）稿本

玉海樓

子 2466

養拙軒筆記不分卷

　清秀水沈梓撰

　清咸豐十年至同治三年（1860—1864）稿
　　本

嘉圖

子 2467

薑露庵雜記六卷

　清會稽施山撰

　稿本

　八行二十字　四周雙邊　白口

　19.3×12.5 釐米

紹圖

子 2468

薑露庵雜記六卷

　清會稽施山撰

　清光緒（1875—1908）上海申報館鉛印申

　報館叢書本　　清山陰平步青批校

　12.3×9.6 釐米

浙圖

子 2469

止止室雜抄不分卷

　清周勳懋輯

　稿本

天一閣

子 2470

雪蕉齋雜抄一卷

　清永嘉王德馨編

　稿本

溫圖

子 2471

秋槎雜抄一卷

　清瑞安曹應樞輯

　稿本

溫圖

子 2472

涉獵璅言二卷

　清平陽祝堯之撰

　稿本

溫圖

雜品

子 2473

居家必用事類全集十卷

　明刻本

存二卷　戊集　壬集

　九行十六字　四周雙邊　黑口

　22×16 釐米

天一閣

子 2474

多能鄙事十二卷

　明青田劉基撰

明嘉靖十九年(1540)刻本

存六卷 一至三 六 十一至十二

十三行二十六字 四周單邊 白口

22.5×15 釐米

天一閣

子 2475

多能鄙事十二卷

明青田劉基撰

清抄本

浙圖

子 2476

格古要論三卷

明曹昭撰

清活字印本

十行二十字 四周單邊 白口

20×14.8 釐米

杭圖

子 2477

新增格古要論十三卷

明曹昭撰 明王佐增補

明黃正位刻清淑躬堂重修本

十行二十字 四周單邊 白口

19.7×12.2 釐米

天一閣

子 2478

新增格古要論十三卷

明曹昭撰 明王佐增補

明黃正位刻清淑躬堂重修本 清丁壽昌

校並跋

浙圖

子 2479

雅尚齋遵生八牋十九卷目錄一卷

明錢塘高濂撰

明萬曆十九年(1591)自刻本〔卷十配清

抄本〕

九行十八字 四周單邊 白口

19.5×13 釐米

浙圖 天一閣 *

子 2480

弦雪居重訂遵生八牋十九卷目錄一卷

明錢塘高濂撰

明刻本〔卷八至九、十一、十四至十六配

清抄本〕 清顧升跋

九行十八字 四周單邊 白口

20.4×12.3 釐米

浙圖

子 2481

燕閒清賞二卷

明錢塘高濂撰

明刻本

存一卷 上

九行十八字 四周單邊 白口

19.7×13.6 釐米

天一閣

子 2482

筠軒清閟錄三卷

明董其昌撰

清抄本

天一閣

子 2483

長物志十二卷

明文震亨撰

明刻本

八行十六字 左右雙邊 白口

19.2×12.5 釐米

天一閣

子 2484

清寤齋心賞編一卷

明王象晉輯

明刻本

九行二十字　四周單邊　白口

21.2×14.3 釐米

天一閣

雜纂

子2485

意林五卷

唐馬總輯

清光緒三年(1877)崇文書局刻本　清仁
和譚獻校　蕭山單丕校並錄

補一卷

清抄本

十二行二十四字　四周雙邊　黑口

浙圖

子2486

意林五卷

唐馬總輯

清光緒三年(1877)崇文書局刻本　象山
陳漢章校並跋

補一卷

錢珍抄本

浙圖

子2487

意林六卷

唐馬總輯

民國元年(1912)湖北官書處刻本　海寧
張宗祥校注並錄清仁和譚獻校跋,清
楊調元、海寧周廣業、嘉興李遇孫、汪
遠孫跋

補一卷

張宗祥抄本

十二行二十四字　四周雙邊　黑口

19.3×15 釐米

浙圖

子2488

意林三卷

清海寧周廣業注　清仁和譚獻、仁和許

増斠補

稿本　清江山劉履芬跋

十二行二十字　四周雙邊　黑口

17.4×13.1 釐米

杭圖

子2489

意林注五卷

清海寧周廣業撰

補一卷

清陶濬宣家抄本　清會稽陶濬宣校並跋

浙圖

子2490

意林注五卷

清海寧周廣業撰

逸文一卷附編一卷

清海寧周廣業輯

清抄本　清繆荃孫批校

浙圖

子2491

意林逸文一卷附編一卷

清海寧周廣業輯

清抄本

浙圖

子2492

意林逸子書六十二卷

清定海黃以周輯錄

清光緒五年(1879)稿本

九行二十二字　無格

浙大

子2493

雲仙散錄一卷

題唐馮贄撰

明刻本　長興王修跋

十行十八字　左右雙邊　白口

17.5×13 釐米

253

浙圖

子 2494

紺珠集十三卷

　清文珍樓抄本

　　十二行二十四字　四周雙邊　白口

　　18.5×12.8 釐米

天一閣

子 2495

紺珠集十三卷

　清抄本

浙圖

子 2496

清異錄二卷

　宋陶穀撰

表異錄二十卷

　宋王志堅撰

　清康熙四十七年(1708)刻本

　　十一行二十一字　左右雙邊　粗黑口

　　16.1×11.4 釐米

嘉圖

子 2497

清異錄二卷

　宋陶穀撰

　清康熙(1662—1722)陳世修漱六閣刻本

　　十一行二十一字　左右雙邊　黑口

　　16.4×11.6 釐米

浙圖　嘉圖　天一閣

子 2498

皇宋事實類苑六十三卷目錄五卷

　宋江少虞輯

　明抄本

存十卷　一至五　目錄全

　　十一行二十字　四周單邊　白口

　　21.4×16 釐米

天一閣

子 2499

皇朝事實類苑六十三卷

　宋江少虞輯

　清抄本

浙圖

子 2500

仕學規範八卷

　宋張鎡輯　明范汝梓刪訂

　明天啓五年(1625)范廷鳳、范廷駿刻本

　　九行二十字　四周單邊　白口

　　22×15.2 釐米

浙圖

子 2501

自警編九卷

　宋趙善璙輯

　明嘉靖十九年(1540)陳光哲刻本

　　十行二十字　左右雙邊　白口

　　18.7×13.6 釐米

杭圖　浙大

子 2502

自警編九卷

　宋趙善璙輯

　明萬曆四年(1576)徐栻壯猷堂刻本〔卷
　　三至九配清抄本〕

　　十行二十字　四周雙邊　白口

　　18.9×13.4 釐米

浙圖

子 2503

續自警編十六卷

　明黃希憲輯

　明萬曆五年(1577)刻本

缺一卷　十六

　　十行二十字　左右雙邊　白口

　　20.4×14.5 釐米

浙圖

子 2504

自號錄一卷

宋徐光溥撰

清抄本

嘉圖

子 2505

學範二卷

明趙撝謙撰

明嘉靖二十五年(1546)陳壄刻本

十行二十字　四周單邊　白口

19.1×13.5 釐米

浙圖

子 2506

學範二卷

明趙古則撰

續學範一卷

明張廷登撰

明崇禎二年(1629)刻本

八行十六字　四周單邊　白口

溫圖

子 2507

爲善陰隲十卷

明成祖朱棣撰

明永樂十七年(1419)內府刻本

十行十九字　四周雙邊　黑口

26.5×18 釐米

天一閣

子 2508

大明仁孝皇后勸善書二十卷

明仁孝皇后徐氏撰

明永樂五年(1407)內府刻本

缺四卷　十七至二十

十四行二十八字　四周雙邊　黑口

30.2×19.2 釐米

浙圖

子 2509

林泉隨筆一卷

明張綸撰

明嘉靖九年(1530)吳廷翰刻本

十行二十一字　四周雙邊　黑口

20.6×14.5 釐米

天一閣

子 2510

新刊諸子纂要大全四卷

明黎堯卿撰

明正德二年(1507)錦江堂刻本

存二卷　一至二

十一行二十三字　四周雙邊　黑口

17.1×12.8 釐米

天一閣

子 2511

同異錄二卷

明陸深撰

明天啓四年(1624)萬泰抄本　清順治十

一年(1654)鄞縣萬泰跋　清鄞縣萬學

詩跋

浙圖

子 2512

灼艾別集二卷

明鄞縣萬表撰

明嘉靖(1522—1566)刻本

存一卷　下

十行十八字　左右雙邊　白口

17×12.3 釐米

天一閣

子 2513

**灼艾集二卷續集二卷別集二卷餘集二卷新
集二卷**

明鄞縣萬表撰

明萬曆二十九年(1601)萬邦孚刻本

存七卷　灼艾集二卷　續集二卷　別集二

餘集二卷

十行二十字　四周單邊　白口

19.1×12.7 釐米

浙圖

子 2514

王太蒙先生類纂批評灼艾集十八卷

明鄞縣萬表輯　明鄞縣王佐纂評

明刻本

九行二十字　四周單邊　白口

21.6×14.5 釐米

浙圖＊　天一閣

子 2515

諸子品節五十卷

明吳興陳深撰

明萬曆(1573—1620)刻木

九行二十字　四周單邊　白口

22×15 釐米

浙圖　溫圖　平湖圖＊　玉海樓

子 2516

談資三卷

明臨海秦鳴雷輯

明萬曆元年(1573)刻本

九行十八字　左右雙邊　白口

19.4×13.1 釐米

浙圖

子 2517

學圃藼蘇六卷

明陳耀文輯

明萬曆五年(1577)東棐刻本

十行二十字　四周雙邊　白口

20.3×14.4 釐米

浙圖

子 2518

初潭集三十卷

明李贄撰

明萬曆(1573—1620)刻本

九行二十字　四周單邊　白口

21×13.4 釐米

浙圖　天一閣＊

子 2519

初潭集三十卷

明李贄撰

明刻本

九行二十字　四周單邊　白口

20.3×13.6 釐米

浙圖　杭圖　天一閣＊

子 2520

初潭集十二卷

明李贄撰

明末刻本

九行二十字　四周單邊　白口

21.3×14.9 釐米

浙圖　杭圖　天一閣

子 2521

考古彙編全集二十四卷

明仁和傅鉞輯

明嘉靖三十一年(1552)翁氏刻本

存十四卷　經六卷　史六卷　文集二卷

十二行二十八字　左右雙邊　白口

19.5×13.2 釐米

天一閣

子 2522

考古彙編文集□□卷續六卷

明仁和傅鉞輯

明嘉靖三十一年(1552)翁氏刻本

存十卷　文集五至六　八至九　續集一至六

十二行二十八字　四周單邊　白口

18.6×13 釐米

天一閣

子2523

歷代小史摘編六卷

　明唐世廷輯

　明萬曆三十二年（1604）朱東光、唐世延
　刻本

　　九行二十字　四周雙邊　白口

　　23.3×17 釐米

浙圖

子2524

百家類纂四十卷

　明慈谿沈津輯

　明隆慶元年（1567）含山縣儒學刻本

　　十一行二十二字　左右雙邊　白口

　　19.5×13.8 釐米

浙圖　天一閣

子2525

百家類纂四十卷

　明慈谿沈津纂輯

　明隆慶元年（1567）含山縣儒學刻本　清
　　吳錫麒跋

　　缺四卷　二至四　三十二

浙圖

子2526

新刻熙朝內閣評選六子纂要十二卷

　明張位、蘭谿趙志皋輯

　明萬曆二十一年（1593）書林余成章刻
　本

　　兩欄　上欄二十二行五字　下欄十一行二十二
　　字　四周雙邊　白口

　　21.5×12.9 釐米

浙圖

子2527

刻徐文長先生秘集十二卷

　題明山陰徐渭輯

　明刻本

　　九行十九字　四周單邊　白口

　　21.5×14.7 釐米

天一閣

子2528

省身集要四卷

　明胡宗洵輯

　明崇禎六年（1633）刻本

　　九行十九字　四周雙邊　白口

　　19.5×14.3 釐米

浙圖

子2529

呂新吾先生閨範圖説四卷

　明呂坤撰

　明呂應菊刻本

　　九行二十二字　四周雙邊　白口

　　21.1×14.1 釐米

浙圖

子2530

便於蒐檢四卷

　明朱載璽輯

　明衡藩刻本　仁和王存善跋

　　八行十字　四周雙邊　黑口

　　24×16.5 釐米

浙圖

子2531

琅邪代醉編四十卷

　明張鼎思輯

　明萬曆二十五年（1597）陳性學刻本

　　十行二十一字　四周雙邊　白口

　　21.4×14.5 釐米

浙圖

子2532

真如子醒言九卷

　明王化隆撰

　明萬曆二十九年（1601）王化遠、王烈光
　刻本

十行二十字　四周雙邊　白口

19.7×13.6 釐米

浙圖

子 2533

山林經濟籍二十四卷

明鄞縣屠本畯輯

明萬曆(1573—1620)惇德堂刻本

九行二十字　左右雙邊　白口

20.3×13.6 釐米

浙圖＊　杭圖　天一閣＊

子 2534

千一疏二十二卷

明程涓撰

明萬曆三十七年(1609)陳所學、范欂刻本

九行二十二字　四周單邊　白口

19.8×13.7 釐米

浙圖

子 2535

清賞錄十二卷

明包衡輯

明萬曆(1573—1620)刻本

八行十六字　左右雙邊　白口

18.5×13.2 釐米

杭圖

子 2536

焦氏類林八卷

明焦竑輯

明萬曆十五年(1587)王元貞刻本

十行二十字　左右雙邊　白口

20.3×13.7 釐米

浙圖　玉海樓＊

子 2537

**新鍥翰林三狀元會選二十九子品彙釋評二
十卷首一卷**

明焦竑輯　明朱之蕃圈點

明萬曆四十四年(1616)寶善堂刻本

兩欄　上欄二十二行六字　下欄十行二十四字
四周單邊　白口

21.4×12.7 釐米

浙圖　溫圖

子 2538

**新鍥二太史彙選註釋九子全書評林十四卷
首一卷**

明焦竑、翁正春撰

明萬曆(1573—1620)書林詹聖澤刻本

兩欄　上欄二十行五字　下欄十行二十五字
四周單邊　白口

22.1×13 釐米

浙圖

子 2539

新鍥焦狀元彙選注釋續九子全書評林十卷

明焦竑撰

明詹霖宇靜觀室刻本

兩欄　下欄十一行二十五字　四周雙邊　白口

21.7×12.9 釐米

浙圖

子 2540

古今書抄三十二卷

明袁宏道輯

明萬曆(1573—1620)刻本

九行二十字　四周單邊　白口

20.1×13.5 釐米

杭圖

子 2541

省括編二十三卷

明錢塘姚文蔚輯

明萬曆三十五年(1607)楊廷筠校刻本

存十二卷　一至七　十一至十三　二十二
至二十三

十行二十字　四周雙邊　白口

21.3×13.8 釐米

天一閣

子 2542

智品十三卷

　　明樊玉衝撰　　明于倫增補

　　明萬曆四十二年(1614)于斯行刻本

　　十行二十字　　左右雙邊　　白口

　　21.3×14.8 釐米

浙圖

子 2543

四不如類鈔十二卷

　　明吳亮輯

　　明萬曆四十一年(1613)自刻本

　　九行二十字　　四周單邊　　白口

　　20.8×13.7 釐米

浙圖

子 2544

經世奇謀八卷

　　明俞琳輯

　　明萬曆四十四年(1616)孟楠、柴寅賓刻
　　本

　　缺二卷　　四　　八

　　八行十九字　　四周單邊　　白口

　　21.5×14.5 釐米

浙圖

子 2545

舌華錄九卷

　　明曹臣輯

　　明萬曆(1573—1620)刻本

　　九行十八字　　四周單邊　　白口

　　19.2×13.4 釐米

浙圖

子 2546

聰聖志四卷

　　明范弘嗣輯

　　明萬曆四十三年(1615)刻本

　　九行十九字　　四周單邊　　白口

　　19.9×13.3 釐米

天一閣

子 2547

可如三卷

　　明鄞縣董德鏞輯

　　清抄本

浙圖

子 2548

可如三卷

　　明鄞縣董德鏞輯

　　清抄本

浙圖

子 2549

戊申筆記一卷

　　明方麓撰

　　明萬曆(1573—1620)刻本

　　十行二十字　　四周單邊　　白口

　　19.8×13.3 釐米

杭圖

子 2550

智囊二十八卷

　　明馮夢龍輯

　　明崇禎(1628—1644)刻本

　　九行二十字　　四周單邊　　白口

　　21.3×13.8 釐米

浙圖

子 2551

智囊補二十八卷

　　明馮夢龍輯

　　明末刻本

　　九行二十字　　四周單邊　　白口

　　19.9×13.9 釐米

浙圖　　杭圖

子 2552

最樂編五卷

　明高昂光輯

　清康熙四十八年(1709)刻本

　　八行十八字　四周單邊　白口

　　19.5×14.2 釐米

上虞圖

子 2553

醉古堂劍掃十二卷

　明陸紹珩輯

　清初抄本

存五卷　素　景　豪　法　倩

浙圖

子 2554

經世環應編八卷

　明錢繼登撰

　明刻本

　　九行二十字　四周單邊　白口

　　21.8×14.1 釐米

浙圖

子 2555

玉芝堂談薈三十六卷

　明衢州徐應秋撰

　明崇禎(1628—1644)刻本

　　九行十九字　四周單邊　白口

　　18.6×14 釐米

浙圖　嘉圖

子 2556

玉芝堂談薈三十六卷

　明衢州徐應秋撰

　明崇禎(1628—1644)刻清康熙(1662—

　　1722)重修本

浙圖　溫圖

子 2557

宋氏家傳纂言四卷漫錄三卷

　明宋鳴梧輯

　明末刻本

　　九行二十字　四周單邊　白口

臨海博

子 2558

諸子奇賞前集五十一卷後集六十卷

　明陳仁錫輯評

　明天啓六年(1626)三徑齋刻本

　　九行二十字　四周單邊　白口

　　20.2×13.8 釐米

浙圖　溫圖　天一閣*

子 2559

堯山堂外紀一百卷

　明蔣一葵撰

　明萬曆(1573—1620)舒一泉刻本

缺二十七卷　一至四　三十七至四十七

　　六十二至六十七　七十四至七十九

　　八行十九字　四周單邊　白口

　　22.3×14.2 釐米

浙圖

子 2560

福壽全書六卷

　明陳繼儒撰

　明刻本　佚名批校

　　八行十九字　左右雙邊　白口

　　19.1×13.6 釐米

浙圖

子 2561

合諸名家點評諸子鴻藻十二卷

　明姜思睿輯

　明天啓六年(1626)刻本

　　兩欄　下欄十行二十一字　四周單邊　白口

　　22.9×14.5 釐米

浙圖

子 2562

規家日益編前集一卷後集一卷

　　明姚體傑輯

　　明萬曆(1573—1620)刻本

　　　九行二十字　四周單邊　白口

　　　21.5×14.5 釐米

浙圖

子 2563

澹園醒語八卷

　　明金嘉貞撰

　　明崇禎(1628—1644)刻本

　　　九行二十字　左右雙邊　白口

　　　19.6×14.5 釐米

浙圖

子 2564

昨非菴日纂二十卷二集二十卷三集二十卷

　　明鄭瑄撰

　　明崇禎(1628—1644)刻本

　　　八行十八字　四周單邊　白口

　　　21.2×13.5 釐米

浙圖　天一閣*

子 2565

新鐫分類評註文武合編百子金丹十卷

　　明郭偉輯注

　　明末白下書林傅夢龍刻本

　　　九行二十二字　四周單邊　白口

　　　22×14.7 釐米

浙圖

子 2566

新鐫分類評註文武合編百子金丹十卷

　　明郭偉輯注

　　清乾隆八年(1743)刻本

　　缺二卷　六　十

　　　十行二十二字　四周單邊　白口

　　　13.5×10 釐米

嵊州圖

子 2567

翰苑叢鈔二十卷

　　明抄本

浙圖

子 2568

纂刻醒睡編□□卷

　　明葉子穀撰

　　明刻本

　　存五卷　五至九

　　　十行二十四字　四周單邊　白口

　　　20.7×12 釐米

浙圖

子 2569

割榮集不分卷

　　明朱倫撰

　　清抄本　清海寧周廣業跋

浙圖

子 2570

迪吉錄九卷

　　明顏茂猷撰

　　清康熙(1662—1722)刻本

　　　十行二十字　左右雙邊　白口

　　　20.3×14.5 釐米

浙圖

子 2571

諸子褒異集十六卷

　　明汪定國輯

　　明末刻本

　　　九行二十六字　四周單邊　白口

　　　21.4×12.4 釐米

浙圖

子 2572

成蘧弇杵鍼□卷

　　明末抄本

浙圖

子 2573

群書粹言一卷

　明□□輯

　清抄本　佚名批

浙大

子 2574

湘煙錄十六卷

　明閔元京、凌義渠輯

　清抄本

存七卷　一至七

浙圖

子 2575

鈍吟老人雜錄十卷

　清馮班輯

　清周氏鴿峰草堂抄本

浙圖

子 2576

倘湖樵書不分卷

　清蕭山來集之輯

　稿本

浙圖

子 2577

倘湖樵書初編六卷二編六卷

　清蕭山來集之輯

　清康熙二十一年(1682)倘湖小築刻本

　九行二十字　四周雙邊　白口

　18×14.3 釐米

浙圖　杭圖＊

子 2578

倘湖樵書初編六卷二編六卷

　清蕭山來集之輯

　清乾隆五十三年(1788)刻本

　九行二十字　四周雙邊　白口

　18.2×14.3 釐米

杭圖　嘉圖

子 2579

樵叟備忘雜識五卷

　清蕭山來集之撰

　稿本

　九行二十字　左右雙邊　白口

　18.5×14.4 釐米

杭圖

子 2580

閒情偶寄十六卷

　清蘭谿李漁撰

　清康熙十年(1671)刻本

　九行二十字　四周單邊　白口

　18.5×13.1 釐米

浙圖　嘉圖

子 2581

嗜退庵語存外編十卷

　清嚴有毅撰

　稿本　清張文瑞、企潛跋

浙圖

子 2582

汪氏説鈴一卷

　清汪琬撰

　清乾隆(1736—1795)鮑鋑刻本　清傅以
　　禮校並跋

　十行十九字　四周單邊　白口

　17.3×13.3 釐米

浙圖

子 2583

莊屈合詁二卷

　清錢澄之撰

　清康熙(1662—1722)鬥雉堂刻本

　十行二十一字　四周單邊　白口

　17.3×13.2 釐米

浙圖

子 2584

壽世秘典十八卷

　清丁其譽輯

　稿本

缺三卷　十三　十五至十六

浙圖

子 2585

廉書五十五卷

　清山陰王雨謙、會稽俞公穀輯

　清康熙十年至十九年(1671—1680)稿本

浙大

子 2586

日錄裏言一卷日錄論文一卷

　清魏禧輯

　清朱衍廬抄本

浙圖

子 2587

寄園寄所寄十二卷

　清趙吉士輯

　清康熙(1662—1722)刻本

　十一行二十一字　左右雙邊　白口

　18.7×14.1 釐米

浙圖　浙大

子 2588

寄園寄所寄十二卷

　清趙吉士輯

　清刻本

　十三行二十一字　四周單邊　白口

　13.5×10.5 釐米

嘉圖

子 2589

老人言一卷

　清石成金輯

　清雍正(1723—1735)石氏家刻本

　八行二十字　小字雙行字數不一　四周雙邊

　白口

　17.9×12.2 釐米

浙圖

子 2590

家寶全集初集八卷首一卷二集八卷三集八卷四集八卷

　清石成金撰

　清乾隆四年(1739)經綸堂刻本

存十四卷　初集全　二集一至五

　九行二十字　四周單邊　白口

　12.4×9.8 釐米

浙圖

子 2591

彙草堂治平類纂三十卷

　明朱健撰

　清康熙二年(1663)刻本

缺二卷　四至五

　九行二十字　四周單邊　白口

　20×14 釐米

餘杭圖

子 2592

四本堂座右編二十四卷

　清朱潮遠輯

　清康熙五年(1666)刻本

　八行十八字　四周雙邊　白口

　20×13.7 釐米

浙圖

子 2593

聖諭像解二十卷

　清梁延年撰

　清康熙二十年(1681)梁氏承宣堂刻本

　十行三十一字　四周單邊　白口

　24.1×16.2 釐米

天一閣

子 2594

查浦輯聞二卷

　清海寧查嗣瑮撰

　清抄本

浙圖

子 2595

讀詩偶鈔一卷讀書偶鈔一卷讀易偶鈔一卷
　讀禮偶鈔一卷

　清鄞縣蔣學鏞撰

　抄本

天一閣

子 2596

述記四卷

　清任兆麟輯

　清乾隆(1736—1795)忠敏家塾刻本

　九行十七字　左右雙邊　白口

　17.6×13.5 釐米

浙圖

子 2597

循陔纂聞四卷

　清海寧周廣業撰

　朱氏別宥齋抄本

　十一行二十二字　左右雙邊　白口

　17.8×13 釐米

天一閣

子 2598

循陔纂聞五卷

　清海寧周廣業撰

　清周勳常抄本　海寧管偉校

浙圖

子 2599

群書拾錄不分卷

　清海寧周廣業輯

　抄本

天一閣

子 2600

廣談助五十卷

　清瑞安方鵬飛輯

　清乾隆四十八年(1783)隴西抄本

存十九卷　四至十七　二十二至二十四
　四十九至五十

溫圖

子 2601

稗販八卷

　清仁和曹斯棟撰

　清乾隆五十九年(1794)刻本

　九行二十字　左右雙邊　白口

　14.5×10.1 釐米

溫圖　寧圖*

子 2602

增訂集錄十二卷首一卷

　清于光華輯

　清乾隆(1736—1795)刻本

　九行二十二字　左右雙邊　白口

　13×10 釐米

浙圖

子 2603

賦魚齋雜抄一卷

　清仁和徐汾纂

　清抄本

浙圖

子 2604

鼎公雜錄不分卷

　清鼎泰輯

　稿本　清樊增祥題簽

浙圖

子 2605

車微鴻錄二十四卷

　清錢大昭撰

　清抄本

杭圖

子 2606
芝菴雜記四卷
　清陸雲錦撰
　清嘉慶八年（1803）自刻本
　九行二十字　左右雙邊　白口
　17.2×12.6 釐米
浙圖

子 2607
論世他山編不分卷
　清楊醇輯
　稿本　清宋思仁跋
浙圖

子 2608
琅嬛天文集四卷
　清陳太初撰
　清嘉慶八年（1803）抱蘭軒活字印本
　九行二十一字　四周雙邊　白口
　14.9×10 釐米
浙圖

子 2609
知止齋得師錄二卷
　清古越李沆度輯
　稿本
浙圖

子 2610
解頤新錄一卷
　清海寧鄒淦輯
　清抄本
浙圖

子 2611
畊暇堂雜錄一卷
　清海寧鄒淦撰

陳雲貞寄外書一卷
　清陳雲貞撰　清海寧鄒淦注
　稿本
浙圖

子 2612
長留閣隨手叢訂不分卷
　清德清戴望輯
　稿本
浙圖

子 2613
長恩閣叢鈔不分卷
　清傅以禮輯
　稿本
浙圖

子 2614
閑閑草堂隨筆不分卷
　清石門胡鑺輯
　稿本
浙圖

子 2615
雜抄一卷
　清會稽陶方琦輯
　稿本
浙圖

子 2616
埀進齋雜纂一卷
　清山陰朱允中輯
　稿本
浙圖

子 2617
漱霞仙館譚粹不分卷
　清仁和朱康壽撰
　稿本　清亢樹滋批校並跋
浙圖

雜家類

子 2618

漱霞仙館譚粹五卷首一卷
　清仁和朱康壽撰
　稿本
缺二卷　三至四
浙圖

子 2619

抱膝廬筆乘十二卷首一卷
　清仁和朱康壽撰
　稿本
缺五卷　二　九至十二
浙圖

子 2620

東僑雜錄七卷
　清馮栯輯
　清古香書屋項氏抄本
浙圖

子 2621

香閨鞋韈典略二卷
　清蘇馥輯
　清光緒五年(1879)鄒存淦抄本　清海寧
　　鄒存淦跋
浙圖

子 2622

讀書偶錄一卷讀史偶錄一卷蝸廬隨筆一卷
　清永嘉金之傑撰
　稿本
溫圖

子 2623

桑榆錄七卷雜錄三卷聯錄一卷
　清姚師錫輯
　稿本
　九行十九字　白口
　16.5×10.6釐米
紹圖

子 2624

網羅散佚一卷集腋成裘一卷
　清陸秋生輯
　稿本
　十行字數不一　四周雙邊　白口
　21.7×14.5釐米
紹圖

子 2625

咫聞錄四卷
　清浙江邵建韋撰
　清抄本
天一閣

子 2626

鈍筆叢鈔七十卷
　清永嘉郁豫輯
　清瑞安項氏水仙亭抄本
缺十九卷　十九至二十一　五十五至七十
　19.6×14.5釐米
溫圖

子 2627

晚簠三抄□卷
　清山陰祁敬德撰
　清抄本
存一卷　下
紹圖

子 2628

紹興雜錄不分卷
　清董氏行餘學舍抄本
　十行字數不一　四周單邊　白口
　17.5×12.5釐米
紹圖

子 2629

脞阿牘舥一卷
　題清楊脞阿撰
　稿本

十二行二十六字　四周雙邊　白口

19×12.9釐米

杭圖

子 2630

蠹食隨編一卷

　清會稽阮國權輯

　稿本

　　十行二十八字　四周雙邊　紅口

　　17.5×11.5釐米

紹圖

子 2631

海日樓札叢八卷

　嘉興沈曾植撰　錢萼孫輯

　稿本

　　十五行　四周單邊　白口

　　29.3×21.5釐米

浙博

小説家類

筆記

雜事

子 2632

譚賓錄十卷

　唐胡璩撰

　清末周氏鴿峰草堂抄本　周大輔校並跋

　　又錄清黃丕烈跋

浙圖

子 2633

譚賓錄十卷

　唐胡璩撰

　清抄本

浙圖

子 2634

柳崖外編八卷

　清徐昆撰

　清乾隆五十八年(1793)刻本

　　九行二十字　左右雙邊　白口

　　13×10.2釐米

浙圖

子 2635

聽雨軒贅紀不分卷

　清清涼道人述

　清乾隆五十七年(1792)刻本

　　九行二十一字　左右雙邊　黑口

　　16.8×13.1釐米

浙圖

子 2636

西青散記四卷

　清史震林撰

　清乾隆二年(1737)三餘堂刻本

　　九行二十字　四周單邊　白口

　　17.5×13.7釐米

杭圖

子 2637

西青散記四卷

　清史震林撰

　清乾隆(1736—1795)三餘堂刻後印本

浙圖

子 2638

竹影軒經營摘要三卷

　清秀水夏元成撰

　清抄本

浙圖

子 2639

鵲南雜錄一卷熙怡錄一卷

　清戴束撰

　清周氏鴿峰草堂抄本

浙圖

子 2640

過墟志感一卷潮災紀略一卷

　　題墅西逸叟撰

　　清周氏鴿峰草堂抄本

浙圖

子 2641

五茸志逸六卷

　　清吳履震撰

　　清抄本

浙圖

子 2642

芸窗瑣錄一卷

　　清吳展成撰

　　稿本

浙圖

子 2643

回頭再想四卷回頭再想想四卷

　　清太平戚學標撰

　　清抄本

存六卷　　再想三至四　　再想想一至四

浙圖

子 2644

影談八卷

　　清海昌管世灝撰

　　清抄本　　海寧管鴻詞跋

浙圖

子 2645

南窗瑣錄四卷梅林雜俎一卷

　　清海昌查星路撰

　　稿本

浙圖

子 2646

見聞記略四卷

　　清桐鄉楊樹本撰

　　稿本

浙圖

子 2647

譚鯖四卷

　　清烏程孫履元撰

　　稿本

浙圖

子 2648

譚後錄二卷

　　清瑞安趙鈞撰

　　稿本

溫圖

子 2649

借邨消夏錄六卷

　　題清借村居士撰

　　稿本

浙圖

子 2650

消夏雜錄四卷

　　清海昌沈寅烈撰

　　稿本

缺一卷　　四

浙圖

子 2651

警睡集四卷

　　清苕水凌筠輯

　　清抄本

　　　橋杌遺志二卷

　　　肜史標貞二卷

浙圖

子 2652

挖㪢居隨筆三卷

　清長興董儁撰

　稿本

浙圖

子 2653

小螺盫病榻憶語一卷

　清孫道乾輯

　稿本

浙圖

子 2654

小螺盫病榻憶語一卷

　清孫道乾輯

　清抄本　佚名校評

浙圖

異聞

子 2655

山海經十八卷

　晉郭璞傳

　明嘉靖十五年(1536)潘侃前山書屋刻本

　十一行二十字　四周單邊　白口

　20.2×14.7 釐米

浙圖

子 2656

山海經十八卷

　晉郭璞傳

　明萬曆十三年(1585)吳琯刻山海經水經

　　合刻本

　十行二十字　左右雙邊　白口

　20.4×13.8 釐米

浙大

子 2657

山海經十八卷

　晉郭璞傳

　明刻本

十行二十字　左右雙邊　白口

19.4×13.6 釐米

嘉圖　中醫研院

子 2658

山海經十八卷

　晉郭璞傳

　清康熙五十三年至五十四年(1714—

　　1715)項絪群玉書堂刻本

　十一行二十一字　四周單邊　綫黑口

　18.2×13.2 釐米

浙圖　天一閣

子 2659

山海經十八卷

　晉郭璞傳

　清乾隆十八年(1753)天都黃晟槐蔭草堂

　　刻本

　十一行二十一字　四周單邊　白口

　13.6×8 釐米

浙圖

子 2660

山海經釋義十八卷

　明王崇慶撰

　明嘉靖七年(1528)高豫刻本

　缺六卷　五至十

　十行二十字　四周雙邊　白口

　20.8×14.8 釐米

浙圖

子 2661

山海經釋義十八卷圖一卷

　明王崇慶撰

　明萬曆二十五年(1597)蔣一葵堯山堂刻

　　本

　九行十九字　四周單邊　白口

　22.4×14.3 釐米

浙圖

小説家類

子2662

山海經廣注十八卷圖五卷雜述一卷

　清仁和吳任臣注

　清康熙六年（1667）刻本

　　九行二十二字　左右雙邊　白口

　　19.6×13.5釐米

　浙圖　餘杭圖　嘉圖

子2663

山海經廣注十八卷讀三海經語一卷雜述一卷圖五卷

　清仁和吳任臣注

　清乾隆五十一年（1786）金閶書業堂刻本

　　九行二十二字　左右雙邊　白口

　　19.1×13.4釐米

　寧圖＊　溫圖＊　浙大

子2664

山海經箋疏十八卷

　清郝懿行撰

　清光緒十二年（1886）上海還讀樓刻本

　　象山陳漢章批並評點

　　十行二十四字　左右雙邊　白口

　　18.6×14.5釐米

　浙圖

子2665

穆天子傳六卷

　晉郭璞注

　明刻本　佚名評點

　　八行二十字　四周單邊　白口

　　17.8×12.8釐米

　玉海樓

子2666

穆天子傳六卷

　晉郭璞注

　清抄本

　浙圖

子2667

穆天子傳六卷

　晉郭璞注

　清抄本　清同治九年（1870）日益堂主人錄清仁和盧文弨校並跋

　浙圖

子2668

博物志十卷

　題晉張華撰　宋周日用等注

　明刻本　清海寧陳鱣跋

　　九行二十字　四周單邊　白口

　　21.4×14.2釐米

　浙圖

子2669

博物志十卷

　題晉張華撰　宋周日用等注　明錢塘唐琳校

　明刻本

　　九行二十字　四周單邊　白口

　　20.4×14.5釐米

　浙圖

子2670

博物志十卷

　題晉張華撰　宋周日用等注

續志十卷

　題宋李石撰

　明刻本

　缺五卷　續志一至五

　　九行二十字　四周單邊　白口

　　21.1×14.1釐米

　紹圖

子2671

西京雜記六卷

　題晉葛洪撰

　明萬曆（1573—1620）商濬刻清康熙（1662—1722）振鷺堂重編補刻稗海

本　清海寧吳騫校並跋
九行二十字　四周單邊　白口
21×14.2釐米
溫圖

子 2672
述異記二卷
題梁任昉撰
清抄本　羅千秋據影宋本校
浙圖

子 2673
酉陽雜俎二十卷
唐段成式撰
明刻本
九行二十字　左右雙邊　白口
19.9×13.7釐米
天一閣

子 2674
酉陽雜俎二十卷
唐段成式撰
明汲古閣抄本
九行二十字　左右雙邊　白口
19.9×13.6釐米
天一閣

子 2675
酉陽雜俎二十卷續集十卷
唐段成式撰
清光緒三年（1877）湖北崇文書局刻本
清仁和譚獻校並跋
十二行二十四字　四周雙邊　黑口
19.1×14.7釐米
杭圖

子 2676
宣室志一卷
唐張讀撰
明抄本

存三十二則
十一行二十四字　四周單邊　白口
21.3×15釐米
天一閣

子 2677
太平廣記五百卷目錄十卷
宋李昉等輯
明嘉靖四十五年（1566）談愷刻本
存一百五十卷　一至三十三　一百三十五
至一百八十九　一百九十一至二百十二
三百六十五至三百八十　四百一至四百
二十四
十二行二十四字　左右雙邊　白口
22.4×14.4釐米
天一閣

子 2678
太平廣記五百卷目錄十卷
宋李昉等輯
明許自昌刻本
十二行二十四字　左右雙邊　白口
22.5×14.7釐米
浙圖　溫圖

子 2679
閒窗括異志一卷
宋海鹽魯應龍撰
清抄本
浙圖

子 2680
青瑣高議前集十卷後集十卷別集七卷
宋劉斧撰
清周氏鴿峰草堂抄本
十行二十字　左右雙邊　黑口
17.8×12.2釐米
天一閣

子2681

吟室霏談一卷

宋周密撰

清周氏鴝峰草堂抄本

浙圖

子2682

燈下閒談二卷

張宗祥抄本　海寧張宗祥跋

浙圖

子2683

見聞紀訓二卷

明安吉陳良謨撰

附董漢陽碧里雜存六事一卷

明海鹽董穀撰

明萬曆七年(1579)葉□新、徐琳刻本

九行十八字　四周雙邊　白口

18.8×13.2 釐米

浙圖

子2684

新鐫玉茗堂批選王弇州先生豔異編四十卷

題明王世貞撰　明湯顯祖評

續豔異編十九卷

題明湯顯祖撰

明末刻本

十行二十二字　四周單邊　白口

21.6×14.3 釐米

浙圖　溫圖 *

子2685

月旦堂仙佛奇蹤合刻八卷

明洪應明撰

明萬曆(1573—1620)刻本

列仙四卷

佛祖四卷

八行十八字　四周單邊　白口

21×14 釐米

浙圖　紹圖 *

子2686

芙蓉鏡寓言一集一卷二集一卷三集一卷四集一卷

明開化江東偉撰

明末刻本

八行二十字　四周單邊　白口

20×13 釐米

浙圖

子2687

情史類略二十四卷

明馮夢龍輯

清初刻本

九行二十一字　四周單邊　白口

19.2×14 釐米

浙圖

子2688

雷江脞錄不分卷

清會稽章孝基撰

清抄本

浙圖

子2689

閱微草堂筆記二十四卷

清紀昀撰

清嘉慶二十一年(1816)北平盛氏望益書屋刻本

十行二十一字　四周雙邊　黑口

16.9×11.8 釐米

浙圖

子2690

夜譚隨錄十二卷

題霽園主人撰

清乾隆(1736—1795)刻本

九行二十字　四周單邊　白口

11.9×10 釐米

浙圖

子 2691

螴蛨雜記十二卷

　　題清竹勿山石道人撰

　　清乾隆刻本

　　　九行二十字　四周單邊　白口

　　　13×9.5 釐米

浙圖

子 2692

杭郡塵談不分卷

　　清仁和王同撰

　　稿本　清山陰王綺跋

浙圖

子 2693

景眉齋雜雞窗筆粹不分卷

　　清道人蜨莽錄

　　清抄本

天一閣

瑣語

子 2694

祐山雜説一卷

　　明馮汝弼撰

　　清抄本

浙圖

子 2695

小窗自紀四卷清紀五卷艷紀十四卷別紀四卷

　　明吳從先撰

　　明萬曆(1573—1620)霞漪閣刻本

存清紀五卷

　　　八行十八字　四周單邊　白口

　　　20.5×13 釐米

杭圖

子 2696

小窗自紀四卷別紀四卷艷紀不分卷清紀不分卷

　　明吳從先撰

　　明萬曆(1573—1620)刻本

缺小窗自紀四卷

　　　八行十八字　四周單邊　白口

　　　22.1×13.9 釐米

浙圖

子 2697

梨雲館廣清紀四卷

　　明吳從先、王緣督撰

　　明梨雲館刻本

存一卷　一

　　　八行十八字　四周單邊　白口

　　　21.6×14 釐米

浙圖

子 2698

青泥蓮花記十三卷

　　明梅鼎祚撰

　　明萬曆三十年(1602)鹿角山房刻本

　　　九行十八字　左右雙邊　白口

　　　19×12.5 釐米

天一閣

子 2699

衍噱語五卷

　　清胡安撰

　　抄本

浙圖

諧謔

子 2700

開顏集二卷

　　宋周文玘輯

　　明刻本

　　　十行十八字　左右雙邊　白口

　　　17.8×12.5 釐米

天一閣

類書類

子 2701

藝文類聚一百卷

　唐歐陽詢輯

　明嘉靖六年至七年（1527—1528）胡纘
　宗、陸采刻本

　十四行二十八字　　左右雙邊　　白口

　22.4×16 釐米

浙圖　溫圖　天一閣 *　浙大

子 2702

藝文類聚一百卷

　唐歐陽詢輯

　明嘉靖九年（1530）鄭氏宗文書堂刻本

　十四行二十八字　　四周單邊　　白口

　18.2×12.9 釐米

浙圖

子 2703

藝文類聚一百卷

　唐歐陽詢輯

　明嘉靖二十八年（1549）平陽府刻本

　十四行二十八字　　四周單邊　　白口

　22×16 釐米

天一閣

子 2704

藝文類聚一百卷

　唐歐陽詢輯

　明刻本

　缺十卷　五至十四

　十四行二十八字　　左右雙邊　　白口

　22.5×15.7 釐米

天一閣

子 2705

藝文類聚一百卷

　唐歐陽詢輯

明萬曆十五年（1587）王元貞刻本

　十行二十字　　左右雙邊　　白口

　19.9×14 釐米

浙圖　溫圖　天一閣 *　浙大

子 2706

北堂書抄一百六十卷

　唐餘姚虞世南輯　明陳禹謨補注

　明萬曆二十八年（1600）陳禹謨刻本

　九行二十字　　左右雙邊　　白口

　22×14.9 釐米

浙圖　浙大

子 2707

北堂書抄一百六十卷

　唐餘姚虞世南輯　明陳禹謨補注

　明萬曆二十八年（1600）陳禹謨刻本　清
　　瑞安孫詒讓校

溫圖

子 2708

北堂書抄一百六十卷

　唐餘姚虞世南輯

　清孫衣言遜學齋抄本

　九行二十字　　小字雙行字數不一　　左右雙邊
　　藍口

　18.1×11.6 釐米

浙大

子 2709

龍筋鳳髓判二卷

　唐張鷟撰　明劉允鵬注

　明萬曆十三年（1585）金陵周曰校刻本

　十一行二十字　　四周雙邊　　白口

　19×11.6 釐米

天一閣

子 2710

初學記三十卷

　唐長興徐堅等輯

明嘉靖十年(1531)安國桂坡館刻本

九行十八字　小字雙行二十四字　左右雙邊
白口

21.2×15.5 釐米

浙圖　溫圖　天一閣＊　浙大

子 2711

初學記三十卷

唐長興徐堅等輯

明嘉靖十三年(1534)晉府虛益堂刻本
楊紹康校

九行十八字　小字雙行二十四字　左右雙邊
黑口

20.8×16.2 釐米

溫圖

子 2712

初學記三十卷

唐長興徐堅等輯

明楊鑨九洲書屋刻本

九行十八字　四周雙邊　白口

20.7×16.3 釐米

浙圖　黃巖圖＊

子 2713

初學記三十卷

唐長興徐堅等輯

明楊鑨九洲書屋刻重修本

浙圖

子 2714

初學記三十卷

唐長興徐堅等輯

明萬曆十五年(1587)徐守銘寧壽堂刻本

九行十八字　小字雙行二十四字　左右雙邊
白口

20.5×15.6 釐米

浙圖　天一閣　浙大

子 2715

初學記三十卷

唐長興徐堅等輯

明萬曆二十五年至二十六年(1597—
1598)陳大科刻本

九行二十字　左右雙邊　白口

21×15.5 釐米

浙圖

子 2716

初學記三十二卷

唐長興徐堅等輯

明萬曆三十四年(1606)沈宗培刻本

七行十六字　四周單邊　白口

11.4×7.3 釐米

浙圖

子 2717

李氏蒙求補注六卷

唐李瀚撰　清金三俊補注

清乾隆四十八年(1783)刻後印本

十一行二十一字　左右雙邊　白口

16.3×11.3 釐米

浙圖

子 2718

標題補注蒙求三卷

唐李瀚撰　宋徐子光補注　明顧起綸補
輯

清乾隆(1736—1795)刻本

九行十八字　左右雙邊　白口

20.2×13.9 釐米

溫圖

子 2719

唐宋白孔六帖一百卷目錄二卷

唐白居易、宋孔傳輯

明嘉靖(1522—1566)刻本

十行十八字　左右雙邊　白口

19.2×15.4 釐米

浙圖　天一閣　浙大

子2720

唐宋白孔六帖一百卷目錄二卷

唐白居易、宋孔傳輯

明嘉靖（1522—1566）刻萬曆（1573—

1620）重修本　佚名批校

浙圖

子2721

唐宋白孔六帖一百卷目錄二卷

唐白居易、宋孔傳輯

明刻本　清章綬銜跋

十行十八字　左右雙邊　白口

19.4×15.3釐米

杭圖

子2722

事類賦三十卷

宋吳淑撰

明嘉靖十一年（1532）崇正書院刻本

缺四卷　十二至十五

十一行二十字　四周單邊　黑口

20.5×14.5釐米

天一閣

子2723

事類賦三十卷

宋吳淑撰

明刻本

十二行二十字　左右雙邊　白口

20.1×15.4釐米

浙圖　浙大

子2724

事類賦三十卷

宋吳淑撰

清康熙（1662—1722）刻本

缺五卷　十六至二十

十二行二十字　左右雙邊　白口

19×15.4釐米

玉海樓

子2725

事類賦三十卷

宋吳淑撰

清乾隆二十九年（1764）劍光閣刻本

十一行二十字　左右雙邊　綫黑口

18.2×13.7釐米

浙圖　嵊州圖

子2726

太平御覽一千卷目錄十卷

宋李昉等輯

明萬曆元年（1573）倪炳刻本

十一行二十二字　四周單邊　白口

20.9×15.2釐米

浙圖　天一閣＊

子2727

太平御覽一千卷目錄十五卷

宋李昉等輯

明萬曆二年（1574）周堂等銅活字印本

存三十卷　八十六至九十　二百三十六至

二百四十　二百九十一至三百　三百六

至三百十五

十一行二十二字　四周單邊　白口

21×15.5釐米

天一閣

子2728

太平御覽一千卷目錄十五卷

宋李昉等輯

明萬曆二年（1574）周堂等銅活字印本

清海寧周廣業跋

浙圖

子2729

太平御覽一千卷目錄十五卷

宋李昉等輯

明鑒泉書室抄本

缺二十五卷　六百二十五至六百二十九

六百四十至六百四十四　目錄十五卷

浙圖

子 2730

太平御覽一千卷

宋李昉等輯

明抄本

存二十一卷　七十一至九十一

十行二十字　四周單邊　白口

18×13.5 釐米

天一閣

子 2731

太平御覽一千卷目錄十五卷

宋李昉等輯

清嘉慶十二年至十七年(1807—1812)鮑

崇城刻本

十三行二十二字　左右雙邊　白口

19.1×13.7 釐米

浙圖

子 2732

太平御覽一千卷目錄十五卷

宋李昉等輯

清嘉慶(1796—1820)孫氏祠堂抄本

存三百五十三卷　目錄全　一至九十二

一百九至一百二十三　一百八十三至一

百九十一　二百二十八至四百二十九

四百三十九至四百五十八

26×16.7 釐米

天一閣

子 2733

册府元龜一千卷目錄十卷

宋王欽若等輯

明崇禎十五年(1642)黃國琦刻本

十行二十字　四周單邊　白口

19.3×14.4 釐米

浙圖　天一閣　浙大

子 2734

册府元龜一千卷目錄十卷

宋王欽若等輯

明崇禎十五年(1642)黃國琦刻清康熙十

一年(1672)黃九錫重修本

十行二十字　四周單邊　白口

19×14.3 釐米

浙圖

子 2735

册府元龜一千卷目錄十卷

宋王欽若等輯

明崇禎十五年(1642)黃國琦刻清康熙十

一年（1672）黃九錫乾隆十九年

(1754)丁序賢遞修本

上虞圖*　玉海樓*

子 2736

册府元龜一千卷

宋王欽若等輯

明抄本

存九十卷　七百九十六至八百二　八百四

至八百六十　八百六十六至八百七十

八百八十一至八百九十　八百九十六至

九百　九百三十四至九百三十九

十二行二十四字　四周單邊　白口

20.7×14.8 釐米

天一閣

子 2737

新刊監本册府元龜一千卷目錄十卷

宋王欽若等輯

明抄本〔卷四百四十一至四百四十五、四

百九十六至五百配清抄本〕

存九百五卷　一至五百八十二　六百十一

至九百三十三

浙圖

子 2738

新刊監本册府元龜一千卷

　宋王欽若等輯

　明抄本

存一百五十五卷　一至十　七十二至七十
　四　八十至八十三　一百三至一百十
　一百二十至一百二十五　一百八十六至
　一百九十五　二百二十六至二百三十
　三百八十六至三百九十　三百九十六至
　四百五　四百十一至四百十四　四百六
　十六至四百八十　五百一至五百四　五
　百四十一至五百四十五　五百六十二至
　五百六十六　五百七十一至五百七十五
　五百九十七至六百五　六百三十六至六
　百四十　六百五十六至六百六十　六百
　八十一至六百八十六　六百九十二至六
　百九十五　七百六至七百十　八百五至
　八百九　八百三十六至八百四十　九百
　七至九百十一　九百十五至九百二十一

浙圖

子 2739

册府元龜序論三十六卷

　宋王欽若等撰　明王泰徵等輯

　明崇禎十七年(1644)余元熹刻本

　八行二十二字　四周單邊　白口

　21.4×12.1 釐米

浙圖

子 2740

文選雙字類要三卷

　題宋蘇易簡撰

　明嘉靖十九年(1540)姚虞、季本刻本

　十行二十字　左右雙邊　白口

　20.5×14.5 釐米

天一閣

子 2741

文選類林十八卷

　宋劉攽輯

　明嘉靖三十七年(1558)吳思賢刻本

存七卷　八至十四

　九行十八字　左右雙邊　白口

　21×14.7 釐米

天一閣

子 2742

文選類林十八卷

　宋劉攽輯

　明隆慶六年(1572)傅嘉祥、高尚鈺刻本

　九行十八字　四周單邊　白口

　20×14.6 釐米

天一閣

子 2743

事物紀原集類十卷

　宋高承輯

　明成化八年(1472)李果刻本

　十二行二十四字　四周雙邊　黑口

　19.7×13 釐米

浙圖　天一閣

子 2744

事物紀原二十卷目錄二卷

　宋高承撰　明陳華批點

　明刻本

　九行二十或二十二字　四周雙邊　白口兼黑口

　21×12.5 釐米

浙大

子 2745

重刊書敍指南二十卷

　宋任廣輯

　明嘉靖六年(1527)山西刻本

缺五卷　一至五

　九行十九字　四周雙邊　白口

　20.6×14.5 釐米

天一閣

子 2746

海錄碎事二十二卷

宋葉廷珪輯

明萬曆二十六年(1598)劉鳳刻本

十二行二十一字　左右雙邊　白口

20.7×14.1 釐米

浙大

子 2747

海錄碎事二十二卷

宋葉廷珪輯

明抄本

存二十一卷　一至九　十下至十一　十三

至二十一　二十二下

浙圖

子 2748

東萊先生詩律武庫十五卷後集十五卷

宋金華呂祖謙撰

清康熙五十四年(1715)鄭氏桃源山莊刻

本

九行十九字　左右雙邊　白口

16.6×12.6 釐米

浙圖

子 2749

王先生十七史蒙求十六卷

宋王令撰

清康熙四十九年(1710)刻本

十一行二十一字　左右雙邊　白口

16.6×11 釐米

浙圖　嘉圖

子 2750

王先生十七史蒙求十六卷

宋王令撰

李氏蒙求補注六卷

清仁和金之俊輯

清乾隆(1736—1795)刻本

十一行二十一字　左右雙邊　白口

16.2×11.6 釐米

溫圖

子 2751

錦繡萬花谷前集四十卷後集四十卷續集四十卷

明嘉靖十四年(1535)徽藩崇古書院刻本

九行十八字　四周單邊　白口

23.2×15.9 釐米

浙大

子 2752

錦繡萬花谷前集四十卷後集四十卷續集四十卷

明嘉靖十四年(1535)徽潘崇古書院刻本

慈溪馮貞群題記

天一閣

子 2753

錦繡萬花谷前集四十卷後集四十卷續集四十卷

明嘉靖十五年(1536)秦汴繡石書堂刻本

十二行二十一字　左右雙邊　白口

19×13.5 釐米

浙圖　溫圖*　天一閣*　浙大

子 2754

錦繡萬花谷前集四十卷後集四十卷續集四十卷

明活字印本

存三十卷　前集一至六　十三至二十九

三十四至四十

十一行十九字　四周雙邊　白口

20.4×13.4 釐米

天一閣

子 2755

新編古今事文類聚前集六十卷後集五十卷續集二十八卷別集三十二卷

宋祝穆輯

類書類

新集三十六卷外集十五卷
　元富大用輯
　元泰定三年(1326)廬陵武溪書院刻本
存二百五卷　前集全　後集全　續集全
　別集一至十二　十四至三十二　新集全
　十三行二十四字　左右雙邊　黑口
　18×12.2 釐米
浙圖

子 2756
新編古今事文類聚前集六十卷後集五十卷
　續集二十八卷別集三十二卷
　宋祝穆輯
新集三十六卷外集十五卷
　元富大用輯
　明內府刻本
存二百六卷　前集全　後集全　續集全
　別集全　新集全
　十行十八字　四周雙邊　黑口
　24.8×18 釐米
浙圖

子 2757
新編古今事文類聚前集六十卷後集五十卷
　續集二十八卷別集三十二卷
　宋祝穆輯
新集三十六卷外集十五卷
　元富大用輯
　明書林明實堂刻本
　十四行二十八字　四周雙邊　黑口
　20×13.2 釐米
浙圖

子 2758
新編古今事文類聚前集六十卷後集五十卷
　續集二十八卷別集三十二卷
　宋祝穆輯
新集三十六卷外集十五卷
　元富大用輯
　明嘉靖四十年(1561)書林楊歸仁刻本

存二百十八卷　前集一至三十二　三十六
　至六十　後集全　續集全　別集全　新
　集全　外集全
　十四行二十八字　四周單邊　白口兼黑口
　20.2×13 釐米
浙圖

子 2759
新編古今事文類聚前集六十卷後集五十卷
　續集二十八卷別集三十二卷
　宋祝穆輯
新集三十六卷外集十五卷
　元富大用輯
遺集十五卷
　元祝淵輯
　明萬曆三十二年(1604)書林唐富春德壽
　堂刻本
　十一行二十四字　四周單邊　白口
　21.3×14.8 釐米
嘉圖*　黃巖圖　玉海樓*

子 2760
新編古今事文類聚前集六十卷後集五十卷
　續集二十八卷別集三十二卷
　宋祝穆輯
新集三十六卷外集十五卷
　元富大用輯
　明萬曆三十五年(1607)書林劉雙松安正
　堂刻本
　十四行二十八字　四周單邊　白口
　20.1×13 釐米
浙圖

子 2761
新編古今事文類聚前集六十卷後集五十卷
　續集二十八卷別集三十二卷
　宋祝穆輯
新集三十六卷外集十五卷
　元富大用輯
　明刻本

十四行二十八字　四周雙邊　黑口

19.8×13.2 釐米

溫圖＊　杭博＊　天一閣

子 2762

記纂淵海一百卷

宋金華潘自牧輯

明抄本

存八卷　九十至九十七

十三行二十二字　四周雙邊　黑口

19.2×14.5 釐米

天一閣

子 2763

記纂淵海一百卷

宋金華潘自牧輯　明陳文燧等補

明萬曆七年(1579)王嘉賓等刻本

十二行二十二字　四周雙邊　白口

19.2×14.5 釐米

浙圖　杭圖＊　天一閣＊

子 2764

聖宋名賢四六叢珠一百卷

宋葉蕡輯

明抄本

浙圖

子 2765

四六叢珠一百卷

宋葉蕡輯

明抄本

十行字數不一　四周單邊　白口

22.1×17.3 釐米

天一閣

子 2766

宋四六叢珠彙選十卷

明王明嶅、黄金璽輯

明刻本

十行二十一字　四周雙邊　白口

19.9×14.2 釐米

浙圖

子 2767

姬侍類偶一卷

宋周守忠輯

清抄本

浙圖

子 2768

姬侍類偶一卷

宋周守忠輯

清抄本　清傅以禮校並跋　吳眉孫跋

浙圖

子 2769

璧水群英待問會元選要八十二卷

宋劉達可輯　明沈淮選

明正德四年(1509)劉弘毅慎獨齋刻本

十三行二十字　四周雙邊　黑口

20×13.2 釐米

浙圖　天一閣＊

子 2770

太學重新增修決科截江網三十卷

明弘治十一年(1498)趙淮刻本

存十二卷　二十一至三十二

十二行二十六字　四周雙邊　黑口

19.9×13 釐米

天一閣

子 2771

群書會元截江網三十五卷

清顧氏藝海樓抄本

浙圖

子 2772

小字錄一卷

宋臨安陳思輯

類書類

補六卷

　明沈弘正輯

　明萬曆四十七年(1619)沈弘正暢閣刻本

　八行十六字　左右雙邊　黑口

　15.9×12.1 釐米

浙大

子 2773

太學增修聲律資用萬卷菁華前集八十卷後集八十卷續集三十四卷

　明抄本

　存五十三卷　前集三至九　十八至二十五　三十至四十六　六十至八十

天一閣

子 2774

全芳備祖前集二十七卷後集三十一卷

　宋天台陳景沂輯

　清抄本

浙圖

子 2775

群書考索前集六十六卷後集六十五卷續集五十六卷別集二十五卷

　宋金華章如愚輯

　明正德三年至十三年(1508—1518)劉洪慎獨書齋刻本

　存六十五卷　一至四十四　四十六至六十六

　十四行二十八字　四周雙邊　黑口

　19.4×13 釐米

溫圖

子 2776

群書考索前集六十六卷後集六十五卷續集五十六卷別集二十五卷

　宋金華章如愚輯

　明正德三年至十三年(1508—1518)劉洪慎獨書齋刻十六年(1521)重修本

浙圖　天一閣 *　浙大

子 2777

古今合璧事類備要前集六十九卷後集八十一卷續集五十六卷別集九十四卷外集六十六卷

　宋謝維新輯

　宋刻本

　存七十七卷　前集一　四至十二　二十一至二十四　三十五至五十二　五十六至六十二　六十六至六十九　後集一至十二　四十二至四十七　六十二至六十三　六十五至七十四　七十七至七十八　八十至八十一

　七行　小字雙行二十四字　左右雙邊　黑口

　19.9×13.9 釐米

浙圖

子 2778

會通館印正緝補古今合璧事類前集六十九卷後集八十一卷續集五十六卷

　宋謝維新輯

別集九十四卷外集六十六卷

　宋虞載輯

　明弘治十一年(1498)華氏會通館銅活字印本

　存二百九十卷　前集一至二十　二十五至三十三　三十五至六十三　後集一至四十　四十二至八十一　續集全　別集一至十　六十八至九十四　外集一至二十六　三十四至六十六

　九行十七字　四周單邊　白口

　23.6×16.5 釐米

天一閣

子 2779

會通館印正緝補古今合璧事類前集六十九卷後集八十一卷續集五十六卷

　宋謝維新輯

別集九十四卷外集六十六卷

　宋虞載輯

明安國安氏館銅活字印本

存一百四十三卷　前集三十六卷　後集五
十六卷　別集十六卷　外集三十五卷

八行十六字　小字雙行十六字　左右雙邊　白
口

19.5×14 釐米

天一閣

子 2780

**古今合璧事類備要前集六十九卷後集八十
一卷續集五十六卷**

宋謝維新輯

別集九十四卷外集六十六卷

宋虞載輯

明嘉靖三十一年至三十五年（1552—
1556）夏相刻本

八行十六字　小字雙行二十四字　左右雙邊
白口

19.5×14 釐米

浙圖　溫圖　嘉圖*　天一閣　浙大

子 2781

**新箋決科古今源流至論前集十卷後集十卷
續集十卷**

宋林駧撰

別集十卷

宋黃履翁撰

明弘治二年（1489）梅隱書堂刻本

存前集四卷　五至六　九至十

十二行二十二字　四周單邊　黑口

18.5×12.8 釐米

浙圖

子 2782

**新箋決科古今源流至論前集十卷後集十卷
續集十卷**

宋林駧撰

別集十卷

宋黃履翁撰

明嘉靖十六年（1537）白珵刻本

存十卷　後集七至十　別集一至六

十一行二十字　四周單邊　黑口

20×15 釐米

天一閣*

子 2783

**新刊箋註決科古今源流至論前集十卷後集
十卷續集十卷**

宋林駧撰

別集十卷

宋黃履翁撰

明萬曆十八年（1590）書林鄭世魁宗文堂
刻本

十三行二十七字　四周雙邊　黑口

19.3×13 釐米

浙圖　天一閣*

子 2784

書言故事大全十二卷

宋胡繼宗輯　明陳玩直注

明萬曆十七年（1589）吳懷保刻本

九行二十字　四周單邊　白口

20×13 釐米

浙圖　天一閣*

子 2785

新鍥類編明解正音京板書言故事十卷

宋胡繼宗輯　明陳玩直注

明萬曆三十六年（1608）書林鄭雲林刻本

十一行二十六字　四周單邊　白口

21×13.1 釐米

浙圖

子 2786

**玉海二百卷辭學指南四卷詩攷一卷詩地理
攷六卷漢藝文志攷證十卷通鑑地理通釋
十四卷漢制考四卷踐阼篇集解一卷周易
鄭康成注一卷姓氏急就篇二卷急就篇補
注四卷周書王會補注一卷小學紺珠十卷
六經天文編二卷通鑑答問五卷**

宋鄞縣王應麟撰

元後至元六年（1340）慶元路儒學刻本

存二百四卷　玉海二百卷　辭學指南四卷

　十行二十字　左右雙邊　白口

　22×13.8釐米

浙圖

子2787

玉海二百卷辭學指南四卷詩攷一卷詩地理
　攷六卷漢藝文志攷證十卷通鑑地理通釋
　十四卷漢制考四卷踐阼篇集解一卷周易
　鄭康成注一卷姓氏急就篇二卷急就篇補
　注四卷周書王會補注一卷小學紺珠十卷
　六經天文編二卷通鑑答問五卷

宋鄞縣王應麟撰

　元後至元六年（1340）慶元路儒學刻本
　〔間有葉抄配〕

存六十一卷　詩攷一卷　詩地理攷六卷
　漢藝文志攷證十卷　通鑑地理通釋十四
　卷　漢制考四卷　踐阼篇集解一卷　周
　易鄭康成注一卷　姓氏急就篇二卷　急
　就篇補注四卷　周書王會補注一卷　小
　學紺珠十卷　六經天文編二卷　通鑑答
　問五卷

浙大

子2788

玉海二百卷辭學指南四卷詩攷一卷詩地理
　攷六卷漢藝文志攷證十卷通鑑地理通釋
　十四卷漢制考四卷踐阼篇集解一卷周易
　鄭康成注一卷姓氏急就篇二卷急就篇補
　注四卷周書王會補注一卷小學紺珠十卷
　六經天文編二卷通鑑答問五卷

宋鄞縣王應麟撰

　元後至元六年（1340）慶元路儒學刻元至
　　正（1341—1368）明正德（1506—1521）
　　遞修本

浙圖　浙大＊

子2789

玉海二百卷辭學指南四卷詩攷一卷詩地理
　攷六卷漢藝文志攷證十卷通鑑地理通釋
　十四卷漢制考四卷踐阼篇集解一卷周易
　鄭康成注一卷姓氏急就篇二卷急就篇補
　注四卷周書王會補注一卷小學紺珠十卷
　六經天文編二卷通鑑答問五卷

宋鄞縣王應麟撰

　元後至元六年（1340）慶元路儒學刻
　　（1341—1368）明正德（1506—1521）
　　嘉靖（1522—1566）萬曆（1573—
　　1620）遞修本

存十五卷　玉海十二至十五　六十至七十

天一閣

子2790

玉海二百卷辭學指南四卷詩攷一卷詩地理
　攷六卷漢藝文志攷證十卷通鑑地理通釋
　十四卷漢制考四卷踐阼篇集解一卷周易
　鄭康成注一卷姓氏急就篇二卷急就篇補
　注四卷周書王會補注一卷小學紺珠十卷
　六經天文編二卷通鑑答問五卷

宋鄞縣王應麟撰

　元後至元六年（1340）慶元路儒學刻元明
　　清遞修本

浙圖　寧圖＊　浙大＊

子2791

玉海私擷□□卷

　宋鄞縣王應麟撰

　明抄本

存七卷　十一至十七

　十行二十五字　四周雙邊　細黑口

　20×15釐米

紹圖

子2792

玉海私擷不分卷

　宋鄞縣王應麟撰

清抄本

十行二十字　四周雙邊　白口

22×14.2釐米

天一閣

子2793

小學紺珠十卷

宋鄞縣王應麟輯

清乾隆二十五年（1760）刻本

十行二十一字　四周雙邊　白口

10.1×8.2釐米

寧圖

子2794

玉海纂二十二卷

明劉鴻訓撰

清順治四年（1647）刻本

九行二十字　四周單邊　白口

21.1×15.1釐米

浙圖

子2795

新編翰苑新書前集七十卷

明抄本

缺十二卷　五十九至七十

十四行字數不一　四周單邊　黑口

18.4×14.3釐米

天一閣

子2796

新編簪纓必用翰苑新書前集十二卷後集七卷續集八卷別集二卷

明萬曆十九年（1591）金陵書肆唐廷仁、周曰校刻本

十一行二十二字　左右雙邊　白口

23.2×15.1釐米

浙圖

子2797

韻府群玉二十卷

元陰時夫輯　元陰中夫注

明嘉靖三十一年（1552）荊聚刻本

存十卷　一　三至四　六　八　十　十四
十七至十八　二十

十行字數不一　四周雙邊　黑口

21×12.9釐米

天一閣

子2798

新增説文韻府群玉二十卷

元陰時夫輯　元陰中夫注

元刻本　潘景鄭、譚建臣等跋

存一卷　三

十一行二十九字　四周雙邊　黑口

21×13.3釐米

杭圖

子2799

新增説文韻府群玉二十卷

元陰時夫輯　元陰中夫注

明萬曆十八年（1590）王元貞刻本

十一行二十二字　左右雙邊　白口

21.5×14釐米

浙圖　嘉圖＊　海寧圖＊　紹圖＊　天一閣　餘
姚文　浙大　寧大＊

子2800

新增説文韻府群玉二十卷

元陰時夫輯　元陰中夫注

明聚錦堂等刻本

缺八卷　六至十　十七至十八　二十

十一行二十二字　左右雙邊　白口

21×14釐米

紹圖

子2801

新增説文韻府群玉二十卷

元陰時夫輯　元陰中夫注

清康熙五十五年（1716）刻本

十一行二十二字　左右雙邊　白口

21.6×14.4釐米

溫圖　上虞圖　浙大

子 2802

新增説文韻府群玉二十卷
　　元陰時夫輯　元陰中夫注
　　清乾隆（1736—1795）刻本
　　十一行二十二字　左右雙邊　白口
　　21.6×14.4 釐米
　寧圖　溫圖

子 2803

新刊古今韻府大全續編四十卷
　　明包瑜輯
　　明刻本
　　存九卷　三十二至四十
　　十一行字數不一　四周雙邊　黑口
　　21×13.5 釐米
　浙圖

子 2804

新編排韻增廣事類氏族大全十集十卷
　　元刻本　邵瑞彭跋
　　存三卷　甲　乙　丙
　　十六行二十八字　四周單邊　白口
　　18.7×12.5 釐米
　浙圖

子 2805

新編事文類聚翰墨大全甲集十二卷乙集十
八卷丙集十四卷丁集十一卷戊集十三卷
己集十二卷庚集十五卷辛集十六卷壬集
十七卷癸集十七卷後甲集十五卷後乙集
十三卷後丙集十二卷後丁集十四卷後戊
集九卷
　　元劉應李輯
　　明初刻本
　　十二行或十四行二十四字　四周雙邊或左右雙
　　　邊　黑口
　　19.6×12.5 釐米
　浙圖＊　天一閣＊

子 2806

新編事文類聚翰墨全書甲集十二卷乙集九
卷丙集五卷丁集五卷戊集五卷己集七卷
庚集二十四卷辛集十卷壬集十二卷癸集
十一卷後甲集八卷後乙集聖朝混一方輿
勝覽三卷後丙集六卷後丁集八卷後戊集
九卷
　　元劉應李輯
　　明刻本
　　存十一卷　癸集十一卷
　　十四行二十八字　四周雙邊　黑口
　　19.6×12.5 釐米
　天一閣

子 2807

新編瑤華韻甲集十卷乙集十卷丁集十卷戊
集十一卷己集八卷庚集十卷辛集十卷壬
集八卷癸集十卷
　　元洪景修輯
　　明抄本
　　存八十一卷　甲集全　乙集一至四　丁集
　　全　戊集全　己集全　庚集全　辛集全
　　壬集全　癸集全
　　十行二十字　四周雙邊　白口
　　21×14.3 釐米
　天一閣

子 2808

氏族大全二十二卷
　　清抄本
　浙圖

子 2809

聯新事備詩學大成三十卷
　　元林楨輯
　　明正統九年（1444）劉氏翠巖精舍刻景泰
　　　三年（1452）重修本
　　十三行小字雙行二十五字　四周雙邊　黑口
　　20.2×12.9 釐米
　浙圖

子 2810

聯新事備詩學大成三十卷

　元林楨輯

　明內府刻本

　　八行小字雙行二十五字　四周雙邊　黑口

　　25.8×16.2 釐米

浙圖　天一閣*

子 2811

群書鉤玄十二卷

　元高耻傳輯

　明刻本

存六卷　一至六

　　十一行二十字　四周雙邊　黑口

　　19.5×13.5 釐米

浙圖

子 2812

聲律發蒙五卷

　元祝明、潘瑛撰　明劉節補

　清順治(1644—1661)張惟誠刻本

　　八行十七字　四周單邊　白口

　　19.5×13.8 釐米

紹圖

子 2813

千家姓一卷

　明吳伯宗等撰

　明刻本

　　四行八字　四周單邊　白口

　　20.2×15.2 釐米

諸暨圖

子 2814

姓氏考一卷

　清抄本

浙圖

子 2815

四聯韻典不分卷

　清抄本　佚名校

浙圖

子 2816

永樂大典二萬二千八百七十七卷

　明解縉等輯

　嘉業堂影明內府抄本

存五十二卷　四百八十至四百八十一　五

百五十一至五百五十三　八百九十五至

八百九十六　八百九十九至九百　九百

五至九百七　九百十七至九百十九　二

千二百六十二至二千二百六十五　二千

二百七十至二千二百七十一　二千三百

六十七至二千三百六十九　二千四百六

至二千四百八　二千六百五至二千六百

七　二千九百七十八至二千九百八十

二千九百九十九至三千　三千一百三十

三至三千一百三十四　三千一百五十五

至三千一百五十六　七千五百十七至七

千五百十八　一萬四百五十八至一萬四

百五十九　一萬四千四百六十三至一萬

四千四百六十四　一萬四千五百七十四

至一萬四千五百七十六　一萬四千六百

二十至一萬四千六百二十一　一萬四千

六百二十四至一萬四千六百二十五

浙圖

子 2817

對類二十卷

　明正統十二年(1447)司禮監刻本

缺五卷　六至十

　　十二行二十一字　四周雙邊　黑口

　　23×15.1 釐米

天一閣

子 2818

對類二十卷

　明刻本

缺二卷　一　五

　　十二行字數不一　四周雙邊　白口

　　22.2×16.2 釐米

類書類

浙圖

子 2819

對類二十卷

　明刻本　長興王修跋

浙圖

子 2820

對類二十卷

　明吳勉學攷注

　明萬曆二十三年(1595)吳勉學刻本

　十二行二十四字　左右雙邊　白口

　22.3×15.2 釐米

浙圖

子 2821

縹緗對類二十卷

　明末刻本

　十二行二十四字　四周單邊　白口

　21.6×13.7 釐米

浙圖

子 2822

新鎸幼學備覽青緗對類大全二十卷首一卷

　明萬曆(1573—1620)刻本

　十五行二十七字　四周單邊　白口

　20.5×13 釐米

浙圖

子 2823

群書集事淵海一百六十卷

　明抄本

存二十六卷　三十至三十三　四十八至五十一　五十四至五十五　六十二至六十三　一百一至一百二　一百五至一百六　一百三十八至一百三十九　一百四十二至一百四十三　一百五十一至一百五十二　一百五十五至一百五十六　一百五十九至一百六十

　十六行三十字　四周雙邊　黑口

　17.6×11.2 釐米

杭圖

子 2824

群書集事淵海四十七卷

　明弘治十八年(1505)賈性刻本

　十二行二十四字　四周雙邊　黑口

　19.4×13.1 釐米

浙圖＊　天一閣＊

子 2825

策學輯略十二卷

　明弘治三年(1490)刻本

缺三卷　一至三

　十行二十二字　四周雙邊　黑口

　22.2×12.7 釐米

天一閣

子 2826

重刊單篇大字策學統宗二卷

　明刻本

　十行二十一字　四周雙邊　黑口

　18×12.7 釐米

天一閣

子 2827

三才廣志一千一百八十四卷

　明吳琯輯

　明抄本

存二百八十八卷　二百六十九至二百七十七　二百八十三至二百九十一　二百九十三至二百九十四　三百三十四至三百三十九　三百四十六至三百四十八　三百五十三至三百六十三　三百七十五至三百七十六　四百四十五至四百四十七　四百六十三　四百六十六至四百七十二　四百七十四至四百七十五　四百七十七至四百八十　四百八十七至四百九十　五百十三至五百二十五　五百二十七　五百二十九至五百四十　五百五十至五

百五十五　　五百六十二至五百六十五
五百七十八至五百九十　　五百九十二至
五百九十七　　六百三十七至六百四十六
六百四十八至六百五十六　　六百六十二
至六百六十六　　六百六十九　　六百七十
三至六百七十九　　六百八十一至六百八
十六　　六百九十至六百九十一　　六百九
十三至六百九十四　　八百三十至八百三
十二　　八百四十至八百四十一　　八百四
十三至八百四十七　　八百五十二至八百
五十三　　八百六十四至八百六十五　　八
百六十七至八百六十八　　八百七十至八
百七十二　　八百七十四　　八百九十九至
九百一　　九百四至九百八　　九百十至九
百十一　　九百十六至九百十七　　九百三
十一至九百三十四　　九百三十七至九百
三十八　　九百四十七至九百五十三　　九
百八十八至九百八十九　　九百九十三
一千五十一至一千五十九　　一千六十至
一千七十六　　一千九十一至一千九十三
一千九十五至一千九十八　　一千一百至
一千一百二　　一千一百十至一千一百十
九　　一千一百二十二至一千一百二十六
一千一百三十一至一千一百三十二　　一
千一百三十六至一千一百四十二　　一千
一百四十四至一千一百四十九　　一千一
百五十八至一千一百六十　　一千一百六
十二至一千一百六十五　　一千一百六十
七　　一千一百七十三至一千一百七十七
一千一百七十九

十三行字數不一　　四周單邊　　白口
21×16.7 釐米
天一閣

子 2828

希姓錄五卷

明楊慎輯
明萬曆十八年(1590)方沆刻本
十行二十字　　四周雙邊　　白口

21.5×15.1 釐米
嘉圖

子 2829

希姓補五卷

明楊慎輯　　清蕭山單隆周補
清康熙(1662—1722)刻本
九行二十字　　四周單邊　　白口
19.5×13 釐米
浙圖

子 2830

王制考四卷

明李黼撰
明正德十五年(1520)刻本
存一卷　一
十二行二十六字　　四周雙邊　　黑口
18×12 釐米
天一閣

子 2831

蟬史集十一卷

明檇李穆希文撰
明萬曆(1573—1620)刻本
十行二十二字　　左右雙邊　　白口
19.6×12.2 釐米
浙圖

子 2832

策場備覽一百七十三卷

明唐周輯
明抄本　清海寧費寅跋
浙圖

子 2833

日記故事二卷

明歷畊老農輯
明嘉靖(1522—1566)刻本
存一卷　上
八行二十字　　四周單邊　　白口

20.6×14.6 釐米

浙大

子 2834

古今經世格要二十八卷

　明鄒泉撰

　明刻本

十一行二十四字　四周單邊　白口

21.5×13.8 釐米

浙圖

子 2835

古今群書類考二十二卷

　明凌瀚撰

　明嘉靖二十四年(1545)劉氏安正堂刻本

缺三卷　十七至十九

十一行二十五字　四周雙邊　白口

12.6×18.2 釐米

天一閣

子 2836

新刊唐荆川先生稗編一百二十卷目錄三卷

　明唐順之輯

　明萬曆九年(1581)茅一相文霞閣刻本

十行二十字　四周雙邊　白口

19.5×14.5 釐米

浙圖　杭圖　溫圖 *　嘉圖 *　黃巖圖　天一閣 *

子 2837

五車霏玉三十四卷

　明吳昭明輯　明汪道昆增訂

　明萬曆(1573—1620)刻本

九行十八字　左右雙邊　白口

19.8×14 釐米

天一閣

子 2838

左粹類纂十二卷

　明施仁輯

明嘉靖十二年(1533)安國弘仁堂刻本

十一行二十一字　左右雙邊　白口

19.7×15 釐米

浙圖

子 2839

修辭指南二十卷

　明浦南金輯

　明嘉靖三十六年(1557)浦氏五樂堂刻本

九行十八字　左右雙邊　白口

18.9×13.2 釐米

浙圖　天一閣 *　浙大

子 2840

新刊增補古今名家詩學大成二十四卷

　明李攀龍輯

　明萬曆六年(1578)劉氏孝友堂刻本

十一行三十字　四周單邊　白口

21.8×14.7 釐米

浙圖　天一閣

子 2841

新刊增補古今名家韻學淵海大成十二卷

　明李攀龍輯

　明刻本

十一行　四周單邊　白口

21.7×15.3 釐米

浙圖

子 2842

啓蒙對偶續編四卷

　明孟紱華撰

　明嘉靖(1522—1566)刻本

九行十七字　四周雙邊　白口

20×15.5 釐米

天一閣

子 2843

三餘別集不分卷

　明游日章撰

明嘉靖四十一年（1562）刻本

十行二十四字　四周單邊　白口

19.7×12.8 釐米

浙大

子2844

彙苑詳註三十六卷

題明王世貞輯

明萬曆二十三年（1595）刻本

十行二十字　左右雙邊　白口

21.4×14.2 釐米

浙圖　嘉圖＊

子2845

圓機活法五十卷

明徽府刻本

缺二卷　三十五至三十六

八行二十字　左右雙邊　白口

21.4×13.6 釐米

天一閣

子2846

新刻重校增補圓機活法詩學全書二十四卷

明王世貞校正　明蔣先庚重訂

明刻清初印本

十二行二十五字　四周雙邊間單邊　白口

21.9×14.2 釐米

浙圖

子2847

考古辭宗二十卷

明況叔祺輯

明嘉靖四十一年（1562）巫繼咸刻本

九行十八字　左右雙邊　白口

19.3×12.6 釐米

天一閣

子2848

天中記五十卷

明陳耀文輯

明隆慶三年（1569）刻本

存二十九卷　二至二十二　二十四至二十七　二十九至三十二

十一行二十一字　左右雙邊　白口

19.4×13.3 釐米

天一閣

子2849

天中記六十卷

明陳耀文輯

明萬曆（1573—1620）刻本

十一行二十一字　左右雙邊　白口

19.3×13.5 釐米

餘杭圖＊　嘉圖＊　天一閣＊

子2850

天中記六十卷

明陳耀文輯

明刻本〔卷一至二配清抄本〕

十一行二十一字　左右雙邊　白口

19.4×13.5 釐米

浙圖

子2851

新選古今類腴十八卷

明陳世寶等輯

明萬曆九年（1581）刻本

九行二十字　四周雙邊　白口

21×14 釐米

天一閣

子2852

古今萬姓統譜一百四十卷歷代帝王姓系譜六卷氏族博考十四卷

明吳興凌迪知輯

明萬曆（1573—1620）刻本

九行二十字　四周單邊　白口

20.1×13.5 釐米

浙圖＊　嘉圖＊　天一閣＊

子 2853

**古今萬姓統譜一百四十卷歷代帝王姓系統
譜六卷氏族博考十四卷**

　明吳興凌迪知輯

　明萬曆(1573—1620)刻汲古閣重修本

溫圖＊　　紹圖　　上虞圖＊　　浙大

子 2854

典籍便覽八卷

　明范泓輯　明范淶補注

　明萬曆三十一年(1603)范淶刻本

　十行字數不一　小字雙行二十七字　四周單邊

　白口

　20.8×14.5 釐米

浙圖　玉海樓＊

子 2855

三才圖會一百六卷

　明王圻撰

　明萬曆三十七年(1609)刻本

存二卷　二　四

　九行二十二字　四周單邊　白口

　20.4×13.4 釐米

天一閣

子 2856

正音攟言四卷

　明王荔撰　明王允嘉注

　明崇禎元年(1628)王允嘉舍泓堂刻本

　八行二十字　四周雙邊　白口

　21×12.1 釐米

浙大

子 2857

亘史九十三卷

　明潘之恒撰

　明天啓六年(1626)潘弼亮鸞嘯軒刻本

　十行二十字　左右雙邊　白口

　20.7×15 釐米

溫圖

子 2858

亘史鈔□□卷

　明潘之恒輯

　明刻本

存一百十一卷　內紀十九卷　內篇十四卷

　外紀四十九卷　外篇十一卷　雜紀七卷

　雜篇十一卷

　十行二十字　白口

　21.1×15 釐米

浙圖

子 2859

新刊子史群書論策全備摘題雲龍便覽四卷

　明郝孔昭輯

　明隆慶四年(1570)唐廷仁刻本

　兩欄　下欄二十一行二十五字　四周雙邊　白

　口

　27.1×15.1 釐米

浙博

子 2860

**鼎鐫洪武元韻勘正補訂經書切字海篇玉鑑
二十卷**

　明武緯子補訂　明王衡勘正

　明萬曆元年(1573)閩建邑書林熊冲宇刻

　本

　兩欄　行字不一　四周單邊　白口

　20.5×12.4 釐米

浙圖

子 2861

新刊翰林諸書選粹四卷

　明山陰張元汴輯

　明萬曆二年(1574)李廷楫刻本

　十一行二十四字　四周單邊　白口

　17.9×12.3 釐米

浙圖

子 2862

喻林一百二十卷

　明徐元太輯

類書類

明萬曆四十三年(1615)自刻本

十行二十字　四周單邊　白口

20.8×14.7釐米

浙圖

子2863

喻林一葉二十四卷

明徐元太輯

清乾隆五十九年(1794)刻本

八行十八字　四周雙邊　白口

19.7×14.2釐米

浙大　嘉圖

子2864

類雋三十卷

明鄭若庸撰

明萬曆六年(1578)汪珙刻本

存四卷　三至六

九行十八字　左右雙邊　白口

19.5×14.1釐米

天一閣

子2865

古雋考略四卷

明上虞顧充、李承勛輯

明萬曆十四年(1586)刻本

六行字數不一　左右雙邊　白口

18×12.2釐米

浙圖

子2866

古雋考略六卷

明上虞顧充輯

明萬曆二十七年(1599)李楨、蕭大亨等

刻本

七行　左右雙邊　白口

18.2×12.1釐米

浙圖　天一閣

子2867

重刊古雋考略六卷

明上虞顧充撰

清康熙(1662—1722)興麟堂刻本

八行十二字　小字雙行二十四字　四周雙邊

粗黑口

20.5×14.7釐米

浙圖　紹圖

子2868

黔類十八卷

明郭子章輯

明萬曆(1573—1620)刻本

十行二十字　左右雙邊　白口

21.5×14.4釐米

浙圖

子2869

黔類十八卷

明郭子章輯

清抄本　佚名跋

浙圖

子2870

祝氏事偶十五卷

明山陰祝彥輯

明崇禎(1628—1644)刻本

九行二十字　四周單邊　白口

20.5×14.5釐米

杭圖

子2871

書言群玉要删二十卷

明鄞縣屠隆輯

明萬曆二十四年(1596)鄭世豪刻本

九行字數不一　四周單邊　白口

20×13.5釐米

浙圖

子 2872

經濟類編一百卷

　明馮琦輯

　明萬曆三十二年(1604)吳光義、周家棟

　　等刻本

　　十行二十字　四周單邊　白口

　　21.7×14.8 釐米

　浙圖　嘉圖＊　海寧圖＊　天一閣＊

子 2873

經濟類編一百卷

　明馮琦輯

　明抄本

存五十二卷　一至二十四　二十九至四十

　八　五十四至六十一

　　九行字數不一　四周雙邊　白口

　　26×16.5 釐米

天一閣＊

子 2874

玉府鈎玄六卷

　明沈堯中輯

　明萬曆(1573—1620)刻本

　　十行二十二字　四周單邊　白口

　　21.4×12.7 釐米

浙圖

子 2875

卓氏藻林八卷

　明武林卓明卿撰

　明萬曆八年(1580)卓氏紗香室刻本

　　十行二十字　四周單邊　白口

　　20×14 釐米

浙圖　杭圖　天一閣

子 2876

新刻何氏類鎔三十五卷

　明何三畏撰

　明萬曆四十七年(1619)刻本

　　十行二十字　四周單邊　白口

　　20.1×13.8 釐米

浙圖　天一閣

子 2877

新纂事詞類奇三十卷

　明徐常吉輯

　明萬曆(1573—1620)周曰校刻本

缺三卷　二十八至三十

　　十行二十字　四周單邊　白口

　　20.4×14.4 釐米

溫圖＊　天一閣＊

子 2878

新鐫翰林攷正歷朝故事統宗十卷歷朝人君
考實一卷

　明李廷機撰

　明萬曆(1573—1620)金陵書林周氏大業

　　堂刻本

　　十行二十三字　四周單邊　白口

　　20.2×12.9 釐米

浙圖

子 2879

群書備考六卷

　明嘉善袁黄撰

續二三場群書備考三卷

　明袁儼撰

　明刻本

　　八行二十一字　四周單邊　白口

　　20.6×12 釐米

浙圖

子 2880

增訂二三場群書備考四卷

　明嘉善袁黄撰　明袁儼注

　明崇禎(1628—1644)大觀堂刻本

　　九行二十一字　四周單邊　白口

　　21.9×14.3 釐米

浙圖　嘉圖

子 2881

增訂二三場群書備考四卷

　明嘉善袁黃撰　明袁儼注

　明崇禎（1628—1644）澹思堂刻本

　　九行二十一字　四周單邊　白口

　餘姚文

子 2882

增訂二三場群書備考四卷

　明嘉善袁黃撰　明袁儼注

　明崇禎五年（1632）刻本

　　九行二十一字　四周單邊　白口

　　21×14 釐米

　浙圖　杭圖　浙博　天一閣

子 2883

合訂正續注釋群書備考原本八卷

　明嘉善袁黃撰　明袁儼注

　明末刻本

　　八行二十字　四周單邊　白口

　　20.9×12.1 釐米

　嘉圖

子 2884

詞林海錯十六卷

　明夏樹芳輯

　明萬曆四十六年（1618）刻本

　　七行十六字　四周單邊　白口

　　19×12.7 釐米

　浙圖　杭圖＊　浙大

子 2885

詞林海錯十六卷

　明夏樹芳輯

　清乾隆（1736—1795）刻本

　　七行十六字　四周雙邊　白口

　　13.4×10.1 釐米

　浙圖

子 2886

新刻湯太史批點古今捷學舉業要論十卷

　明湯賓尹輯

　明刻本

　　兩欄　下欄十一行二十字　四周單邊　白口

　　20.5×14.4 釐米

　浙圖

子 2887

彊識略四十卷

　明吳楚材撰

　明萬曆十七年（1589）吳氏陽春園刻本

　　十行二十字　四周雙邊　白口

　　20.6×14 釐米

　浙圖

子 2888

彊識略四十卷

　明吳楚材撰

　明東粵余肯堂刻本

　　十行二十字　四周雙邊　白口

　　21×14.3 釐米

　浙圖

子 2889

古唐選屑三十卷

　明李本緯輯

　明萬曆四十一年（1613）刻本

　　九行十九字　四周雙邊　白口

　　22.6×15.1 釐米

　杭圖

子 2890

新鐫古今事物原始全書三十卷

　明徐炬撰

　明萬曆二十一年（1593）自刻本

　存十卷　一至十

　　十行二十字　四周單邊　白口

　　19.7×11.8 釐米

　天一閣

子 2891

對制談經十五卷

明杜涇輯

明萬曆(1573—1620)杜氏泰初堂刻本

存三卷　八至十

十行二十字　四周單邊　白口

22.7×13.9 釐米

天一閣

子 2892

山堂肆考二百四十卷

明彭大翼撰

明萬曆二十三年(1595)刻本

十一行二十二字　四周單邊　白口

18.2×13.1 釐米

浙圖　浙大　天一閣*

子 2893

山堂肆考二百二十八卷補遺十二卷

明彭大翼撰

明萬曆二十三年(1595)刻四十七年

(1619)張幼學重修本

溫圖　紹圖*

子 2894

新刊邵翰林評選舉業捷學宇宙文芒十二卷

明邵景堯評選　明盧效祖輯

明萬曆(1573—1620)周時泰博古堂刻本

十行二十字　四周單邊　白口

21.6×14.1 釐米

浙圖

子 2895

**仰止子詳考古今名家潤色詩林正宗十二卷
韻林正宗六卷**

明余象斗輯

明萬曆二十八年(1600)書林余文台雙峰

堂刻本

十一行字數不一　小字雙行三十二字　四周雙

邊　白口

20.6×12.4 釐米

浙圖

子 2896

編年拔秀二卷

明孫森輯

明萬曆(1573—1620)刻本

八行十八字　左右雙邊　白口

浙圖

子 2897

唐類函二百卷目錄二卷

明俞安期輯

明萬曆三十一年(1603)自刻本

十行二十字　四周單邊　黑口

20.2×14.8 釐米

浙圖　寧圖　溫圖*　天一閣*　玉海樓*　浙

大

子 2898

唐類函二百卷目錄二卷

明俞安期輯

明萬曆三十一年(1603)刻文盛堂重修本

存九十一卷　一　六至八十　八十六至九

十八　目錄全

紹圖

子 2899

唐類函二百卷目錄二卷

明俞安期輯

明萬曆三十一年(1603)刻養正堂重修本

紹圖

子 2900

詩雋類函一百五十卷

明俞安期輯　明梅鼎祚增定

明萬曆三十七年(1609)自刻本

存五卷　三十一至三十五

十行二十字　四周單邊　白口

19.8×13.9 釐米

天一閣

子2901

詩雋類函一百五十卷

　　明俞安期輯　明梅鼎祚增輯

　　明萬曆(1573—1620)刻本

存五十卷　十六至二十五　六十六至七十

　　八十六至九十　一百十一至一百三十五

　　一百四十六至一百五十

　　　十行二十字　四周單邊　綫黑口

　　　19.9×14 釐米

浙圖

子2902

蒙養指南四卷

　　題明秀水屠釣主人輯

　　明萬曆(1573—1620)刻本

　　　九行十八字　左右雙邊　白口

　　　21×14.7 釐米

浙圖

子2903

三才考略十二卷

　　明歸安莊元臣輯

　　明萬曆(1573—1620)莊氏刻清嚴學乾半

　　　硯齋重修本

　　　十行二十字　四周單邊　白口

　　　20.5×14 釐米

浙圖

子2904

劉氏類山十卷

　　明劉胤昌撰

　　明萬曆三十三年(1605)刻清康熙二十年

　　　(1681)劉鴻儀重修本

　　　八行十六字　四周單邊　白口

　　　20.3×14.8 釐米

浙圖

子2905

檢蠹隨筆三十卷

　　明楊宗吾撰

　　明萬曆三十三年(1605)王尚修刻本　佚

　　　名批校

存十四卷　一至七　十六至二十二

　　　九行十九字　四周雙邊　白口

　　　20×12.9 釐米

浙圖

子2906

新鐫音註釋義萬物皆備類纂四卷

　　明黃龍吟輯

　　明萬曆三十四年(1606)劉龍田刻本

　　　八行二十六字　四周單邊　白口

　　　20×12.5 釐米

杭圖

子2907

文苑彙雋二十四卷

　　明孫丕顯輯

　　明萬曆三十六年(1608)刻本

　　　兩欄　上欄小字二十二行七字　下欄十一行二

　　　　十一字　四周單邊　白口

　　　22.8×15.2 釐米

浙圖　蕭山博　天一閣

子2908

名句文身表異錄二十卷

　　明王志堅撰

　　清康熙四十七年(1708)漱六閣刻本

　　　十一行二十一字　左右雙邊　黑口

　　　16.2×12.6 釐米

浙圖　天一閣

子2909

劉氏鴻書一百八卷

　　明劉仲達輯

　　明萬曆(1573—1620)刻本

　　　十行二十一字　四周單邊　白口

21.5×14.8 釐米

杭圖

子 2910

劉氏鴻書一百八卷

明劉仲達輯

明萬曆(1573—1620)陳長卿刻本

十行二十一字　四周單邊　白口

21.6×14.6 釐米

浙圖　天一閣*

子 2911

子書類纂七卷

明胡胤嘉輯

明天啓五年(1625)張鴻舉刻本

九行二十字　四周單邊　白口

20.8×14 釐米

天一閣

子 2912

廣博物志五十卷

明烏程董斯張輯

明萬曆(1573—1620)高暉堂刻本

九行十八字　四周單邊　白口

21×15.3 釐米

浙圖　嘉圖　浙大*

子 2913

廣博物志五十卷

明烏程董斯張輯

明萬曆(1573—1620)高暉堂刻清乾隆二
十六年(1761)重修本

浙圖　溫圖

子 2914

新刻註釋故事白眉十卷

明許以忠輯

明末書林版築居刻本

十行二十字　四周單邊　白口

18.6×14 釐米

浙圖

子 2915

鍥音注藝林晉故事白眉十二卷

明鄧志謨輯

明萬曆三十五年(1607)書林余彰德萃慶
堂刻本

九行二十字　四周單邊　白口

21×12.7 釐米

杭圖

子 2916

鍥旁註事類捷錄十五卷

明鄧志謨輯

明萬曆三十一年(1603)書林余彰德萃慶
堂刻本

兩欄　下欄十行十八字　左右雙邊　白口

20.4×12.3 釐米

浙圖

子 2917

蘭雪堂古事苑定本十二卷

明鄧志謨輯

清蘭雪堂刻本

九行二十字　左右雙邊　白口

19.5×14.2 釐米

浙圖　溫圖

子 2918

新刻全像註釋二十四孝日記故事一卷

清初黃子質刻本

兩欄　上圖下文　八行十六字　四周雙邊　白
口

18.6×11.6 釐米

浙圖

子 2919

皇明廣蒙求三十七卷

明姚光祚輯

明萬曆三十八年(1610)刻本

存十九卷　一至二　四至二十

　　十行二十字　四周雙邊　白口

　　23.4×15.1 釐米

天一閣

子 2920

朱翼十二卷

　　明江旭奇輯

　　明萬曆四十四年(1616)刻本

　　兩欄　下欄九行二十四字　四周單邊　白口

　　22×13.8 釐米

浙圖

子 2921

新鍥獵古詞章釋字訓解三台對類正宗十九卷首一卷

　　明萬曆四十五年(1617)閩建書林余文台雙峰堂刻本

　　三欄　下欄十二行二十六字　四周雙邊　白口

　　21.9×12.7 釐米

浙圖

子 2922

枳記二十八卷

　　明呂元啓輯

　　明萬曆(1573—1620)刻本

　　九行二十字　四周單邊　白口

　　20×14.2 釐米

浙圖

子 2923

新鐫陳太史子史經濟言十二卷經制考略八卷

　　明陳子壯撰

　　明天啓五年(1625)刻本

　　十行二十字　四周單邊　白口

　　22.6×14.1 釐米

浙圖

子 2924

菻林尋到源頭八卷

　　明余恒輯

　　明書林余恒刻本

　　兩欄　上欄十五行五字　下欄九行二十一字　四周單邊　白口

　　21×12.8 釐米

浙圖

子 2925

八編類纂二百八十五卷

　　明陳仁錫輯

　　明天啓(1621—1627)刻本

　　十行二十字　四周單邊　白口

　　21.3×14.8 釐米

浙圖　嘉圖　黃巖圖　天一閣

子 2926

潛確居類書一百二十卷

　　明陳仁錫輯

　　明崇禎十五年(1642)陳智錫繼志堂刻本〔間有抄配〕

　　九行二十字　四周單邊　白口　書口下鐫"繼志堂"

　　20×12.7 釐米

浙大

子 2927

潛確居類書一百二十卷首一卷

　　明陳仁錫輯

　　明崇禎(1628—1644)刻本

　　十行二十字　四周單邊　白口

　　21.2×14.9 釐米

浙圖　餘杭圖 *　嘉圖 *　海寧圖 *　溫圖 *　黃巖圖　天一閣　鎮海文

子 2928

新刻分類摘聯四六積玉二十卷

　　明錢塘章斐然輯

　　明萬曆四十四年(1616)陳所學刻本

九行十八字　四周單邊　白口

20.6×14 釐米

杭圖

子 2929

新刻分類摘聯四六積玉二十卷

明錢塘章斐然輯

明鍾人傑刻本

九行十八字　四周單邊　白口

20.8×13.4 釐米

天一閣

子 2930

四六古事雕龍二卷

明魏浣初輯

明天啓(1621—1627)刻本

八行二十字　四周單邊　白口

21.1×12 釐米

浙圖

子 2931

四六霞肆十六卷

明何偉然輯

明末胡正言十竹齋刻本

八行十八字　四周單邊　白口

20.4×14.3 釐米

浙圖

子 2932

四六鴛鴦譜十二卷新集十二卷

明陰化陽、蘇紫蓋輯

明崇禎(1628—1644)書林呂太如刻本

九行十八字　四周單邊　白口

20.5×14.6 釐米

浙圖

子 2933

尺牘法言二卷

明高舉輯

明刻本

存一卷　下

十三行二十二字　左右雙邊　黑口

16.2×10.1 釐米

天一閣

子 2934

博物典彙二十卷

明黃道周撰

明崇禎(1628—1644)刻本

九行十九字　左右雙邊　白口

20.2×13.2 釐米

浙圖　餘杭圖＊　天一閣＊　寧海文

子 2935

博物典彙二十卷

明黃道周撰

明崇禎(1628—1644)刻本　蕭山朱鼎煦
　跋

缺六卷　一至三　十至十二

天一閣

子 2936

麗句集八卷

明許之吉輯

明天啓(1621—1627)刻本

九行十九字　四周單邊　白口

20.4×13.9 釐米

浙圖　浙大　天一閣

子 2937

尚友錄二十二卷

明廖用賢輯

明天啓元年(1621)刻本

七行字數不一　四周單邊　白口

21×14 釐米

天一閣

子 2938

尚友錄二十二卷

明廖用賢輯

清康熙五年(1666)刻本

七行字數不一　小字雙行十八字　四周單邊
白口

21.1×13.8釐米

溫圖　平湖圖　義烏圖

子 2939

刻精選百家錦繡聯六卷

題明竹溪主人輯

明末刻本

三欄　上欄十二行九字　下欄十行十六字　四
周單邊　白口

20×12.1釐米

浙圖

子 2940

五車韻瑞一百六十卷附洪武正韻一卷

明吳興凌稚隆輯

明刻本

十行字數不一　左右雙邊　白口

22.2×15.8釐米

溫圖　嘉圖 *

子 2941

五車韻瑞一百六十卷附洪武正韻一卷

明吳興凌稚隆輯

明金閶葉瑤池刻本

十行二十字　左右雙邊　白口

20.4×15.8釐米

浙圖　餘杭圖　天一閣 *　浙大

子 2942

五車韻瑞一百六十卷

明吳興凌稚隆輯

明致和堂刻本

十行二十字　四周單邊　白口

22.5×15.5釐米

天一閣

子 2943

五車韻瑞一百六十卷

明吳興凌稚隆輯

明文茂堂刻本

缺四十卷　一至九　三十二至四十三　五
十六至五十九　七十至七十五　一百五
十二至一百六十

十行二十字　小字雙行二十七字　左右雙邊
白口

22.2×16釐米

浙圖

子 2944

經史子集合纂類語三十二卷

明杭州魯重民輯

明崇禎十七年(1644)武林輝山堂金陵汪
復初刻本

八行二十二字　四周單邊　白口

20×12.2釐米

浙圖

子 2945

康濟譜二十五卷

明潘游龍撰

明崇禎十四年(1641)王期昇刻本

九行二十字　左右雙邊　白口

20.1×14.1釐米

浙圖

子 2946

新鍥燕臺校正天下通行文林聚寶七卷

明游受之撰

明萬曆(1573—1620)刻本

兩欄　上欄十五行　下欄十三行十八字　四周
雙邊　白口

21.4×13釐米

浙圖

子 2947

新刻天下四民便覽萬寶全書三十二卷

明周文煥、周文煒輯

類書類

明萬卷樓刻本

缺一卷　二十三

　　兩欄　上欄十四行　下欄十二行字數不一　四
　　周雙邊

　　19.3×12.4 釐米

嘉圖

子 2948

新鐫雅俗通用珠璣藪八卷

　題明西湖散人輯

　明崇禎(1628—1644)刻本

　　九行二十字　四周單邊　白口

　　20.8×14.1 釐米

浙圖　天一閣 *

子 2949

新鐫李先生類纂音釋捷用雲箋六卷

　明李光祚撰

　明書林葉瞻泉刻本

　　十行二十七字　四周單邊　白口

　　21.6×12.4 釐米

浙圖

子 2950

古今類書纂要增刪十二卷

　明璩崑玉輯

　明崇禎七年(1634)刻本

　　十行大字不等　小字雙行十六字　四周單邊
　　白口

　　21.7×15.7 釐米

浙圖　奉化文

子 2951

古學彙纂十卷

　明周時雍輯

　明崇禎十五年(1642)周氏愛日齋刻本

　　九行二十六字　四周單邊　白口

　　21.4×11.7 釐米

湖博

子 2952

手鏡摘覽八卷

　明抄本

存三卷　二至四

　　十一行二十四字　四周單邊

　　21.2×15.1 釐米

天一閣 *

子 2953

紅豆莊雜錄不分卷

　清錢謙益輯

　清宣統元年(1909)抄本　沈兆熊跋

浙圖

子 2954

古今疏十五卷

　清朱虛撰

　清順治(1644—1661)萬卷樓刻本

　　九行二十二字　四周單邊　白口

　　21.3×12 釐米

浙圖

子 2955

宮閨小名錄四卷

　清尤侗輯

　清姜宜抄本

浙圖

子 2956

三才藻異三十三卷

　清屠粹忠撰

　清康熙二十八年(1689)栩園刻本

　　八行十九字　四周雙邊　白口

　　19.5×14.3 釐米

天一閣

子 2957

三才彙編六卷

　清龔在升輯

　清康熙六年(1667)刻本

九行二十四字　左右雙邊　白口

20.5×13.4釐米

浙圖

子2958

三才發祕九卷

清陳雯撰

清康熙三十六年(1697)刻本

十行二十一字　左右雙邊　白口

19.9×13.9釐米

浙圖

子2959

叩鉢齋纂行廚集十七卷

清仁和李之澎、汪建封輯　清仁和汪志

瑞注釋

叩鉢齋應酬詩集四卷

清仁和李之澎、汪建封輯

清康熙二十九年(1690)刻本

九行二十字　左右雙邊　白口

19.1×13.4釐米

浙圖

子2960

昇雲集八卷

清湖州唐新輯

清康熙三十一年(1692)稿本

存十八冊　一至二　五至六　九至十九

二十二　二十六至二十七

嘉圖

子2961

古事比五十二卷

清方中德輯

清康熙四十五年(1706)書種齋刻本

九行二十一字　左右雙邊　白口

21.1×14釐米

溫圖　上虞圖　天一閣

子2962

淵鑑類函四百五十卷目錄四卷

清張英、王士禎等輯

清康熙四十九年(1710)內府刻本

十行二十一字　四周雙邊　黑口

17×11.8釐米

餘杭圖　溫圖

子2963

淵鑑類函四百五十卷目錄四卷

清張英、王士禎等輯

清康熙(1662—1722)清吟堂刻後印本

十行二十一字　四周雙邊　黑口

17×11.8釐米

浙圖　寧圖　嘉圖*　義烏圖

子2964

古香齋新刻袖珍淵鑑類函四百五十卷目錄

四卷

清張英、王士禎等輯

清乾隆(1736—1795)刻本

缺二卷　五十三　五十六

十行二十一字　四周雙邊　白口

9.8×8.2釐米

浙圖

子2965

類書纂要三十三卷

清周魯撰

清康熙三年(1664)自刻本

九行二十二字　四周單邊　白口

19.5×11.5釐米

浙圖　餘杭圖

子2966

杜韓詩句集韻三卷

清桐鄉汪文柏輯

清康熙四十五至四十六年(1706—1707)

洞庭麟慶堂刻本

八行十七字　左右雙邊　黑口

16.4×13.1 釐米

浙圖　平湖圖

子 2967

宋稗類鈔八卷

清潘永因輯

清康熙(1662—1722)刻本

十行二十四字　四周單邊　白口

19×13.7 釐米

浙圖　嘉圖

子 2968

宋稗類鈔八卷

清潘永因輯

清乾隆三十年(1765)羅興堂清遠閣刻本

十行二十四字　四周單邊　白口

18.9×13.5 釐米

浙大

子 2969

四六纂組十卷

清杭州胡吉豫輯

清康熙十八年(1679)西爽堂刻本

九行二十二字　左右雙邊　白口

20.4×13.2 釐米

浙圖

子 2970

廣事類賦四十卷

清華希閔輯

清康熙(1662—1722)刻本

十二行二十字　左右雙邊　細黑口

19.3×15.4 釐米

浙圖

子 2971

廣事類賦四十卷

清華希閔撰

清乾隆二十五年(1760)劍光閣刻本

十二行二十字　左右雙邊　白口

18.8×15.4 釐米

浙圖

子 2972

廣事類賦四十卷

清華希閔輯

清乾隆二十九年(1764)刻本

十一行二十字　左右雙邊　白口

18×14 釐米

溫圖　嘉圖　海寧圖*　嵊州圖

子 2973

廣事類賦四十卷

清華希閔輯

清看雲草堂抄本

十四行二十九字　四周雙邊　白口

16.8×14 釐米

天一閣

子 2974

古今類傳四卷

清吳興董穀士、董炳文輯

清康熙(1662—1722)刻本

十一行二十八字　左右雙邊　白口

21.1×14.7 釐米

浙圖　溫圖　海寧圖

子 2975

佩文韻府一百六卷

清張玉書、蔡升元等輯

清康熙五十一年至五十二年(1712—
　　1713)內府刻本

十二行二十五字　四周雙邊　白口

17.3×11.7 釐米

浙圖　嘉圖*

子 2976

韻府拾遺一百六卷

清張玉書輯

清康熙五十九年(1720)內府刻本

十二行二十五字　四周雙邊　白口

16.8×11.5 釐米

嘉圖

子 2977

讀書記數略五十四卷

　清宮夢仁輯

　清康熙(1662—1722)刻本

　十一行二十一字　四周雙邊　黑口

　16×11.4 釐米

浙圖　溫圖　嘉圖　上虞圖　浙大

子 2978

格致鏡原一百卷

　清海寧陳元龍輯

　清康熙五十六年(1717)廣東刻雍正十三

　年(1735)印本

　十一行二十一字　左右雙邊　黑口

　16.8×11.4 釐米

浙圖　餘杭圖＊　溫圖　諸暨圖

子 2979

分類字錦六十四卷

　清何焯等輯

　清康熙(1662—1722)內府刻本

　18.8×12.6 釐米

浙圖

子 2980

類林新詠三十六卷

　清錢塘姚之駰輯

　清康熙(1662—1722)刻本

　十行二十字　左右雙邊　白口

　20×14.5 釐米

浙圖　寧圖　溫圖　嘉圖　衢博

子 2981

欽定古今圖書集成一萬卷目錄四十卷

　清蔣廷錫、陳夢雷等輯

　清雍正四年(1726)內府銅活字印本

九行二十字　四周雙邊　白口

21.4×14.8 釐米

浙圖(配清抄)　天一閣＊　紹圖＊

子 2982

御定駢字類編二百四十卷

　清張廷玉等撰　清沈宗敬等輯

　清雍正六年(1728)內府刻本

　十行二十一字　四周雙邊　黑口

　17.2×11.7 釐米

浙圖　嘉圖＊　上虞圖

子 2983

子史精華一百六十卷目錄一卷

　清允祿、吳襄等輯

　清雍正五年(1727)武英殿刻本

　八行二十四字　四周雙邊　白口

　17.5×14.5 釐米

餘杭圖＊　寧圖　平湖圖　嵊州圖＊　衢博

子 2984

子史精華一百六十卷

　清允祿、吳襄等輯

　清雍正五年(1727)武英殿刻本　清義烏

　　吳達卿批點

義烏圖

子 2985

子史精華一百六十卷

　清允祿、吳襄等輯

　清乾隆五十五年(1790)張松孫刻本

　十行二十五字　四周雙邊　白口

　21×15 釐米

浙圖

子 2986

省軒考古類編十二卷

　清仁和柴紹炳輯　清姚廷謙評

　清雍正四年(1726)澹成堂刻本

　十行二十一字　左右雙邊　黑口

17.3×12.5釐米

浙圖　寧圖　溫圖　嘉圖　浙大

子2987

詩材類對纂要四卷

清申贊皇、任德裕輯

清乾隆(1736—1795)刻本

八行二十字　四周雙邊　白口

17×12釐米

衢博

子2988

事類異名六卷

明許樂善輯

清乾隆三十二年(1767)刻本

十行二十五字　左右雙邊　黑口

17.6×14.2釐米

浙大

子2989

問奇典註六卷

清唐英撰

清乾隆十一年(1746)唐氏古柏堂刻本

五行小字不一　四周雙邊　白口

20.4×13.6釐米

浙圖

子2990

古今氏族雜證不分卷

清仁和趙佑撰

稿本

八行十八字　四周雙邊　黑口

23.5×14.5釐米

浙博

子2991

子史輯要詩賦題解四卷

清胡本淵輯

清乾隆三十九年(1774)刻本

缺一卷　四

八行二十二字　左右雙邊　白口

13.4×10.3釐米

嵊州圖

子2992

奩史一百卷拾遺一卷

清王初桐輯

清嘉慶二年(1797)古香堂刻本

十行二十字　左右雙邊　白口

14.8×12.9釐米

溫圖

子2993

獺祭錄三十卷

清秀水李繩遠輯

清抄本　清嘉興李遇孫跋

浙圖

子2994

類腋五十五卷

清姚培謙輯

清乾隆七年(1742)姚氏清妙軒刻本

六行小字雙行二十一字　左右雙邊　白口

9.5×7釐米

浙圖

子2995

類腋五十五卷

清姚培謙輯

補遺一卷

清張隆孫輯

清乾隆三十年(1765)聚業堂刻本

九行二十四字　左右雙邊　白口

13.1×9釐米

嵊州圖

子2996

五經類編二十八卷

清周世樟輯

清雍正二年(1724)穀詒堂刻本

八行二十字　左右雙邊　白口

16.8×13.5 釐米

浙圖　上虞圖　黄巖圖　平湖圖　玉海樓

子2997

五經類編二十八卷

清周世樟輯

清乾隆四十六年(1781)友益齋刻本

八行二十字　左右雙邊　白口

16.5×13.5 釐米

浙圖　嵊州圖

子2998

五經類編二十八卷

清周世樟輯

清乾隆五十年(1785)刻本

八行二十字　左右雙邊　白口

16.4×13.5 釐米

浙圖

子2999

初學行文語類四卷

清四明孫埏輯

清乾隆(1736—1795)刻後印本

十一行二十六字　四周單邊　白口

19.4×13.4 釐米

浙圖

子3000

增訂行文語類四卷

清四明孫埏輯

清乾隆十五年(1750)三槐堂刻本

十行二十二字　四周單邊　白口

24×15 釐米

寧檔

子3001

增訂初學行文語類四卷

清四明孫埏輯

清乾隆三十一年(1766)刻本

十行二十二字　四周單邊　白口

19.9×13.7 釐米

寧圖　嵊州圖*　寧檔*

子3002

新纂氏族箋釋八卷

清熊峻運撰

清乾隆十三年(1748)大興堂刻本

九行二十六字　四周單邊　白口

18.3×12 釐米

浙圖

子3003

新纂氏族箋釋八卷

清熊峻運撰

清乾隆五十五年(1790)步月樓刻本

九行二十六字　四周單邊　白口

18.8×11.3 釐米

浙圖

子3004

文家稽古編十卷首一卷

清王乾元原輯　清劉旂錫、程夢元纂

清乾隆二十年(1755)慎詒堂刻本

十行二十二字　左右雙邊　白口

20.3×14.2 釐米

浙圖

子3005

閩姓類集儷語四卷

清張越英撰

清乾隆二十年(1755)刻本

兩欄　下欄十行二十字　左右雙邊　黑口

21.6×14 釐米

浙圖

子3006

穀玉類編五十卷

清汪兆舒輯

清乾隆二十三年(1758)汪氏資履堂刻本

十行二十五字　四周雙邊　白口

20.2×14.9 釐米

浙圖　溫圖

子3007

典制類林四卷

清唐式南輯

清乾隆三十年(1765)敬直堂刻本

九行二十五字　左右雙邊　白口

17.6×12.9 釐米

浙圖　平湖圖

子3008

典制類林四卷

清唐式南編

清乾隆五十年(1785)寶翰樓刻本

八行二十字　左右雙邊　白口

11.3×9 釐米

衢博

子3009

韻府約編二十四卷

清鄧愷輯

清乾隆(1736—1795)刻本

八行二十二字　左右雙邊　白口

14.7×10.4 釐米

浙圖　寧圖

子3010

事類數目攷二十卷

清陳永書輯

清乾隆(1736—1795)如蘭齋刻本

存十卷　一至十

九行二十四字　四周單邊　白口

20.3×11.7 釐米

浙圖

子3011

事物異名錄四十卷

清慈溪厲荃輯

清乾隆四十一年(1776)古歡堂刻本

十二行二十一字　左右雙邊　白口

16.9×11.3 釐米

浙圖

子3012

事物異名錄四十卷

清慈溪厲荃輯　清仁和關槐增輯

清乾隆五十三年(1788)粵東刻本

十一行二十一字　左右雙邊　白口

16.9×11.4 釐米

浙圖

子3013

新刊韻學會海三十二卷

清東陽盧宏啓、諸暨徐作林輯

清乾隆(1736—1795)連珠山房刻本

十行二十九字　左右雙邊　白口

23.7×14.9 釐米

浙圖

子3014

聯經四卷

清李學禮撰

清乾隆五十五年(1790)補過堂刻本

十行二十六字　四周雙邊　白口

18.3×13.5 釐米

浙圖

子3015

分類楹聯不分卷

清抄本

浙圖

子3016

鴛鴦小譜八卷

清仁和徐念祖輯

稿本

杭圖

子 3017

炳燭觀二卷

　清抄本

天一閣

子 3018

典類四十二卷

　清劉光亨輯

　稿本

浙圖

子 3019

國朝別號錄十卷

　清山陰沈復粲輯

　稿本　清蕭山王宗炎、陳鴻熙跋　清會

　稽樊廷緒、周喬齡題詞

缺四卷　五至八

浙圖

子 3020

甌海還珠集二十四種一百二十卷首一卷

　清平陽楊詩撰

　清道光二十四年(1844)稿本

缺十六卷　七至九　一百八至一百二十

溫圖

子 3021

牛毛錄不分卷

　清永嘉陳舜咨輯

　清道光(1821—1850)稿本

溫圖

子 3022

琴詠樓姝聯韻藻一卷

　清鎮海姚景夒輯

　清光緒六年(1880)稿本

天一閣

子 3023

古事萃覽不分卷

　清抄本

　九行二十五字

浙圖

子 3024

四部類稿六十四卷

　清陸雲慶輯

　清愛日堂抄本

浙圖

子 3025

蕉窗集要不分卷

　清馮三華撰

　清抄本

浙圖

子 3026

讀史所見輯韻編五卷

　清林慶貽編

　清抄本

浙圖

子 3027

韻偶聯珠二卷

　清楊紹徽輯並注

　稿本

浙圖

子 3028

鑄史駢言六卷

　清孫玉田撰

　清抄本

浙圖

子 3029

兩漢紬編八卷

　清抄本

浙圖

子 3030

韻林獺祭不分卷

　　清山陰姚振宗撰

　　稿本

浙圖

道教類

子 3031

大明道藏經目錄四卷

　　清抄本　清黃巖王蚬校並跋

浙圖

子 3032

道藏目錄詳注四卷

　　明白雲霽撰　明李傑注

　　清刻本　清顧廣圻校並跋

　　十行二十字　四周單邊　黑口

　　20.1×14 釐米

浙大

子 3033

道貫真源二十六卷

　　清會稽董德寧輯

　　清乾隆嘉慶間(1736—1820)古越集陽樓
　　刻本

　　存十八卷

　　　　周易參同契正義三卷　清會稽董德寧撰
　　　　　　清乾隆(1736—1795)刻本

　　　　悟真篇正義三卷　清會稽董德寧撰　清乾
　　　　　　隆五十二年(1787)刻本

　　　　太上黃庭經發微二卷首一卷末一卷　清會
　　　　　　稽董德寧注　清乾隆六十年(1795)刻本

　　　　黃帝陰符經本義二卷首一卷末一卷　清會
　　　　　　稽董德寧注　清乾隆六十年(1795)刻本

　　　　老子道德經本義二卷首一卷末一卷　清會
　　　　　　稽董德寧撰　清乾隆六十年(1795)刻本

　　　　九行二十二字　四周雙邊　白口

浙圖

子 3034

道書四種不分卷

　　題明混沌子撰

　　明正德(1506—1521)刻本(有圖)

　存錦身機要

　　八行十八字　四周雙邊　白口

　　18.1×13 釐米

湖博

子 3035

道書六種六卷

　　明抄本

　　　　太上除三尸九蟲保生經一卷

　　　　太上老君玄妙枕中內德神咒經一卷

　　　　黃庭遁甲緣身經一卷

　　　　紫庭內祕訣修行法一卷

　　　　太上老君大存思圖注訣一卷

　　　　上玄高真延壽赤書一卷　唐裴鉉撰

　　　　十一行字數不一　四周單邊　白口

　　　　22.2×16.5 釐米

天一閣

子 3036

道書五種六卷

　　明抄本

　　　　囊篩子一卷

　　　　陰丹內篇一卷附道書援神契一卷

　　　　孫真人攝養論一卷

　　　　彭祖攝生養性論一卷

　　　　抱朴子養生論一卷

　　　　十行十七字　四周單邊　白口

　　　　20.7×14 釐米

天一閣

子 3037

李晦卿真人道書八卷

　　明李文燭撰

　　清初抄本

　　　　陰符經三卷　明李文燭注

　　　　黃白鏡一卷　明李文燭撰　明朱維城注

　　　　續黃白鏡一卷　明李文燭撰

悟真篇三卷　宋天台張伯端撰　明李文燭注

金丹四百字解一卷　宋天台張伯端撰　明
　李文燭解

浙圖

子3038

道書全集九十四卷

　明閣鶴洲編

　明萬曆十九年(1591)刻本

存十四卷

　純陽呂真人文集八卷　唐呂嵒撰

　諸真玄奧集成九卷　宋張平叔撰　明函蟾
　　子輯　存六卷　一至六

　十一行二十二字　左右雙邊　白口

浙圖

子3039

道書全集九十四卷

　明閣鶴洲編

　明萬曆十九年(1591)刻清康熙二十一年
　　(1682)周在延重修本

存五十七卷

　金丹大要十卷

　金碧古文龍虎經三卷

　周易參同契通真義三卷　存一卷　上

　周易參同契分章註三卷　存二卷　上　中

　諸真玄奧集成九卷　存七卷　一至七

　群仙珠玉四卷　存二卷　一至二

　老子道德經註二卷

　陰符經不分卷

　陳虛白規中指南二卷

　太上老君說常清靜經註一卷

　太上赤文洞古經註一卷

　太上大通經註一卷

　太上昇玄消災護命妙經註一卷

　洞玄靈寶定觀經註一卷

　玉皇胎息經註一卷

　無上玉皇心印經註一卷

　老子說五廚經註一卷

　崔公入藥鏡註一卷

　青天歌註一卷

　譚子化書六卷

　陰符經三皇玉訣三卷

　群仙要語二卷

　玉清金笥寶錄三卷　存一卷　一

　中和集二卷

　鍾呂二先生修真傳道集三卷

　21.6×14.7 釐米

嘉圖＊　紹圖＊

子3040

金丹正理大全四十二卷

　明嘉靖十七年(1538)周藩朱睦㮮樂善齋
　　刻本

存十卷

　金碧古文龍虎上經三卷　宋王道注疏

　悟真編註疏三卷　宋翁葆光注　元戴起宗
　　疏　存二卷　上　中

　金丹大要十卷　元陳致虛撰　存二卷　四
　　至五

　諸真玄奧集成九卷　明函蟾子輯　存三卷
　　六　八至九

　十行二十一字　四周雙邊　黑口

　20.3×13.8 釐米

浙圖＊　紹圖＊

子3041

金丹正理大全四十二卷

　明刻本

存十八卷

　周易參同契通真義三卷　後蜀彭曉撰

　周易參同契解三卷　宋陳顯微撰

　周易參同契分章註三卷　元陳致虛撰

　諸真玄奧集成九卷　明函蟾子輯

　十行二十一字　四周雙邊　白口

　17×13.5 釐米

浙圖＊　天一閣＊

子3042

陰符經一卷

　宋劉辰翁評　明湯顯祖解

　明唐瑜刻本

　九行二十字　四周單邊　白口

20.5 × 14.5 釐米

浙圖

子 3043

黄帝陰符經一卷

明呂坤注

明萬曆(1573—1620)刻呂新吾全集本

八行十八字　左右雙邊　白口

21.9 × 13.2 釐米

天一閣

子 3044

陰符經一卷

明萬曆八年(1580)王世懋抄本　明王世
貞跋　清乾隆四十八年(1783)歸安陳
焯跋

西泠印社

子 3045

金碧古文龍虎上經三卷

明萬曆八年(1580)王世懋抄本　明王世
貞跋　清乾隆四十八年(1783)歸安陳
焯跋

西泠印社

子 3046

古文參同契八卷

明嘉靖(1522—1566)刻本

參同契經文三卷　題漢魏伯陽撰

參同契箋注三卷　題漢徐景休撰

參同三相類二卷　題漢淳于叔通撰

九行二十字　四周單邊　白口

19.8 × 14.3 釐米

浙圖

子 3047

周易參同契發揮三卷釋疑一卷

宋俞琰撰

明宣德三年(1428)朱文斌刻本

存二卷　上　中

十行二十字　四周雙邊　黑口

20.9 × 13.3 釐米

天一閣

子 3048

周易參同契集注三卷

題上陽子注

明刻本

存一卷　上

十行二十字　四周雙邊　黑口

17.8 × 13.8 釐米

天一閣

子 3049

周易參同契解箋三卷

明張文龍解　明烏程朱長春箋

明萬曆四十年(1612)刻朱印本

八行十八字　四周雙邊　白口

21.7 × 14.6 釐米

浙圖

子 3050

周易參同契測疏三卷

明陸西星撰

明未孩堂刻方壺外史本

存二卷　中　下

九行十八字　四周單邊　白口

20.6 × 13.2 釐米

浙圖

子 3051

周易參同契脈望三卷

清陶素耜撰

清初抄本

八行三十四字　小字雙行四十六字不一　四周
雙邊　白口

18.2 × 9.8 釐米

海寧圖

子 3052

參同契一卷陰符經一卷

清李光地注

清康熙五十八年(1719)清謹軒刻安溪李
文貞公解義三種本　清韡園批校

十一行二十字　四周單邊　白口

17.1×13.3 釐米

浙圖

子 3053

臨黃庭經一卷

清乾隆三十年(1765)梁同書抄本　清錢
塘梁同書跋　清道光十八年(1838)王
涷跋

六行十一字

16.2×10.4 釐米

西泠印社

子 3054

黃庭內景經一卷

清抄本

浙圖

子 3055

太上黃庭內景玉經一卷外景經一卷

唐白履忠注

黃庭內景五臟六腑圖説一卷

唐胡悟撰

明萬曆十一年(1583)黃鶴樓刻藍印本

存一卷　內景玉經

八行二十字　左右雙邊　白口

21.5×14.5 釐米

浙圖

子 3056

黃庭內景玉經二卷

明汪旦注

明嘉靖(1522—1566)刻本

九行二十字　四周單邊　白口

20.8×14.5 釐米

天一閣

子 3057

黃庭經考異一卷

題明何所子撰

明萬曆三十四年(1606)張文郁刻藍印本

九行二十字　左右雙邊　白口

19.7×13.5 釐米

浙圖

子 3058

太上黃庭經發微二卷皇帝陰符經本義二卷

清會稽董德寧注

清抄本

浙圖

子 3059

太上黃庭經注三卷陰符經注一卷

清石和陽撰

清乾隆五十八年(1793)白雲山房刻本

八行二十字　四周單邊　白口

20.3×15.3 釐米

溫圖

子 3060

抱朴子外篇五十卷

晉葛洪撰

明正統(1436—1449)刻道藏本

缺二十二卷　一至八　十一至十九　三十
七　四十七至五十

七行十七字　上下雙邊　白口

28.1×15.3 釐米

天一閣

子 3061

抱朴子內篇二十卷外篇五十卷

晉葛洪撰

明嘉靖四十四年(1565)魯藩承訓書院刻
本

存外篇十五卷　三十六至五十

九行二十字　四周雙邊　白口
19×14.4 釐米
天一閣

道教類

子3062

新鍥抱朴子內篇四卷外篇四卷

晉葛洪撰

明萬曆十二年(1584)慎懋官刻本

十行二十字　左右雙邊　白口
21.2×14.3 釐米
天一閣

子3063

新鍥抱朴子內篇四卷外篇四卷

晉葛洪撰

明刻本

九行二十字　左右雙邊　白口
19.5×14.3 釐米
嘉圖

子3064

抱朴子內篇二十卷外篇五十卷

晉葛洪撰

清刻本　象山陳漢章批校

十一行二十字　左右雙邊　白口
16.1×11.3 釐米
浙圖

子3065

抱朴子內篇二十卷外篇五十卷

晉葛洪撰

清嘉慶十八年(1813)孫星衍刻平津館叢
書本　清陳桂鼐批校

存內篇二十卷

十一行二十字　左右雙邊　白口
16.1×11.3 釐米
浙大

子3066

新鍥葛稚川內篇四卷外篇四卷

晉葛洪撰　明盧舜治評

明萬曆二十七年(1599)翁天霽刻張可大
重修本

十行二十字　左右雙邊　白口
21.2×14.7 釐米
浙圖

子3067

**抱朴子內篇校勘記一卷外篇校勘記一卷內
篇佚文一卷外篇佚文一卷神仙金汋經三
卷養生論一卷大丹問答一卷抱朴子別旨
一卷**

題長白繼昌初校　陳其榮再校

清抄本　象山陳漢章批校並跋
浙圖

子3068

真誥十卷

梁陶弘景撰

明嘉靖元年(1522)王瓉刻本

存三卷　一　三　五

十行十九字　左右雙邊　白口
18×12.7 釐米
天一閣

子3069

真誥二十卷

梁陶弘景撰

明萬曆二十八年（1600）刻三十二年
（1604）俞安期重修本

九行十七字　左右雙邊　白口
20×14.3 釐米
浙圖

子3070

天隱子一卷

唐司馬承禎撰

素履子三卷

唐張弧撰

明抄本

十行字數不一　左右雙邊　白口

22×16 釐米

天一閣

子 3071

玄真子外篇三卷

　唐張志和撰

　明抄本

　　十行字數不一　左右雙邊　白口

　　22×15.7 釐米

天一閣

子 3072

三寶心鐙九卷

　唐呂嵒撰

　清刻本

　　十行十九字　左右雙邊　白口

　　12.9×17.1 釐米

天一閣

子 3073

金丹詩訣二卷

　題唐呂巖撰　宋夏元鼎輯

　明刻本

　　九行十八字　左右雙邊　白口

　　19.4×13.5 釐米

浙圖

子 3074

太上洞玄靈寶無量度人上品妙經一卷

　唐乾寧四年(897)寫本

溫博

子 3075

高上玉皇本行集經三卷

　明嘉靖三十四年(1555)周王府泥金寫本

　　佚名跋

　　五行十五字

浙圖

子 3076

高上玉皇本行集經三卷

　明隆慶(1567—1572)刻本

存一卷　上

　　七行二十一字　四周雙邊　黑口

　　24.4×15.4 釐米

浙圖

子 3077

太上玄靈北斗本命延生真經一卷太上靈寶
**　天尊説禳災度厄真經一卷元始天尊説北**
**　方真武妙經一卷太上説平安竈經一卷太**
**　上正一天尊説鎮宅消災龍虎妙經一卷**

　明宣德元年(1426)刻本(有圖)

　　十行十五字　上下雙邊

　　22.9×21.1 釐米

浙圖

子 3078

太上説三官經序一卷太上三元賜福赦罪解
**　厄消災延生保命妙經一卷太上元始天尊**
**　説三官寶號一卷**

　明磁青紙泥金寫本(有圖)

浙圖

子 3079

太上老君説常清靜經一卷

　題虎眼禪師注解　□無垢子釋

太上老君説了心經一卷

　明刻本

　　十行十七字　四周雙邊　黑口

　　21.4×13.5 釐米

天一閣

子 3080

興行妙道天尊如如經前八品八卷中八品八
**　卷後八品八卷**

　清抄本

浙圖

子 3081

玉音法事三卷

　明成化九年(1473)刻本

　　十行二十字　　四周雙邊　　黑口

　　18×12.6 釐米

浙圖

子 3082

祈神奏格四卷祀先祝文二卷

　明萬曆三十八年(1610)劉君信刻本

　存四卷　奏格一至三　祝文一

　　九行二十三字　　四周單邊　　白口

　　19.8×13.8 釐米

浙圖

子 3083

文昌通紀八卷

　清海寧周廣業輯

　清乾隆四十三年至四十五年 (1778—

　　1780) 參和堂刻本

　　十行二十三字　　左右雙邊　　白口

　　18.8×13 釐米

浙圖

子 3084

還真集一卷

　元王玠撰

太上九要心印經一卷

　唐張果撰

釋惑金丹大道本末直説一卷

　□劉一中撰

金丹真指一卷

　題劉真仙述

　明抄本

　　九行二十字　　四周雙邊　　白口

　　21.2×15.7 釐米

天一閣

子 3085

太極祭煉内法議略三卷

　宋鄭所南撰

　清初抄本

存二卷　中　下

浙圖

子 3086

上清靈寶濟度大成金書四十卷

　明周思得輯

　明宣德七年(1432)楊震宗刻本

缺十七卷　一至十　十五至十六　十九至

　二十二　二十五

　　十二行二十六字　　四周雙邊　　黑口

　　23×15.3 釐米

天一閣*　海寧圖*

子 3087

太上感應篇二卷

　清惠棟注

　清三味齋抄本

　　十行二十一字　　左右雙邊　　白口

　　13.6×18.7 釐米

天一閣

子 3088

太上感應篇箋注二卷

　清惠棟注

　清乾隆十四年(1749)紹興鑒湖刻本

　　十行二十字　　四周單邊　　白口

　　18.5×13.3 釐米

寧圖

子 3089

雲笈七籤一百二十二卷

　宋張君房撰

　明張萱清真館刻本

　　九行二十字　　四周單邊　　白口

　　21.4×13.6 釐米

杭圖　天一閣*

子 3090

雲笈七籤一百二十二卷

　宋張君房撰

明刻本　佚名批

九行二十字　四周單邊　白口

19.6×13.7 釐米

浙圖

子 3091

悟真篇一卷

　宋天台張伯端撰

　明抄本

　　十行二十四字　四周單邊

　　21.4×15.2 釐米

天一閣

子 3092

悟真篇三註三卷

　宋天台張伯端撰　宋薛道光、陸墅,元陳

　致虛注

　明刻本(有圖)

　　十行二十字　四周雙邊　黑口

　　18.3×13.8 釐米

杭圖

子 3093

悟真删僞集三卷

　宋天台張伯端撰　宋薛道光、陸墅,元陳

　　致虛注　題剡蕉居士删僞

　清初抄本

浙圖

子 3094

紫陽真人悟真篇三註五卷

　宋天台張伯端撰　宋薛道光、陸墅,元陳

　　致虛注

　明抄本

　　十一行二十一字　四周單邊

　　22.5×16.5 釐米

天一閣

子 3095

悟真篇四註二卷

　宋天台張伯端撰　宋薛道光、陸墅,元陳

致虛注

　明萬曆二十七年(1599)刻本

　　九行二十字　四周單邊　白口

　　20.7×14.1 釐米

杭圖

子 3096

悟真篇約註三卷

　清陶素耜撰

　清初抄本

　　八行二十四字　四周雙邊　白口

　　18.2×9.8 釐米

海寧圖

子 3097

太上靈寶淨明宗教錄十卷

　宋胡之玟撰

　清初刻本

　　八行二十一字　四周雙邊　白口

　　19.8×12.5 釐米

紹圖

子 3098

席上輔談二卷

　元俞琰撰

　明嘉靖二十七年(1548)袁表家抄本

　　九行二十字　四周單邊　白口

　　20.4×14.5 釐米

天一閣

子 3099

席上輔談二卷

　元俞琰撰

　清抄本　瑞安張崟批校並跋

浙圖

子 3100

清庵先生中和集前集三卷後集三卷

　元李道純撰　元蔡志頤輯

　明宣德十年(1435)朱本道刻本

317

存五卷　前集一至二　後集三

十一行二十一字　四周雙邊　黑口

18.5×12.7 釐米

杭圖

子 3101

道法宗旨圖衍義二卷

元鄧栯纂圖　元章希賢衍義

明抄本(有圖)

十一行二十一字　四周單邊

22.5×16.3 釐米

天一閣

子 3102

金丹大要十卷

元陳致虛撰

明金丹正理大全刻本　明赤一子、含素

子等跋

存一卷　虛無

十行二十一字　四周雙邊　黑口

19.6×13.7 釐米

浙圖

子 3103

金丹就正篇三卷玄膚論一卷

明陸西星撰

清初抄本

八行二十二字　四周雙邊　白口

18.2×9.8 釐米

海寧圖

子 3104

真詮二卷

明桑喬撰

清初抄本　清永忠跋

浙圖

子 3105

性命雙修萬神圭旨四卷

明萬曆四十三年(1615)吳之鶴刻本(有

圖)

十一或十二行十八至二十字　白口

杭圖

子 3106

性命雙修萬神圭旨四卷

清康熙八年(1669)潘水臣刻本(有圖)

十一行至十二行十八字至二十字

浙圖

子 3107

性命圭旨四卷

明尹真人授

清康熙(1662—1722)刻本(有圖)

十一行十八字　左右雙邊　白口

17.6×13.8 釐米

浙圖　平湖圖

子 3108

一化元宗十二卷

明高時明輯

明天啓四年(1624)刻本

九行二十字　四周雙邊　白口

22.6×15.7 釐米

浙圖

子 3109

道言內外六卷

明彭好古輯

明萬曆(1573—1620)吳勉學刻黃之寀重

修本

九行十八字　左右雙邊　白口

19.8×14.2 釐米

浙圖　海寧圖*

子 3110

道德真源四卷

明淦謙撰

明天啓(1621—1627)刻本

九行二十字　左右雙邊　白口

19.1×13.6釐米

天一閣

子 3111

道源四卷

清劉真遠輯

清順治十三年(1656)刻本

九行二十一字　白口

18.2×14.2釐米

杭圖

子 3112

覺源壇訓不分卷

清抄本

浙圖

子 3113

天仙正理直論增註一卷

明伍守陽撰　明伍守虛同注

清初抄本　佚名批點

浙圖

子 3114

全真聯集一卷

清抄本

浙圖

子 3115

清微黃籙大齋科儀十二卷

清婁近垣輯

清乾隆十五年(1750)刻本

九行十五字　四周雙邊　白口

22.3×15.5釐米

浙圖

子 3116

養真集二卷

清養真子撰　清王士端增補

清抄本　清道光元年(1821)養拙生序

　海寧管元耀校

浙圖

子 3117

神仙傳十卷

晉葛洪撰

明崇禎(1628—1644)刻本

九行二十字　左右雙邊　白口

19.7×14.3釐米

浙圖

子 3118

神仙傳十卷

晉葛洪撰

清抄本

浙圖

子 3119

續仙傳一卷

唐沈汾撰

明刻本

十二行二十字　左右雙邊　白口

15.5×19.6釐米

天一閣

子 3120

廣列仙傳七卷

明張文介輯

明萬曆十年(1582)自刻本

兩欄　下欄九行十八字　四周單邊　白口

18.4×11.7釐米

浙圖

子 3121

歷世真僊體道通鑑三十六卷

元趙道一撰

明刻本

存六卷　二十三至二十八

十行二十二字　四周雙邊　白口

22.5×14.5釐米

海寧圖

子 3122

有象列仙全傳九卷

　明王世貞撰　明汪雲鵬補

　明萬曆二十八年(1600)汪雲鵬玩虎軒刻
　　本(有圖)

　　十一行二十二字　四周單邊　白口

　　20.8×13 釐米

浙圖

子 3123

歷代仙史八卷

　清仁和王建章撰

　清乾隆(1736—1795)刻本

　　九行二十字　左右雙邊　白口

　　19.4×13.4 釐米

浙圖

子 3124

麻姑集十二卷

　明陳克昌輯

　明嘉靖二十二年(1543)朱廷臣刻本

　　十行十九字　四周單邊　黑口

　　20.9×14.7 釐米

浙圖

子 3125

漢天師世家一卷

　明張國祥纂修

　明萬曆(1573—1620)刻本　佚名批注

　　九行十八字　四周雙邊　白口

　　19.5×14 釐米

浙圖

子 3126

忠孝全書八卷

　清粘本盛撰

　清康熙六年(1667)清源石室刻本(有
　　圖)

　　　道養初乘忠書問答四卷

　　　道養初乘忠書集史三卷

　　　道學世家一卷

　　九行十九字　左右雙邊　白口

　　20.1×15 釐米

浙圖

子 3127

文昌帝君陰騭文像註四卷

　清吳銓輯

　清雍正九年(1731)育德堂刻嘉慶(1796—
　　1820)印本

　　十行二十字　四周雙邊　白口

　　17.7×13.8 釐米

浙圖

子 3128

陰騭文圖解四卷

　清趙如升輯

　清乾隆十五年(1750)陶日升德馨堂刻本

　　十行二十字　四周雙邊　白口

　　17.7×13.3 釐米

浙圖　紹圖

釋家類

大藏

子 3129

普寧藏六千十卷

　元至元六年至二十六年(1269—1289)杭
　　州路餘杭大普寧寺大藏經局刻本

存十三卷

　　瑜伽師地論釋一卷　唐釋玄奘譯

　　經剛上位陀羅尼經三　元魏佛陀扇多譯

　　經律異相卷第二十一　梁釋寶唱等集

　　十住毗婆沙論存卷第二第八第九　後秦釋
　　　鳩摩羅什譯

　　二經同卷佛說賢首經　後秦釋聖堅譯

　　千佛因緣經　後秦釋鳩摩羅什譯

　　二經同卷大方廣入如來智德不思議經　唐
　　　釋實義難陀譯

　　大方廣佛華嚴經修慈分　唐釋提雲般若等

譯

大般若波羅蜜多經卷第三百三 唐釋玄奘
譯

十住毗婆沙論十五卷 後秦釋鳩摩羅什譯

六行十七字

浙圖＊ 杭圖＊

子 3130

南藏六千三百三十一卷

明洪武五年至永樂元年（1372—1403）刻
本

存一百六卷

護法論一卷 宋張商英撰

阿毗達磨俱舍論三十卷 唐釋玄奘譯 存
一卷 十一

大方廣圓覺修多羅了義經一卷 唐釋佛陀
多羅譯

大佛頂如來密因修證了義諸菩薩萬行首楞
嚴經十卷 題唐釋般刺密帝、釋彌伽釋迦
譯

四教義六卷 隋釋智顗撰 存一卷 六

禪宗頌古聯珠通集四十卷 宋釋法應輯
元釋普惠續輯 存三卷 十六至十八

法顯傳一卷 晉釋法顯撰

續高僧傳三十一卷 唐釋道宣撰 存二十
八卷 四至三十一

有宋高僧傳三十卷 宋釋贊寧等撰 存二
卷 十一至十二

景德傳燈錄三十卷 宋釋道原撰 存十八
卷 一至八 十八至二十 二十四至三
十

續傳燈錄三十六卷 宋李道勳撰 存二卷
二十二至二十三

古今譯經圖記四卷續一卷 唐釋靖邁撰

大元至元辨偽錄五卷 元釋祥邁撰 存三
卷 一 四至五

破邪論二卷 唐釋法琳撰 存一卷 下

十門辨惑論二卷 唐釋複禮撰

百喻經四卷 蕭齊天竺求那毗地譯 存一
卷 上

成實論十六卷 後秦釋鳩摩羅什譯 存一
卷 四

禪法要解經二卷 後秦釋鳩摩羅什譯

鞞婆沙論十四篇 後秦僧伽跋澄譯 存一
卷 四

舊雜譬喻經二卷 吳康僧會譯

雜譬喻經一卷 後漢釋支婁迦讖譯

寶主天子所問經一卷 隋釋闍那崛多等譯

陰持入經三卷 後漢安息三藏安世高譯

大乘寶要義論十卷 宋釋法護譯 存四卷
三至六

廣釋菩提心論□卷 宋釋施護譯 存二卷
一至二

佛母般若波羅蜜多圓集要義釋論四卷 宋
釋施護譯 存二卷 三至四

菩薩本生鬘論十六卷 宋釋紹德等譯 存
二卷 九至十

阿毗達磨順正理論八十卷 唐釋玄奘譯
存一卷 七十六

四經合卷四卷 晉釋竺法護譯

六行十七字 上下單邊

天一閣

子 3131

南藏六千三百六十一卷

明洪武五年至永樂元年（1372—1403）刻
萬曆（1573—1620）重修本

存三十卷

宗鏡錄 宋釋延壽撰 存十卷 十六至二
十 三十六至四十

天目中峰和尚廣錄十卷 元錢塘釋明本撰

景德傳燈錄 宋釋道原撰 存十卷 十一
至十五 二十六至三十

六行十七字 上下單邊

湖博

子 3132

北藏六千三百六十一卷

明永樂八年至正統五年（1410—1440）刻
萬曆（1573—1620）續刻本

缺 天 生 水 垂 章 首 邇 岡 念
立 若 篤 終 爵 楹 廣 公 用
城 勸

五行十七字

浙圖

子3133

徑山藏六千九百五十六卷

　明萬曆十七年（1589）至清康熙（1662—1722）五臺、嘉興、徑山等地刻本

存四百四十五卷

　　持世經四卷　後秦釋鳩摩羅什譯　明崇禎十年（1637）刻本

　　大方廣佛華嚴經八十卷　唐釋實叉難陀譯　明萬曆二十九至三十年（1601—1602）刻本

　　寶星陀羅尼經五卷　唐天竺釋波羅頗密多羅譯　清順治十四年（1657）刻本

　　沙彌十戒法並威儀一卷附眾經目錄一卷　明萬曆三十七年（1609）刻本

　　大方便佛報恩經七卷　明萬曆二十六年（1598）刻本

　　仁王護國般若波羅蜜經二卷　後秦釋鳩摩羅什譯　明萬曆三十年（1602）刻本

　　首楞嚴經疏注經二十卷　宋釋子璿撰　明萬曆二十九年（1601）本

　　首楞嚴經義海三十卷　唐釋懷迪證譯　宋釋子璿疏　明崇禎五年（1632）刻本

　　佛說仁王護國般若波羅密經疏三卷　後秦釋鳩摩羅什譯　隋釋智顗疏　明末刻本

　　彌沙塞部和醯五分律十五卷　宋釋道生譯　明崇禎八年（1635）刻本

　　圓悟佛果禪師語錄二十卷　宋釋克勤撰　明萬曆十九年（1591）刻本

　　禪宗頌古聯珠通集四十卷　宋釋法應輯　元釋普惠續輯　明萬曆二十四年至二十五年（1596—1597）刻本

　　古越雲門顯聖寺散木湛然澄禪師語錄十六卷　明釋明懷輯　明刻本

　　南石和尚語錄四卷　明釋文琇撰　明崇禎十三年（1640）刻本

　　石門文字禪三十卷　宋釋德洪撰　明萬曆二十五年（1597）刻本

　　續傳燈錄三十六卷　明崇禎八年至九年（1635—1636）刻本

　　五燈會元二十卷　宋釋普濟撰　明萬曆三

十八年至四十年（1610—1612）刻本

　　翻譯名義集二十卷　宋釋法雲輯　明萬曆三十一年（1603）徑山寂照庵刻本

　　大明三藏法數五十卷　明釋一如等撰　明萬曆二十一年至二十二年（1593—1594）刻本

　　眾經目錄八卷附沙彌十戒法並威儀一卷　唐釋明佺等撰　清武周編　清康熙二年至三年（1663—1664）嘉興府楞嚴寺刻本

　　五燈會元二十卷　宋釋普濟撰　明嘉靖四十年（1561）嘉興徑山寺摹刻本

　　法華玄義釋籤二十卷　唐天台釋湛然撰　明天啓四年（1624）刻清順治十七年（1660）重修康熙五年（1666）印本

　　十行二十字　四周雙邊　白口

　　22.7×14.8釐米

浙圖*　杭圖*　溫圖*　嘉圖*　紹圖*

子3134

龍藏七千一百六十八卷

　清雍正十三年至乾隆三年（1735—1738）刻本

　　五行十七字　上下雙邊

浙圖　嘉圖*

譯經

子3135

維摩詰所說經十四卷

　後秦釋鳩摩羅什譯

釋迦如來成道記一卷

　唐王勃撰

　明凌濛初刻朱墨套印本

　　八行十八字　四周單邊　白口

　　19.7×14.7釐米

浙圖

子3136

維摩詰所說經六卷

　後秦釋鳩摩羅什譯　後秦釋僧肇注

　明戚繼光刻本

　　九行十八字　四周單邊　白口

　　18×14釐米

浙圖　杭圖　天一閣

子3137

放光般若波羅蜜經三十卷

晉釋無羅叉、釋竺叔蘭譯

明萬曆三十八年(1610)吳懷保等刻本

十行二十字　四周雙邊　白口

23.6×16.5釐米

浙圖

子3138

大明度無極經六卷

吳釋支謙譯

明萬曆三十八年(1610)吳懷保等刻本

十行二十字　四周雙邊　白口

23.5×16.2釐米

浙圖

子3139

金剛般若波羅蜜經一卷

後秦釋鳩摩羅什譯

唐寫本　沙門雲昉題觀

存二十八行

浙圖

子3140

金剛般若波羅蜜經一卷

後秦釋鳩摩羅什譯

唐寫本

浙圖

子3141

金剛般若波羅蜜經一卷

後秦釋鳩摩羅什譯

宋紹熙四年(1193)刻本

四行十字　左右單邊

25×24釐米

浙博

子3142

金剛般若波羅蜜經一卷

後秦釋鳩摩羅什譯

明萬曆五年(1577)泥金寫本

浙圖

子3143

金剛般若波羅蜜經一卷

後秦釋鳩摩羅什譯　元釋道肯集篆

明萬曆四十一年(1613)倪錦刻本

五行七字　四周雙邊　白口

26.8×18.7釐米

浙圖　杭圖

子3144

金剛般若波羅蜜經一卷

後秦釋鳩摩羅什譯

清乾隆泥金寫本

溫博

子3145

金剛般若波羅蜜經一卷

後秦釋鳩摩羅什譯

清光緒二年(1876)金居敬泥金寫本

六行二十字

21.7×11.2釐米

紹圖

子3146

滿漢文金剛經一卷

後秦釋鳩摩羅什譯　清綿榜譯

稿本

浙圖

子3147

般若波羅蜜多心經一卷

宋慶曆三年(1043)寫本

浙博

釋家類

子 3148

般若波羅蜜多心經一卷

　宋慶曆三年（1043）陳思戩寫本

　19×8.6 釐米

　浙博

子 3149

大方廣佛華嚴經六十卷

　晉釋佛馱跋陀羅譯

　北魏寫本

存一卷　三十四

　浙圖

子 3150

大方廣佛華嚴經八十卷

　唐釋實叉難陀譯

　明永樂十七年（1419）福賢刻本

　五行十五字

　23.9×16.5 釐米

　浙圖

子 3151

大方廣佛華嚴經八十卷

　唐釋實叉難陀譯

　清泥金寫本

存二卷　五十一　六十八

　24×11 釐米

　紹圖

子 3152

大方廣佛華嚴經入不思議解脫境界普賢行
**　願品一卷**

　唐釋般若譯

　宋景祐三年（1036）寫本

　30×9.4 釐米

　浙博

子 3153

大方廣佛華嚴經淨行品一卷

　唐釋實叉難陀譯

宋寫本

殘

　31.4×11.3 釐米

　浙博

子 3154

大方便佛報恩經七卷

　五代寫本　夏承燾、謝稚柳跋

　溫博

子 3155

佛名經三十卷

　宋寫本

存一卷　四

　溫博

子 3156

佛名經三十卷

　宋寫本

存一卷　二十

　溫博

子 3157

佛說佛名經三十卷

　宋寫本

存一卷　九

　溫博

子 3158

佛說觀無量壽佛經一卷

　劉宋釋畺良耶舍譯

　北宋刻本

　六行十七字

　溫博

子 3159

佛說觀無量壽佛經一卷

　劉宋釋畺良耶舍譯

　宋紹興二十二年（1152）劉若璩刻本

　十二行十七字

17.9×17.6 釐米

浙博

子 3160

佛說觀無量壽佛經不分卷

　劉宋釋畺良耶舍譯

　清同治七年（1868）杭州聯橋張寶晉齋刻

　　本　釋弘一題簽

22.5×16.2 釐米

浙圖

子 3161

佛說觀無量壽佛經科文一卷

　宋大觀三年（1109）釋子堅刻本

溫博

子 3162

大般涅槃經四十卷

　北涼釋曇無讖譯

　唐永徽二年（651）吳其仁寫本

存一卷　四十

浙圖

子 3163

大般涅槃經四十卷

　北涼釋曇無讖譯

後分二卷

　唐釋若那跋陀羅譯

　明萬曆二十五年（1597）北京慈慧禪寺刻

　　本

十行二十字　四周雙邊　白口

23×16.5 釐米

紹圖

子 3164

金光明經四卷

　北涼釋曇無讖譯

　宋寫本

存一卷　三

溫博

子 3165

金光明經四卷

　北涼釋曇無讖譯

　五代吳越國杭州刻本

十二至十四字不一

浙博

子 3166

金光明經四卷

　北涼釋曇無讖譯

　宋刻本

五行十四字

17.1×15.8 釐米

浙博

子 3167

金光明最勝王經十卷

　唐釋義淨譯

　唐比丘道斌寫本

存一卷　四

浙圖

子 3168

妙法蓮華經七卷

　後秦釋鳩摩羅什譯

　唐寫本

存三卷　三至五

　卷三

　　妙法蓮華經藥草喻品第五

　　妙法蓮華經授記品第六

　　妙法蓮華經化城喻品第七

　卷四

　　妙法蓮華經如來壽量品第十六

　　妙法蓮華經分別功德品第十七

　卷五

　　妙法蓮華經提婆達多品第十二

浙圖

子 3169

妙法蓮華經七卷

　後秦釋鳩摩羅什譯

宋大中祥符八年（1015）釋靈素寫本

30.3 × 11.3 釐米

浙博

釋家類

子 3170

妙法蓮華經七卷

後秦釋鳩摩羅什譯

北宋寫本

存二卷　三　七

溫博

子 3171

妙法蓮華經七卷

後秦釋鳩摩羅什譯

宋泥金寫本

存一卷　二

溫博

子 3172

妙法蓮華經七卷

後秦釋鳩摩羅什譯

宋寫本

存一卷　四

溫博

子 3173

寶石塔藏經妙法蓮華經七卷

元刻本　龍游余紹宋題簽

存殘頁四頁

浙圖

子 3174

妙法蓮華經七卷

後秦釋鳩摩羅什譯

元刻本

五行十五字　上下雙邊

天一閣

子 3175

妙法蓮華經七卷

後秦釋鳩摩羅什譯

明刻本

五行十五字　上下單邊

天一閣

子 3176

妙法蓮華經七卷

後秦釋鳩摩羅什譯

明刻本

五行十二字　上下單邊

天一閣

子 3177

妙法蓮華經七卷

後秦釋鳩摩羅什譯

明刻本　佚名批校

九行十二字　左右雙邊　白口

19.5 × 13.9 釐米

紹圖

子 3178

妙法蓮華經七卷

後秦釋鳩摩羅什譯

明萬曆三十七年（1609）陳文華泥金寫本

明董其昌跋　明仇英繪圖

存五卷

蕭山博

子 3179

大乘妙法蓮華經七卷

後秦釋鳩摩羅什譯

清初泥金寫本

六行十七字　上下雙邊

天一閣

子 3180

妙法蓮華經七卷

後秦釋鳩摩羅什譯

清雍正十三年(1735)刻本

十行二十字　四周單邊　白口

20.1×14.1釐米

浙圖

子3181

佛說觀世音經一卷

後秦釋鳩摩羅什譯

宋政和六年(1116)張衍刻本

17.7×16.4釐米

浙博

子3182

增一阿含經五十一卷

前秦釋曇摩難提譯

唐寫本

存一卷　一

浙圖

子3183

大智度論一百卷

後秦釋鳩摩羅什譯

南北朝寫本

存一卷　六(殘)

浙圖

子3184

大智度論一百卷

後秦釋鳩摩羅什譯

清乾隆三十年至三十二年(1765—1767)

　趙文炳抄本　清趙文炳跋

浙圖

子3185

佛說無量壽宗要經□卷

唐寫本

存一卷

浙圖

子3186

唐人寫經殘帙□□卷

唐寫本

大般涅槃經　北凉釋曇無讖譯　三頁

妙法蓮華經　後秦釋鳩摩羅什譯　六頁

金剛般若波羅蜜經　後秦釋鳩摩羅什譯

　八頁

金光明最勝王經　唐釋義淨譯　八頁

大般若波羅蜜多經　唐釋玄奘譯　六頁

摩訶般若波羅蜜多經　後秦釋鳩摩羅什譯

　十二頁

妙法蓮華經　後秦釋鳩摩羅什譯　九頁

浙圖

子3187

成唯識論十卷

唐釋玄奘譯

明陳瓛刻本　佚名批校

九行十八字　四周單邊　白口

浙圖

子3188

成唯識論十卷

唐釋玄奘譯

明吳江沈念等刻本

十行二十字　四周單邊　白口

21.5×15釐米

杭圖

子3189

解深密經五卷

唐釋玄奘譯

清雍正十三年(1735)刻本

十行二十字　四周單邊　白口

浙圖

子3190

大方廣圓覺修多羅了義經一卷

唐釋佛陀多羅譯

北宋寫本

溫博

子 3191

大方廣圓覺修多羅了義經二卷

　唐釋佛陀多羅譯

　明刻朱墨套印本

　　八行十八字　四周單邊　白口

　　19.2×14.8 釐米

浙圖　天一閣

子 3192

大方廣圓覺修多羅了義經集注二卷

　唐釋佛陀多羅譯　宋釋元粹撰

　明武林雲棲寺刻本

　　十行二十二字　左右雙邊　白口

　　19.5×12.6 釐米

杭圖

子 3193

菩薩戒一卷

　唐寫本

溫博

子 3194

大乘起信論一卷

　梁釋真諦譯

　清刻本　諸暨余重耀批校

　　九行二十四字　左右雙邊　黑口

　　19.5×12.6 釐米

浙圖

子 3195

大乘起信論一卷

　梁釋真諦譯

　清光緒二十四年(1898)刻本　諸暨余重

　　耀批校

　　九行十八字　左右雙邊　黑口

　　18.8×13.2 釐米

浙圖

子 3196

大乘入楞伽經□卷

　唐釋實義難陀譯

　唐寫本

存一卷　三

浙圖

子 3197

佛説如來相好經□卷

　唐寫本

存一卷

浙圖

子 3198

無垢淨光大陀羅尼經一卷

　唐釋彌陀山譯

　宋寫本

浙博

子 3199

一切如來心秘密全身舍利寶篋印陀羅尼經

　　一卷

　唐釋不空譯

　宋開寶八年(975)吳越國王錢俶刻本

浙圖 ＊　浙博

子 3200

一切如來心秘密全身舍利寶篋印陀羅尼經

　　一卷

　唐釋不空譯

　宋開寶八年(975)吳越國王錢俶刻本

　　鄒安跋

殘

浙圖

子 3201

一切如來心秘密全身舍利寶篋印陀羅尼經

　　一卷

　唐釋不空譯

　宋寫本

　　29.8×418 釐米

浙博

子 3202

佛頂心觀世音菩薩大陀羅尼經一卷

宋乾道八年（1172）葉岳刻本

六行十五字

18×16.7 釐米

浙博

子 3203

大悲心陀羅尼經一卷

天竺釋伽梵達摩譯

宋明道二年（1033）胡則刻本

五行十七字

23.8×150 釐米

浙博　玉海樓

子 3204

大悲陀羅尼經一卷

宋慶曆三年（1043）公詔寫本

19×8.5 釐米

浙博

子 3205

大悲心陀羅尼經一卷

唐釋不空譯

宋慶曆三年（1043）寫本

31×192 釐米

浙博

子 3206

大佛頂如來密因修證了義諸菩薩萬行首楞嚴經十卷

題唐釋般刺密帝、釋彌伽釋迦譯

明萬曆三十年（1602）朱應元刻本

八行十七字　四周單邊　白口

18.8×11.9 釐米

浙圖

子 3207

大佛頂如來密因修證了義諸菩薩萬行首楞嚴經十卷

題唐釋般刺密帝、釋彌伽釋迦譯

明瑪瑙寺仰山房刻本

九行十八字　四周雙邊　白口

22.7×15 釐米

杭圖

子 3208

大佛頂如來密因修證了義諸菩薩萬行首楞嚴經十卷

題唐釋般刺密帝、釋彌伽釋迦譯

明天啓元年（1621）刻三色套印本

八行十八字　四周單邊　白口

21×14.2 釐米

天一閣

子 3209

大佛頂如來密因修證了義諸菩薩萬行首楞嚴經十卷

題唐釋般刺密帝、釋彌伽釋迦譯

明凌毓枬刻朱墨套印本

八行十八字　四周單邊　白口

20×15 釐米

浙圖　杭圖　天一閣＊

子 3210

大佛頂如來密因修證了義諸菩薩萬行首楞嚴經十卷

題唐釋般刺密帝、釋彌伽釋迦譯

節錄妙法蓮華經譬喻品一卷金剛般若波羅蜜經一卷

後秦釋鳩摩羅什譯

大方廣圓覺修多羅了義經一卷

唐釋佛陀多羅譯

六祖大師法寶壇經一卷

唐釋法海等輯

明刻本

十六行三十二字　左右雙邊　白口

22.8×14.3 釐米

浙圖

子 3211

大佛頂如來密因修證了義諸菩薩萬行首楞嚴經十卷

題唐釋般刺密帝、釋彌伽釋迦譯

清順治十四年（1657）邵陵隆中古天台山梅樹寺刻本

八行十七字　四周單邊　白口

19×12.2 釐米

浙圖

子 3212

大佛頂如來密因修證了義諸菩薩萬行首楞嚴經十卷

唐釋般刺密帝、釋彌伽釋迦譯

清雍正十三年（1735）刻本

十行二十字　四周單邊　白口

20.1×14 釐米

浙圖

撰疏

註疏

子 3213

楞伽阿跋多羅寶經參訂疏四卷

明釋廣莫撰

明萬曆四十一年（1613）杭州刻本

八行十七字　四周雙邊　白口

21×14.4 釐米

浙圖

子 3214

觀楞伽阿跋多羅寶經記四卷略科一卷

明釋德清撰

明萬曆二十七年（1599）刻本

九行十八字　四周雙邊　白口

20×15.5 釐米

杭圖

子 3215

觀楞伽阿跋多羅寶經記四卷略科一卷

明釋德清撰

明萬曆四十年（1612）刻本

九行十八字　四周雙邊間左右雙邊　白口

20.1×15.3 釐米

溫圖

子 3216

維摩詰所説經無我疏十二卷

明天台釋傳燈撰

明天啓五年（1625）王文珪刻本

九行二十字　左右雙邊　白口

21.5×14.7 釐米

天一閣

子 3217

金剛經頌一卷

宋釋道川撰

宋紹興三十一年（1161）刻本

五行十五字　左右單邊

16.8×16.5 釐米

浙博

子 3218

金剛般若波羅蜜經不分卷

後秦釋鳩摩羅什譯　唐釋大鑒注　明釋道川頌

明凌氏刻朱墨套印本

八行十八字　四周單邊　白口

20.5×14.7 釐米

浙圖

子 3219

金剛般若波羅蜜經破空論一卷金剛觀心釋一卷心經釋要一卷

明釋智旭撰

清同治十一年（1872）如臯刻本　諸暨余重耀校

十行二十字　左右雙邊　黑口

17×13 釐米

浙圖

子 3220

金剛經注釋一卷

　題延陵青山子撰

　清抄本

浙圖

子 3221

金剛般若波羅蜜經宗通九卷

　明曾鳳儀撰

　清光緒十一年(1885)金陵刻本　諸暨余

　　重耀校

　　十行二十字　左右雙邊　黑口

　　17.4×13 釐米

浙圖

子 3222

般若波羅蜜多心經略疏小鈔三卷

　清錢謙益撰

　南洋佛經流通所刻本　諸暨余重耀批校

　　十行二十字　左右雙邊　黑口

　　18.1×13.1 釐米

浙圖

子 3223

摩訶般若波羅蜜多心經一卷

　題無垢子注

　明普濟刻本

　　十行二十字　四周單邊　白口

　　18.9×13 釐米

浙圖

子 3224

大方廣佛華嚴經合論一百二十卷

　唐李通玄造論　唐釋志寧合論

　明隆慶三年至萬曆元年(1569—1573)釋

　　明得刻本

　　十一行二十一字　左右雙邊　黑口

　　20.2×14 釐米

浙圖

子 3225

佛説阿彌陀經一卷

　元釋性澄句解

　明趙鎰等刻本

　　九行十七字　左右雙邊　白口

　　20.2×13.3 釐米

浙圖

子 3226

佛説阿彌陀經一卷

　後秦釋鳩摩羅什譯

佛説阿彌陀經疏鈔四卷

　明釋袾宏撰

　明崇禎元年(1628)雲棲寺刻本

　　九行十八字　四周單邊　白口

　　21.7×15.3 釐米

浙圖

子 3227

佛説阿彌陀經疏鈔四卷

　明釋袾宏撰

　明萬曆二十五年(1597)刻清乾隆十四年

　　(1749)重修本

　　十行二十字　左右雙邊　白口

　　19.5×12.8 釐米

浙圖

子 3228

妙法蓮華經玄義十卷

　隋釋智顗撰

　明刻本

　　十行二十字　四周單邊　白口

　　21.7×14.3 釐米

浙圖

子 3229

妙法蓮華經玄義十卷

　隋釋智顗撰

　清嘉慶十七年(1812)杭州天溪大覺庵刻

　　本　佚名批

十行二十字　四周單邊　白口

20.7×14.2 釐米

溫圖

子 3230

妙法蓮華經玄義輯略一卷

　隋釋智顗撰　明天台釋傳燈輯

　明萬曆二十六年(1598)刻本

　十行十九字　左右雙邊　白口

　19.5×13.5 釐米

溫圖

子 3231

妙法蓮華經文句記三十卷

　唐釋湛然撰

　明萬曆四十四年(1616)刻本

　十行二十字　四周單邊　黑口

　21.4×15.2 釐米

天一閣

子 3232

注妙法蓮華經二十卷

　宋釋守倫撰

　明抄本

存十卷　四至七　十一至十六

浙圖

子 3233

妙法蓮華經通義七卷

　明釋德清撰

　明刻本

　九行十八字　四周雙邊　白口

　21×15 釐米

浙圖

子 3234

觀音玄義記四卷觀音義疏記四卷

　宋釋知禮撰

　明崇禎四年(1631)玉溪菩提庵刻本

　十行二十字　四周單邊　白口

21.8×15.4 釐米

浙圖

子 3235

佛説四十二章經註一卷

　漢釋摩騰、釋法蘭譯　宋釋守遂注　明

　　釋了童補注

　明崇禎十一年(1638)刻徑山藏本　清同

　　治六年(1867)冰齋子跋

　十行二十字　四周雙邊　白口

　23×15.6 釐米

浙圖

子 3236

佛説盂蘭盆經疏孝衡鈔二卷疏科文一卷

　宋釋遇榮輯

　明嘉靖四十三年(1564)刻本(有圖)

　七行十七字　左右雙邊　黑口

　20.2×13.9 釐米

浙圖

子 3237

菩薩戒本經箋要不分卷

　題沙門智旭箋

　清同治九年(1870)金陵刻經處刻本　釋

　　弘一評點並跋

　十行二十字　左右雙邊　細黑口

　17.2×13 釐米

浙圖

子 3238

大乘百法明門論一卷八識規矩頌一卷

　明釋廣益撰

　清光緒四年(1878)釋蓮寶募刻本　諸暨

　　余重耀批校

　十行二十字　四周雙邊　白口

　22.4×15.6 釐米

浙圖

子 3239

成唯識論隨疏十卷

清釋明善撰

唯識隨疏翼二卷

清錢伊菴撰

清道光二十一年(1841)吳氏鋤經堂刻本

諸暨余重耀批校

十行二十字　左右雙邊　黑口

16.6×12.3 釐米

浙圖

子 3240

圓覺經略釋二卷

宋四明釋善月撰

明崇禎四年(1631)武林土橋報國院刻本

十行二十字　四周雙邊　白口

23×15.1 釐米

浙圖

子 3241

大方廣圓覺修多羅了義經集注二卷

唐釋佛陀多羅譯　宋釋元粹注

明武林雲棲寺刻本

十行二十二字　左右雙邊　白口

19.5×12.6 釐米

杭圖

子 3242

大方廣圓覺修多羅了義經集要一卷

唐釋佛陀多羅譯　明釋智朗集注

明戚繼光刻本

九行十八字　四周單邊　白口

19.2×14.4 釐米

浙圖

子 3243

大方廣圓覺修多羅了義經直解二卷

唐釋佛陀多羅譯　明釋德清解

明天啓二年(1622)程夢陽刻本

存一卷　下

九行十八字　四周雙邊　白口

21×14.1 釐米

天一閣

子 3244

大方廣圓覺修多羅了義經直解二卷

唐釋佛陀多羅譯　明釋德清解

清乾隆四十七年(1782)杭州吳氏刻本

諸暨余重耀批校

十行二十字　四周雙邊　黑口

21.2×15 釐米

浙圖

子 3245

大方廣圓覺修多羅了義經略疏二卷

唐釋宗密撰

清光緒三十年(1904)揚州藏經院刻本

諸暨余重耀批校

八行二十字　左右雙邊　綫黑口

17.9×13 釐米

浙圖

子 3246

梵網經心地品菩薩戒義疏發隱四卷

明釋袾宏撰

明萬曆十五年(1587)刻本

十行二十字　左右雙邊　白口

22.1×15 釐米

溫圖

子 3247

大乘起信論疏筆削記會閱十卷

宋釋子璿記　清釋續法會輯

清康熙二十六年(1687)刻本

缺一卷　二

十行二十一字　四周雙邊　白口

21.2×14.9 釐米

天一閣

子 3248

大佛頂如來密因修證了義諸菩薩萬行首楞嚴經十卷

　題唐釋般剌密帝、釋彌伽釋迦譯　元釋
　　惟則會解

　明隆慶六年(1572)杭州昭慶寺經房刻本

　　十一行二十一字　左右雙邊　黑口

　　19.1×13.7釐米

浙圖

子 3249

大佛頂如來密因修證了義諸菩薩萬行首楞嚴經十卷

　題唐釋般剌密帝、釋彌伽釋迦譯　元釋
　　惟則會解

　明平江刻本

　　十一行二十一字　四周雙邊　黑口

　　19.5×13.7釐米

浙圖

子 3250

大佛頂如來密因修證了義諸菩薩萬行首楞嚴經合轍十卷

　明釋通潤撰

　明天啓元年(1621)自刻本

　　九行十八字　四周雙邊　白口

　　17×13釐米

浙圖　衢博

子 3251

大佛頂如來密因修證了義諸菩薩萬行首楞嚴經合轍十卷

　明釋通潤撰

　明天啓(1621—1627)金陵陳龍山經房刻
　　本

　　九行十八字　四周雙邊　白口

　　20×14.7釐米

浙圖

子 3252

大佛頂首楞嚴經合轍十卷

　明釋通潤述

明天啓(1621—1627)刻本

　十行二十字　四周單邊　白口

　17×13釐米

衢博

子 3253

大佛頂如來密因修證了義諸菩薩萬行首楞嚴經如説十卷

　明鍾惺撰

　明天啓(1621—1627)弘覺山房刻本　佚
　　名批校

　　九行十八字　四周單邊　白口

　　21.2×13.8釐米

浙圖

子 3254

大佛頂如來密因修證了義諸菩薩萬行首楞嚴經講錄十卷

　明釋乘旹撰

　明天啓二年(1622)汪益源刻本

　　兩欄　上欄十六行十七字　下欄八行十三字
　　四周雙邊　白口

　　23.5×14.7釐米

浙圖

子 3255

大佛頂如來密因修證了義諸菩薩萬行首楞嚴經玄義二卷

　清釋智旭玄義

　明崇禎十二年(1639)泉州開元寺釋道昉
　　刻本

　　九行二十字　四周單邊　白口

　　20.5×15.5釐米

溫圖

撰述

子 3256

肇論三卷

　後秦釋僧肇撰

　明萬曆十三年(1585)周祝刻本

八行十九字　四周單邊　白口

19.8×12.8 釐米

杭圖

子 3257

肇論新疏三卷

宋釋文才撰

明刻本

十行二十字　左右雙邊　白口

21.2×14.5 釐米

浙圖

子 3258

摩訶止觀行輔傳弘決四十三卷

唐釋湛然撰　明天台釋傳燈會科

明天啓六年(1626)杭州雲棲寺刻清嘉慶

(1796—1820)補刻本

九行二十字　四周雙邊　黑口

22.9×14.5 釐米

溫圖

子 3259

修習止觀坐禪法要一卷

隋釋智顗撰

明刻本

八行十七字　四周單邊　白口

19.4×13.2 釐米

浙圖

子 3260

修習止觀坐禪法要一卷

隋釋智顗撰

清咸豐元年(1851)管花宜抄本　清陳蔭

棠校

六妙門一卷

隋釋智顗撰

清光緒四年(1878)管昌抄本

浙圖

子 3261

修習止觀坐禪法要二卷

隋釋智顗撰

清光緒十八年(1892)刻本　諸暨余重耀

批注

十行二十字　左右雙邊　綫黑口

17.7×17 釐米

浙圖

子 3262

法界安立圖三卷

清釋仁潮輯

清康熙十八年(1679)曾光達刻本

十行二十字　四周單邊　白口

21.2×14.4 釐米

浙圖

子 3263

唯識開蒙問答二卷

元釋雲峰集

清抄本

浙圖

子 3264

注華嚴法界觀門一卷

唐釋宗密撰

明雲棲寺刻本

八行十五字　四周單邊　白口

19.7×12.5 釐米

杭圖

子 3265

華嚴法界觀門通玄記二卷

宋釋本嵩輯

明宣德八年(1433)刻本

六行十七字　小字九行二十三字　上下單邊

23.5×12 釐米

天一閣

釋家類

子 3266

華嚴懸談會玄記四十卷

元釋普瑞輯

明刻本

存四卷 一至二 七 九

六行十七字 上下雙邊

24×11 釐米

天一閣

子 3267

禪宗永嘉集二卷

唐永嘉釋玄覺撰 明釋鎮澄注

明萬曆二十年(1592)釋常紳募刻本 清
瑞安孫詒讓校

十行二十字 四周單邊 白口

20.8×14.7 釐米

浙大

子 3268

永嘉禪宗集注二卷

唐永嘉釋玄覺撰 明天台釋傳燈撰

明崇禎三年(1630)武林刻本

十行二十字 四周雙邊 白口

22.4×15 釐米

溫圖

子 3269

禪宗永嘉集一卷永嘉證道歌一卷

唐永嘉釋玄覺撰

明萬曆二十一年(1593)刻本

八行十七字 四周單邊 白口

20.8×12.6 釐米

浙圖

子 3270

永嘉真覺大師證道歌一卷

唐永嘉釋玄覺撰 宋釋彥琪注

明弘治十七年(1504)釋如卺刻本

十行十九字 四周雙邊 黑口

19.7×12.7 釐米

浙圖

子 3271

禪源諸詮集都序二卷

唐釋宗密撰

明萬曆(1573—1620)刻本

十行二十字 四周雙邊 白口

23.9×16.1 釐米

杭圖

子 3272

長慶集敬悟選一卷

唐白居易撰

明武林雲棲寺刻本

十行二十三字 左右雙邊 白口

19×12.3 釐米

杭圖

子 3273

人天眼目六卷

宋釋智昭撰

明刻本

十行二十字 四周雙邊 黑口

23×15 釐米

平湖圖

子 3274

禪林重刻寶訓筆説三卷

宋釋淨善輯 清釋智祥注

清乾隆十五年(1750)翊教寺刻本

十行二十字 四周雙邊 黑口

21.3×14.6 釐米

溫圖

子 3275

大乘起信論直解二卷

明釋德清撰

清光緒十六年(1890)金陵刻經處刻本
諸暨余重耀校

十行二十字 左右雙邊 黑口

17.5×13 釐米

浙圖

子 3276

楞嚴正脉十卷

明釋真鑒撰

清乾隆五十七年(1792)海幢寺刻本　清
　嘉慶元年(1796)李曾融跋　清鎮海姚
　燮題籤

十行二十字　四周單邊　白口

21×15.3 釐米

浙圖

子 3277

**新刻禪髓一卷禪考一卷禪警一卷禪學一卷
禪偈一卷**

明釋袾宏撰

清杭州龍興寺眠雲精舍抄本　清錢塘丁
丙跋

浙圖

子 3278

觀經義疏妙宗鈔證義二卷

明釋廣承輯

明崇禎二年(1629)王時敏刻本

十行二十字　左右雙邊　白口

22.5×15.4 釐米

浙圖

子 3279

佛法金湯編十卷

清釋心泰撰

明蜀郡釋圓鍒募刻本

存五卷　六至十

十二行二十一字　四周雙邊　黑口

19.3×13 釐米

浙圖 *

子 3280

禪門鍛鍊説不分卷

清釋戒顯撰

清順治十八年(1661)杭州靈隱寺刻本

十行二十字　四周雙邊　白口

22×15.8 釐米

浙圖

子 3281

李卓吾先生批評淨土決二卷

明李贄撰

明刻本

十行十八字　四周單邊　白口

19.2×12.4 釐米

浙圖

子 3282

御錄經海一滴六卷

清世宗胤禛撰

清雍正十三年(1735)刻本

十行二十字　四周單邊　白口

17.5×13 釐米

浙圖　嘉圖

語 錄

子 3283

六祖大師法寶壇經一卷

唐釋法海等輯

附錄一卷

明刻本

九行十八字　四周單邊　白口

20.5×14.2 釐米

杭圖

子 3284

六祖大師法寶壇經不分卷

唐釋法海輯

清康熙三十四年(1695)刻本　佚名批注

九行十八字　四周雙邊　白口

20.8×15.5 釐米

浙圖

子 3285

黃檗山斷際禪師傳心法要一卷

　唐釋希運撰　唐裴休輯

　明刻本

　　八行十七字　四周單邊　白口

　　19×11.5 釐米

天一閣

子 3286

圓悟禪師評唱雪竇和尚頌古碧巖錄十卷

　明徐大岵等刻本

　　八行十八字　左右雙邊　白口

　　19.3×12.2 釐米

浙圖

子 3287

天目中峰和尚廣錄三十卷

　元錢塘釋明本撰

　　明洪武(1368—1398)刻本　佚名批校

缺六卷　五至十

　　十行二十字　左右雙邊　黑口

　　21×15 釐米

紹圖

子 3288

**師子林天如和尚語錄五卷別錄五卷剩語集
二卷**

　元釋惟則撰　元釋善遇輯

　　元至正(1341—1368)刻本

存三卷　語錄三至五

　　十一行二十一字　左右雙邊　黑口

　　19.6×13.7 釐米

浙圖

子 3289

**師子林天如和尚語錄五卷別錄五卷剩語集
二卷**

　元釋惟則撰　元釋善遇輯

　　元至正(1341—1368)刻明印本

存六卷　語錄一至二　別錄四至五　剩語

集一至二

天一閣

子 3290

師子林天如和尚淨土或問一卷

　元釋惟則撰　元釋善遇輯

　　明崇德刻本

　　十一行二十一字　左右雙邊　黑口

　　19.5×13.5 釐米

天一閣

子 3291

弁山久默禪師語錄四卷

　明釋道眉等輯

　　明崇禎(1628—1644)刻本

　　九行二十一字　四周單邊　白口

　　22.1×14.3 釐米

浙圖

子 3292

雲門顯聖寺散木禪師宗門或問一卷

　明朱嘉漢輯

　　明萬曆(1573—1620)刻本

　　九行二十字　四周單邊　白口

　　20×14 釐米

紹圖

子 3293

淨慈要語二卷

　明釋元賢撰

　　明崇禎十年(1637)揚州藏經院刻本

　　十行二十字　四周雙邊　白口

　　21.5×14.7 釐米

溫圖

子 3294

雪關和尚語錄六卷

　明釋智誾撰　明釋傳善輯

　　清順治十三年(1656)刻本

缺一卷　六

九行二十字　四周雙邊　白口

22.3×14.6 釐米

浙圖

子 3295

雪關答問一卷

　明陳懋德問　明釋智闇答　明李庚評

　清刻本

九行十九字　四周單邊　白口

20.5×14.4 釐米

浙圖

子 3296

冶父星朗和尚廣錄三十四卷卷首一卷

　清釋大宗等輯

　清順治七年（1650）刻本

十行二十字　四周雙邊　黑口

23.2×16.2 釐米

紹圖

子 3297

省齋法鐘和尚九會略錄十卷首一卷

　清釋湛碧等輯

　清康熙二十三年（1684）刻本

十行二十字　四周雙邊　黑口

22.3×15.2 釐米

溫圖

子 3298

御製揀魔辨異錄八卷

　清世宗胤禛撰

　清雍正十一年（1733）刻本

十行二十字　四周單邊　白口

17.7×13 釐米

嘉圖

子 3299

雲棲淨土彙語二卷

　清乾隆六十年（1795）刻本

九行十八字　四周雙邊　白口

17.3×13.2 釐米

海寧圖

纂集

子 3300

釋氏要覽二卷

　宋釋道誠撰

　明刻本

十二行二十三字　四周雙邊　黑口

21×13.5 釐米

浙圖

子 3301

御選寶筏精華二卷

　清世宗胤禛輯

　清雍正十一年（1733）刻朱墨套印本

九行十九字　四周雙邊　白口

20.3×14.5 釐米

杭圖

史傳

子 3302

佛祖歷代通載二十二卷

　元釋念常撰

　明嘉興雲門庵刻本

存一卷　二十二

十行二十字　左右雙邊　黑口

21.2×13.2 釐米

天一閣

子 3303

高僧傳十四卷

　梁釋慧皎撰

　清光緒十年（1884）金陵刻本　清沈善登
　　批校　平湖屈爔批校並跋

十行二十字　左右雙邊　黑口

17.4×13 釐米

浙大

子 3304

禪林僧寶傳三十卷臨濟宗旨一卷

　宋釋惠洪撰

補禪林僧寶傳一卷

　宋釋慶老撰

　明刻本

　十九行十九字　左右雙邊　黑口

　20×13.3 釐米

浙圖

子 3305

萬僧問答景德傳燈全錄三十卷

　宋釋道原撰

　明汪士賢刻本

　九行二十字　左右雙邊　白口

　20×14.1 釐米

浙圖

子 3306

五燈會元二十卷

　宋釋普濟撰

　明成化十一年(1475)刻本

　十三行二十四字　左右雙邊間四周單邊　黑口

　20.2×14.7 釐米

杭圖

子 3307

古清凉傳二卷

　唐釋慧祥撰

續清凉傳二卷

　宋張商英撰

廣清凉傳二卷

　宋釋延一撰

補陀洛迦山傳一卷

　元盛熙明撰

釋迦如來成道記一卷

　唐王勃撰

　清抄本

浙圖

子 3308

神僧傳九卷

　明成祖朱棣撰

　明西天竺青河髮僧刻本

　兩欄　下欄九行十九字　四周單邊　白口

　18.5×11.5 釐米

浙圖

子 3309

異方便淨土傳燈歸元鏡三祖實錄二卷

　明釋懶融撰

　清康熙五十一年(1712)雲棲寺刻本(有圖)

　十行二十字　四周單邊　白口

　21.5×14.4 釐米

天一閣

子 3310

雲棲蓮池祖師傳一卷

　明錢塘虞淳熙纂

　明萬曆四十三年(1615)廣碩沈大洽刻本

　八行十七字　四周雙邊　白口

　21.4×13.7 釐米

嵊州圖

子 3311

指月錄三十二卷

　明瞿汝稷輯

　明崇禎三年(1630)釋海明刻本〔卷三十一、三十二配明刻本〕

　十一行二十一字　四周單邊　白口

　21.4×15.2 釐米

浙圖

子 3312

寂光境三卷

　明洪應明撰

　明刻本(有圖)

　八行十八字　四周單邊　白口

　21.6×14.3 釐米

浙圖

子 3313
蜀中高僧記□卷
　明曹學佺撰
　明刻本
存四卷　一至四
　十行二十字　四周雙邊　白口
　20.6×14.6 釐米
浙圖

子 3314
重修富桐二縣釋氏宗譜不分卷
　清趙嘉良撰
　清乾隆（1736—1795）抄本
浙圖

音義

子 3315
一切經音義二十五卷
　唐釋玄應撰
　清乾隆五十一年（1786）莊炘刻本
　十二行二十四字　四周單邊　黑口
　19.6×14.8 釐米
浙圖

子 3316
翻譯名義集十四卷
　宋釋法雲輯
　明刻公文紙印本　題清尊古自牧居士跋
缺四卷　八至十一
　十五行十七字　四周單邊　白口
　24.9×18.5 釐米
浙圖

子 3317
教乘法數十二卷
　明釋圓瀞撰
　明崇禎九年（1636）錢塘昭慶貝葉齋刻本
　字數不一　四周雙邊　白口

　21.1×15.2 釐米
浙圖

子 3318
諸佛世尊如來菩薩尊者神僧名經不分卷
　明成祖朱棣撰
　明永樂（1403—1424）內府刻本
　十六行三十字　四周雙邊　黑口
　29.6×19.3 釐米
浙圖　浙大

子 3319
諸佛世尊如來菩薩尊者名稱歌曲不分卷感
　　應歌曲二卷
　明成祖朱棣撰
　明永樂（1403—1424）內府刻本
　十六行三十一字　四周雙邊　黑口
　29.5×19.5 釐米
浙圖

子 3320
諸佛世尊如來菩薩尊者名稱歌曲不分卷
　明成祖朱棣撰
　明永樂（1403—1424）內府刻本
　十六行三十一字　四周雙邊　黑口
　29.4×19.2 釐米
浙圖　溫圖

目錄

子 3321
內典文藏二十六卷
　張宗祥影抄本　海寧張宗祥跋
浙圖

子 3322
南京禮部編定印藏經號簿一卷大藏經目錄
　　號數一卷續入藏經目錄號數一卷
　明萬曆（1573—1620）刻本
　九行字數不一　四周雙邊　白口
　21.6×14.9 釐米
浙圖

子 3323

天台教觀別錄五卷

　明釋受汰輯

　明崇禎八年(1635)釋受汰刻本

缺一卷　三

　　十行二十字　四周雙邊　白口

　　22.5×15.4釐米

浙圖

子 3324

大清三藏聖教目錄五卷

　清乾隆(1736—1795)抄本

浙圖

雜撰

子 3325

普勸修行文一卷

　唐如如居士撰

　明刻本

　　七行十三字　四周單邊　白口

　　18.5×12.4釐米

杭圖

子 3326

破邪論二卷

　唐釋法琳撰

　清抄本

浙大

子 3327

法藏碎金錄十卷

　宋晁迥撰

　明趙府居敬堂刻本

存四卷　一至四

　　十行二十字　四周單邊　白口

　　17.8×13釐米

天一閣

子 3328

李卓吾先生批點道餘錄一卷

　明姚廣孝撰　明李贄批點

　明末刻本

　　八行十八字　四周單邊　白口

　　20.5×14.5釐米

杭圖

子 3329

竹窗隨筆一卷二筆一卷三筆一卷

　明釋袾宏撰

　明崇禎十一年(1638)刻雲棲法彙本

存二卷　二筆一　三筆一

　　十行二十字　四周雙邊　白口

　　22.7×15.6釐米

浙圖

子 3330

慈向集十三卷

　明沈泰鴻輯

　明入還堂抄本

浙圖

子 3331

儀注備簡十卷

　明釋大惠撰

　明崇禎九年(1636)聞啓祥刻本

　　十行二十字　四周雙邊　白口

　　22×15釐米

浙圖

子 3332

了心錄二卷

　題池上客輯

　明萬曆二十五年(1597)刻本　佚名批校

　　八行十九字　四周單邊　白口

　　20×12.9釐米

浙圖

子 3333

知儒編一卷

　明周夢秀撰

明吳祚刻本

八行十七字　四周單邊　白口

21.5×14.2 釐米

杭圖

其他宗教類

子 3334

慈悲道場懺法十卷

梁釋諸大法師集撰

宋寫本

存一卷　九

溫博

子 3336

天主實義二卷

意大利利瑪竇述

明萬曆三十五年(1607)汪汝淳燕貽堂刻

本

九行二十字　四周單邊　白口

21.7×13.9 釐米

浙圖

子 3335

天地冥陽水陸儀文三卷

明刻本

十二行十六字　四周雙邊　白口

26.2×27.8 釐米

浙圖

子 3337

天方典禮擇要解二十卷後編一卷

清劉智撰

清康熙(1662—1722)楊斐菉大椿樓刻本

九行十八字　四周雙邊　黑口

20.3×15 釐米

浙圖　嘉圖